中國學術思想

研究輯刊

三六編

林慶彰 主編

第 12 冊

張載易學和程頤易學比較研究（下）

李學衛 著

花木蘭文化事業有限公司

國家圖書館出版品預行編目資料

張載易學和程頤易學比較研究（下）／李學衛 著 -- 初版 --
新北市：花木蘭文化事業有限公司，2022〔民111〕
目 4+172 面；19×26 公分
（中國學術思想研究輯刊 三六編；第 12 冊）
ISBN 978-626-344-055-5（精裝）
1.CST：（宋）張載 2.CST：（宋）程頤 3.CST：學術思想
4.CST：易學
030.8   111010191

中國學術思想研究輯刊
三六編　第十二冊　　　　　　　　ISBN：978-626-344-055-5

張載易學和程頤易學比較研究（下）

作　　者　李學衛
主　　編　林慶彰
總 編 輯　杜潔祥
副總編輯　楊嘉樂
編輯主任　許郁翎
編　　輯　張雅淋、潘玟靜、劉子瑄　美術編輯　陳逸婷
出　　版　花木蘭文化事業有限公司
發 行 人　高小娟
聯絡地址　235 新北市中和區中安街七二號十三樓
　　　　　電話：02-2923-1455／傳真：02-2923-1452
網　　址　http://www.huamulan.tw 信箱 service@huamulans.com
印　　刷　普羅文化出版廣告事業
封面設計　劉開工作室
初　　版　2022 年 9 月
定　　價　三六編 30 冊（精裝）新台幣 83,000 元

張載易學和程頤易學比較研究（下）

李學衛　著

下　冊

第三章　張載與程頤的釋易體例比較

第一節　概述

　　《周易》是儒家六經之一，大概成書於西周初期。孔子給學生講解《周易》時，《周易》古經已經流傳了大約五百年左右。在古代卜筮是一門非常專業的術數，隨著語言文字、名物制度等的變遷，講解《周易》無疑需要搜集並借助相關輔助資料。文獻記載，孔子系統地講解《周易》古經的資料是《易傳》，是至今可以見到的注解《周易》最早的文字資料。孔子曾自言「述而不作」，《孔子世家》記載《易傳》為孔子所「序」，而非所「作」。序即編次整理之義，又「序」與「述」近義。後世所謂孔子「作」《易傳》，這種說法是不嚴謹的。《易傳》本「述」經的文字，況且孔子講解《周易》的資料不可能也沒有必要全部是孔子自己的話、自己的思想主張。到孔子生活的時代，《周易》古經已經流行數百年，自然會積累了許多解釋古經的資料。文獻也可證明，傳本《易傳》中的許多資料早在孔子之前已經存在。[註1] 傳本《易傳》中只有部分內容是孔子的話，一般來說，「子曰」後面的話才是孔子本人的話。儒家後學把孔子整理過的前人講解《周易》的資料和孔子本人講解《周易》的

〔註 1〕《左傳》襄公九年（公元前 561 年），曾記載穆姜關於《周易》隨卦卦德元亨
　　　　利貞的話：「元，體之長也。享，嘉之會也。利，義之和也。貞，事之幹也。
　　　　體仁足以長人，嘉德足以合禮，利物足以和義，貞固足以幹事」。這段話又見
　　　　《易傳・乾文言》，此時孔子尚未出生。參見楊伯峻：《春秋左傳注》，北京：
　　　　中華書局，1995 年：964～965 頁。

話一同編入《易傳》，且版本不一。《史記·太史公自序》載：

> 太史公曰：「先人有言：『自周公卒五百歲而有孔子。孔子卒後
> 至於今五百歲。有能紹明世，正《易傳》，繼《春秋》，本《詩》《書》
> 《禮》《樂》之際？』意在斯乎！意在斯乎！小子何敢讓焉。」〔註2〕

由司馬遷所謂「正《易傳》」，可知司馬遷曾見到不同版本的《易傳》。至於司馬遷如何正《易傳》，並無文獻資料可以用來探究。不同於其他經典，易學家釋易不僅僅是名物訓詁。因為《周易》有一套特殊的與卜筮相關的術語、卦爻符及其言辭方式。《易傳》釋經形成了一套特殊的體例，後世經學家在注解《周易》經傳時都沿用這些體例。同時，也依據《易傳》中的觀點發明一些新的體例。這些新的體例都可以在《易傳》中找到一些相關依據。

漢代象數易學是為政治操作服務的博士之學，不同於民間易學。西漢儒者依據《易傳》進一步發明了眾多象數體例，比如孟京易學〔註3〕用於占驗吉凶的納甲、世應、互體、飛伏、卦氣、卦變等。但這些體例主要用於推說陰陽災異，不是專門解釋經文的。東漢荀爽、虞翻等，沿著在孟、京易學的思路，在孟、京象數體例的基礎上又發明一些體例，諸如之正說、升降說、半象說等。荀爽、虞翻等合併這些體例來注解卦爻辭，疏通卦爻辭中卦爻象和吉凶悔吝等占驗之辭之間的因果關係。力圖將卦爻辭中文字、數字、事物都和八卦的卦象、爻畫的排列組合聯繫起來，說明某卦某爻何以吉何以凶。實際上，在卜筮操作過程中，筮數、卦爻畫與卦爻辭中吉凶悔吝之間並無必然聯繫或因果關係。兩者之間的關聯僅僅是經驗判斷而已。《周禮·大宗伯·占人》云：「凡卜筮，既事則繫幣以比其命，歲終則計其占之中否。」〔註4〕也就是說，卜筮的兆象出來後，並不會直接得出吉凶結果。要待歲終才能查驗預測中否，並補全卜筮記錄。卜筮記錄積累越多，參考價值就越大。又《尚書·洪範·稽

〔註 2〕〔漢〕司馬遷撰，〔宋〕裴駰集解，〔唐〕司馬貞索引，〔唐〕張守節正義：《史記》（卷一百三十），中華書局，1999 年：第 2491 頁。

〔註 3〕孟京易學指西漢孟喜、京房師徒開創的象數易學，借助由陰陽五行、天文曆法、氣象物候等構築的卦氣說來推說災異譴告。孟京易學曾被立為官學，為現實政治操作服務。

〔註 4〕見《周禮·太卜·占人》：「占人掌占龜。以八筮占八頌，以八卦占筮之八故，以眂吉凶。凡卜筮，君占體，大夫占色，史占墨，卜人占坼。凡卜筮，既事，則繫幣，以比其命。歲終，則計其占之中否」參見〔清〕阮元校刻：《十三經注疏·周禮注疏》，北京：中華書局，1980 年：第 805 頁。

疑》載：「立時人作卜筮，三人占則從二人之言。」〔註5〕即便是參考以前的卜筮記錄，還需要三人同時分析兆象和從前卜筮的記錄，待三人分別得出結果後，再依據少數服從多數的原則得出最終結論。《左傳》《國語》中的許多卜筮記錄顯示，在卜筮兆象、卦象形成之後，不同的占者往往會有不同甚至相反的結論。例如，《國語·周語下》載：

> 公子親筮之，曰：「尚有晉國。」得貞屯悔豫，皆八也。筮史占之，皆曰：「不吉。閉而不通，爻無為也。」司空季子曰：「吉。是在《周易》，皆利建侯。不有晉國，以輔王室，安能建侯？我命筮曰『尚有晉國』，筮告我曰『利建侯』，得國之務也，吉孰大焉！……〔註6〕

《周易》中的筮數、卦爻畫和卦爻辭都是卜筮記錄的總結並按照三才說進行了系統的編排。孔子贊《易》之後，《周易》成為儒家經典。經師在講解《周易》經文時，不得不解釋有此卦爻象何以吉何以凶。卦爻象與卦爻辭本來沒有關聯，經師們卻以為兩者之間存在著必然的因果關係。這些因果關聯使用得多了，大家普遍接受了，那麼釋易體例就因此產生了。

魏晉以降，王弼義理易學的流行。期間，兩漢象數易學受到多數學者擯棄，文本散失比較嚴重。王弼《周易注》《周易略例》主要繼承了《易傳》的釋易體例，並對《易傳》釋易體例進行了總結和發揮，後世學者釋易據此或有所損益，或有所發明。

張載對於《周易》古經卦爻辭的注釋比較簡單。其釋經體例基本上是通過孔穎達《周易正義》沿襲了《易傳》和王弼的釋經體例。在釋經實踐中，對於這些釋經體例的理解和應用不盡相同。與王弼一樣，張載和程頤釋易注重把握《周易》卦爻符、卦爻辭之間的邏輯關聯，關注卦爻辭背後的義理，即以推知聖人作經、立言之深意為宗旨。但是，張載和程頤所闡發的不是王弼的玄理，而是儒家的倫理。張載認為「《易》乃是性與天道之書」。《周易程氏傳·易傳序》簡潔明暸地介紹了對《周易》古經的總體認識，對於易道和儒門易學宗旨，程頤認為就是所謂「易，變易也，隨時變易以從道也」。至於儒門易

〔註5〕〔清〕阮元校刻：《十三經注疏·尚書正義》，北京：中華書局，1980年：第191頁。

〔註6〕徐元誥：《國語集解》，王樹民、沈長雲點校，北京：中華書局，2002年：第340～341頁。

學傳承歷史，程頤批評了孔孟之後易學傳承過程中的偏差，即所謂：「去古雖遠，遺經尚存。然而前儒失意以傳言，後學誦言而忘味。自秦而下，蓋無傳矣。予生千載之後，悼斯文之湮晦，將俾後人沿流而求源，此傳所以作也。」程頤指出「辭象變占」四道的核心是辭，即所謂「推辭考卦，可以知變，象與占在其中矣」。並用體用論把理象關係概括為「至微者理也，至著者象也。體用一源，顯微無間」的經典命題。基於「隨時變易以從道」，程頤在釋易過程中，處處體現著「隨時取義」的原則，即選擇最恰當釋易體例去釋經。而程頤所謂「從道」之道，既是天地之道、萬物之理，也是儒家的倫理綱常。故而程頤釋易的旨歸在於彰顯所謂的天理。程頤認為《易傳》之後學者釋易未得聖人之意，故而在釋易過程中，擯棄漢易之象數、玄易之虛無，所運用、所發明釋經體例自以為皆本之於《易傳》。而程頤「玩辭」目的在於彰明聖人之意，聖人之意不遠人，即在百姓日用、君臣進退之間。乘承比應說、終始說、中位說、剛柔往來說、趨時說等，都是《易傳》曾經使用過的釋易體例。漢儒則在剛柔往來說基礎上發明了卦變說，結合《易傳》觀點與曆法、律呂以及物候等知識發明了卦氣說等。王弼對這些體例進行了總結，並發明了卦主說、終始無位說等。在釋經的過程中，無論象數易學，還是義理易學都採用過這些體例。只是兩者的側重點不同而已，一者強調象數更為根本，一者強調義理更為根本。

第二節　張載的釋易體例

張載對於《周易》古經卦爻辭的注釋比較簡單，並不著意名物訓詁，也沒有逐句逐字疏通文字。其所謂卦主說，基本上是通過孔穎達《周易正義》沿襲了《易傳·象傳》和王弼的釋經體例。只是在釋經實踐中，對於這些釋經體例的理解和對具體體例的選擇應用上不盡相同。張載釋經所用體例大概有以下幾種：卦主說、卦變說、爻位說、當位說、乘承必應說等。

一、一爻為主的卦主說

張載多以中爻為卦主，尤其以五爻為卦主的釋例最多。此外，張載結合「二體說」提出「內卦之主」、「外卦之主」的說法，如解釋隨卦、遯卦。張載釋《蒙·彖》曰：

蒙卦之義，主之者全在九二。〔註7〕

張載認為「九二以下卦之中主卦德」，釋《蒙・九二》「子克家」曰：「以子任家，必剛柔得中乃濟，不可嚴屬也。」〔註8〕張載以蒙卦九二為卦主有兩個原因。一則是九二爻居下卦之中位，二則是「蒙卦之義，主之者全在九二，《象傳》之所論，皆二之義。」圍繞二、五爻在卦畫中與他爻的陰陽排列、對應等關係釋卦辭，是《象傳》釋經的主要特點。張載以蒙九二爻為卦主的兩個原因，王弼也都論述過。王弼所謂「二為眾陰之主也」，原因是蒙卦九二爻「以剛中」〔註9〕。可見，張載的觀點和王弼接近。而《周易程氏傳》則以六五爻為卦主，以九二爻為發蒙者。程頤釋《蒙・象》有所謂：「六五為蒙之主，而九二發蒙者也。我謂二也，二非蒙主。」〔註10〕程頤常以帝師自比，常常把卦爻辭解釋為君臣進退之道。這是把蒙卦六五爻比作暗弱的君，把蒙卦九二爻比作帝師，與王弼《周易注》的不同。

張載以卦主說釋經，主要有以下卦例：

如釋《隨・初九》曰：

　　處隨之初，為動之主，心无私係，故能動必擇義，善與人同者

也。〔註11〕

隨卦下體為震，根據《易傳》所謂乾一索而生震，初九為震成卦之主。這與《周易程氏傳》所謂六子卦之主爻有類似的地方。張載所謂「處隨之初，為動之主」，既是以初九爻為下卦震之主。《周易程氏傳》釋《隨・初九》曰：「九居隨時而震體且動之主，有所隨者也。」〔註12〕這與張載的說法類似。又張載釋《小畜・六四》曰：

　　六四為眾陽之主，已能接之以信，譬如不疑，則亦為眾所歸，

故曰「富以其鄰」。〔註13〕

小畜卦上體巽下體乾，一陰而五陽。張載以為「六四為眾陽之主」。張載和程

〔註 7〕《張載集・橫渠易說》，第 85 頁。
〔註 8〕《張載集・橫渠易說》，第 86 頁。
〔註 9〕〔魏〕王弼注，樓宇烈校釋：《王弼集校釋》，北京：中華書局，1980 年：第 240～241 頁。
〔註 10〕《二程集・周易程氏傳》，第 719 頁。
〔註 11〕《張載集・橫渠易說》，第 103 頁。
〔註 12〕《二程集・周易程氏傳》，第 785 頁。
〔註 13〕《張載集・橫渠易說》，第 93 頁。

頤都沿用王弼的觀點。又釋《履‧六三》曰：

> 大君者，為眾爻之主也。武人者，剛而不德也。〔註14〕

履卦上卦為乾，下卦為兌，也是一陰五陽。張載沿用王弼觀點，而程頤不以六三為卦主。程頤釋履卦沒有提到卦主說，而且有意不以陰爻為卦主。又如，張載釋《剝‧六五》曰：

> 以其居尊制裁，為卦之主。……陰陽之際，近必相比。六五能上附於陽，反制群陰不使進逼，方得處剝之善。下無剝之之憂，上得陽功之庇，故曰「无不利」。〔註15〕

張載以六五爻為卦主原因有二，一則是六五爻居尊位，再則是「以其居尊制裁」下面四陰爻。張載和程頤都沿用王弼之說。又張載釋《渙‧九五》曰：

> 為渙之主，使物徧被其澤，正位凝命，可以免咎，不私於應，故能均布其大號也。渙然廓大，以王道自居乃无咎。〔註16〕

張載以九五居上卦之中故為卦主。《周易程氏傳》並未名言九五為卦主。又張載釋《既濟‧九五》曰：

> 東鄰，上六也；西鄰，六四也。過於濟，厚也；幾於中，時也。濟而合禮，雖薄受福。九五既濟之主……。〔註17〕

張載以九五爻居上卦之中而為卦主，王弼、程頤於該卦不論卦主。又釋《遯‧九三》曰：

> 為內之主，得位之正。立愛其下，畜臣妾之道盡矣。然以斯處遯，危疾宜焉。〔註18〕

遯卦下卦為艮，九三爻為下卦艮之成卦之主，王弼、程頤於該卦不言卦主。可見，張載論卦主基本上沿用了王弼觀點，至於八經卦成卦之主說則與程頤同。

二、三陽三陰卦之泰否卦變說

張載的卦變說，與《易傳》所謂乾坤父母卦生六子卦說、八卦重而生六十四卦之說有關，並常常用以釋經。如張載釋《繫辭傳》所謂「乾坤其《易》

〔註14〕《張載集‧橫渠易說》，第 94 頁。
〔註15〕《張載集‧橫渠易說》，第 112 頁。
〔註16〕《張載集‧橫渠易說》，第 169 頁。
〔註17〕《張載集‧橫渠易說》，第 175 頁。
〔註18〕《張載集‧橫渠易說》，第 129 頁。

之縕邪」，說：「……《易》不見，則是無乾坤。乾坤，天地也；易，造化也。」〔註19〕至於卦變說，張載一主乾坤生六子卦，二主乾坤三陰三陽之間的「剛柔往來」。如釋《漸‧九三》曰：「漸卦九三、六四易位而居，三離上卦，四離下體，故曰：『夫征不復，婦孕不育』……。」〔註20〕又釋漸卦六四爻，認為漸卦六四爻本否卦下卦坤之六三爻與上卦乾之九四爻易位而成。〔註21〕可見，張載認為漸卦是由否卦三爻、四爻一升一降而來。又如釋歸妹卦，認為歸妹卦是由泰卦三爻升、四爻降而來。

　　傳本《易傳‧彖傳》釋經，常常用到剛柔往來說。張載卦變說與《彖傳》所謂「剛柔往來說」有關。《彖傳》所謂「往來說」，主要指別卦中八純卦在上體者為由內至外，故稱往；八純卦在下體者為由外至內，故稱來。但是《彖傳》釋經時，只是偶有以剛柔往來指爻在內外卦中的上下移動。漢儒進一步將「往來說」發展為「升降說」，用來指稱一卦之中各爻的上下移動。這對張載也有所影響。如，張載釋《豐‧六二》曰：「凡言『往』者，皆進而之上也。」〔註22〕又釋《隨‧彖》「剛來下柔」，曰：「上九下居於初也。」〔註23〕釋《損‧上九》「弗損益之」，曰：「上九本為九三，雖為損下，其實上行。」〔註24〕張載的卦變說都本自《易傳》，實質上與漢儒所謂三陰三陽卦變自泰、否兩卦差別不大。張載釋《隨‧彖》所謂「剛來而下柔」，曰：「上九，下居於初也，故曰『剛來下柔』」。〔註25〕張載認為隨䷐，乃否䷋卦變而來，即否上九爻和初六爻易位成隨卦。又如釋噬嗑卦，張載認為噬嗑䷔，乃否䷋卦變而來，即否九五爻和初六爻易位成噬嗑卦。又釋《損‧六三》曰：

　　　　六三本為上六，與坤同體。若連茹匯徵，三人並行，則反非益

　　上之道也。〔註26〕

張載認為損䷨，乃泰䷊卦變而來，即泰上六爻和九三爻易位成損卦。又釋《損‧上九》曰：

〔註19〕《張載集‧橫渠易說》，第 206 頁。
〔註20〕張載釋《漸‧六四》曰：「木非鴻所居，如四之易位而在上也。然本坤之爻，進而為巽，故或得其桷，居之可安也。」參見《張載集‧橫渠易說》，第 160 頁。
〔註21〕《張載集‧橫渠易說》，第 160 頁。
〔註22〕《張載集‧橫渠易說》，第 163 頁。
〔註23〕《張載集‧橫渠易說》，第 102 頁。
〔註24〕《張載集‧橫渠易說》，第 141 頁。
〔註25〕《張載集‧橫渠易說》，第 102 頁。
〔註26〕《張載集‧橫渠易說》，第 140 頁。

上九本為九三，……故云「弗損益之」。損終反益，反如益卦
損上而益下，則可大得志。至「於得臣無家」，言所有之多也。以
剛在上，受下之益多矣，故無所施損。當反益於下，故曰「弗損益
之」。〔註27〕

又釋《益·彖》「損上益下，民說無疆。自上下下，其道大光」，曰：

否卦九四下而為初九，故曰「天施地生」，又曰「損上益下」，
又曰「自上下下」。〔註28〕

張載認為益☲，乃否☰卦變而來，即否卦九四爻和初六爻易位成益卦。又釋
《益·六四》曰：

本為初六，寄位於四。居陰體巽，所趨在下。以為依遷之國，
人所容信。然必中行不私，然後可告必見從。蓋上以益下為心也。
〔註29〕

張載釋《歸妹·彖》曰：

泰之九三進而在四，六四降而在三，故曰「天地之大義」也。
然泰道將終，征將為否，故曰「凶」。〔註30〕

即泰卦六四爻和九三爻易位成歸妹卦。又釋《歸妹·九四》所謂「歸妹愆期，
遲歸有時」，曰：「九四當速交而為泰，今獨後者，三有所待也，故曰『愆期』」。
所謂「九四當速交而為泰」，張載認為，即「泰之九三進而在四，六四降而在
三」。又釋《豐·六二》曰：

初，進而上則遇陽而有尚。二，既以陰居陰而又所應亦陰，故
往無所發，愈增疑疾。能不私於累，信然接物乃吉。宜日中而所應
得陰，故曰「見斗」。五在君位，故以斗喻夜見之象。〔註31〕

這是說泰卦九二爻「進而之上」，六四爻下居二成豐卦。

張載認為，一部分三陰三陽卦來自泰否二卦中陰陽爻的上下往來。這一
觀點本自《彖傳》，《彖傳》常常用剛柔往來、上下釋卦辭。漢儒明確總結出卦
變說，實際上張載是沿用了漢儒的部分說法。漢儒認為每一卦都是由另一卦
陰陽爻之間的上下往來形成的，目的是為了牽合更多的卦象說明卦爻辭的吉

〔註27〕《張載集·橫渠易說》，第 141 頁。
〔註28〕《張載集·橫渠易說》，第 141 頁。
〔註29〕《張載集·橫渠易說》，第 142 頁。
〔註30〕《張載集·橫渠易說》，第 161 頁。
〔註31〕《張載集·橫渠易說》，第 163 頁。

凶悔吝。而張載使用卦變說釋經，目的是彰顯卦爻辭中義理。而程頤的乾坤卦變說，則是結合漢儒的卦變說和《易傳》的說法而創立的新體例。但是，在實際釋經過程中有與漢儒卦變說混用的情況。張載和程頤之間曾探討易學問題，觀點有同有異，很難判斷誰受誰影響。至於朱伯崑認為，張載卦變說「當是受了程頤的乾坤卦變說的影響」，〔註32〕並無足夠依據。

三、過中之戒與爻位說

六十四卦每一卦的六爻由下而上排列，各爻所處的位序稱爻位，符示了人倫上下尊卑關係，又符示了事物發展的終始過程。爻位說不見於其他先秦儒家文獻，例如《左傳》《國語》眾多筮例之中即無。《彖傳》認為，卦爻辭中的吉凶悔吝與某爻在卦畫中位置有關，從而常常用爻位說疏通古經文字。張載釋經比較重視中位的二爻、五爻和初爻上爻之位。

（一）中位說與過中之戒

根據三才說，卦畫之二爻、五爻分別位於一卦下體和上體的中位，即人位。《易傳》認為天剛地柔，人居中位，則可以兼剛柔而得中道。張載認為《易傳》釋二爻、五爻常常使用的中道說，和中庸之道是一致的。抑或中庸之道原本就是之《易傳》的中道說。《中庸》有所謂「君子之中庸也，君子而時中」，「時中」在《中庸》一文中顯得突兀，而聯繫《易傳》所謂「與時偕行」就很容易理解了。如張載釋《乾文言》有曰：

> 庸言庸行，蓋天下經德達道。大人之德施於是溥矣，天下之文明於是著矣。……
>
> 顏氏求龍德正中而未見其止，故擇中庸得一善則拳拳服膺，歎夫子之忽焉前後也。〔註33〕

乾卦九二爻居下卦之中位，《易傳》和漢唐儒者都以得中、中道、中正、正中、時中解釋爻辭。張載認為顏子可當乾卦初九爻潛龍之德。惜卻將有用於世而不幸夭折。所謂「顏氏求龍德正中而未見其止，故擇中庸得一善則拳拳服膺，歎夫子之忽焉前後也」，見《論語・子罕》〔註34〕。引用孔子和顏淵的這段對

〔註32〕朱伯崑：《易學哲學史》，北京：崑崙出版社，2009年：第289頁。

〔註33〕《張載集・橫渠易說》，第73頁。

〔註34〕《論語・子罕》有所謂「子謂顏淵曰：『惜乎！吾見其進也，未見其止也』」、「顏淵喟然歎曰：『仰之彌高，鑽之彌堅，瞻之在前，忽焉在後。夫子循循然善誘人，博我以文，約我以禮。欲罷不能，既竭吾才，如有所立卓爾。遂欲

話釋經，體現了張載重視德行修養的君子之道，也體現了張載對儒家經典之間的融會貫通的重視。中庸的反面是過和不及，相應地，張載以為聖人於三爻、四爻常常有過中之戒。體現了張載《易》《庸》互詮釋經思路。又，張載認為上爻之位有過亢之說，聖人德行則無所謂過亢，惟在正與不正。又釋《乾文言》有曰：

> 乾二、五皆正中之德，五則曰「大人造也」。又曰「聖人作而萬物睹」，大人而升聖乃位乎天德也。不言「帝王」而言「天德」，位不足道也，所性不存焉。〔註35〕

張載認為乾卦講述了成就聖人境界的工夫之路，是對學者、大人德行修養的指導。顏子相當於潛龍，德備而不顯。孟子相當於見龍而已經成性，孔子相當於聖人德行大成、位乎天德。與漢唐儒者釋乾為天子之君臨天下不同，張載以聖人之道釋乾卦卦爻辭，對後世學者有所啟發。程頤釋乾為聖人進退之道，可能是受張載的影響。《程氏遺書》載：「乾是聖人道理，坤是賢人道理。」〔註36〕類似的話又有：「乾九三，言聖人之學也。坤六二，言賢人之學也。」〔註37〕

張載釋二爻、五爻，或以得中道、有中德，或以剛中、柔中等。如釋《復·六五》曰：

> 性順位中，無它應援，以敦實自求而已。剛長柔危之世，能以中道自考，故可無悔。不然，取悔必矣。〔註38〕

六五爻乃坤卦中爻，故曰「性順位中」。這是說坤卦六五爻具有「中道」之德。又如釋《大過·九二》曰：「扶衰於上，使枯木生稊。拯弱於下，使微陰獲助。此剛中下濟之功，亦自獲助於物也。」〔註39〕又如釋《蹇·九五》「大蹇朋來。《象》曰：『大蹇朋來』，以中節也」，曰：「剛中之德，為物所歸。」〔註40〕

值得注意的是張載以九二爻、六五爻為中正，這顯然與王弼有異。如釋《履·九二·象》所謂「中不自亂也」，曰：

從之，末由也已』」等。
〔註35〕《張載集·橫渠易說》，第 73 頁。
〔註36〕《二程集·程氏遺書》，第 79 頁。
〔註37〕《二程集·程氏粹言》，第 1205 頁。
〔註38〕《張載集·橫渠易說》，第 114 頁。
〔註39〕《張載集·橫渠易說》，第 119 頁。
〔註40〕《張載集·橫渠易說》，第 138 頁。

中正不累，無援於上。故中不自亂，得幽人之正。〔註41〕

九二陽爻居陰，中卻不正。張載以為九二爻有中正之德。釋《睽‧九二》所謂「遇主於巷，无咎。象曰：『遇主於巷』，未失道也」，曰：「守正居中，故能求主於乖喪之際，不失其道，乖睽主有不可顯遇之時。」〔註42〕睽卦九二爻，顯然是中而不正。同樣，張載釋以「守正居中」。又釋《升‧六五》所謂「貞吉升階。《象》曰：『貞吉升階』，大得志也」，曰：「柔中極尊，不拒來者，使物皆階己而升，正而且吉，志宜大獲也。」〔註43〕升卦六五爻中而不正，張載卻說：「柔中極尊」「正而且吉」等。又如釋《離‧六五》有謂「柔麗中正也。」〔註44〕離卦六五爻中而不正，張載卻說：「柔麗中正」。

不管二爻、五爻是陰爻還是陽爻，以二爻、五爻為中而且正。這在《易傳》中已經有先例。按王弼之說，九二爻、六五爻是中而不正，而《易傳》卻有為「中正」釋語。如釋《艮‧六五‧象》曰：「艮其輔，以中正也」。又《乾文言》解乾卦九二爻有所謂「子曰：『龍德而正中者也』」之語。張載和程頤都注意到《易傳》的提法，也許是《易傳》有誤，也許是《易傳》並無嚴格正位之說。但是，張載和程頤還是認同《易傳》的說法而不否認。程頤則明確提出「中重於正，中則正」。

張載重視中爻還體現在，在釋初爻、上爻、三爻、四爻時，常常有「過中之戒」。如：

釋《家人‧九三》所謂「家人嗃嗃，悔厲吉。婦子嘻嘻，終吝」，曰：「位為過中，則履非得宜，與其慢也寧嚴」。〔註45〕

釋《巽‧初六》曰：「體柔居下，在巽之始，謙抑過中。」〔註46〕

釋《无妄‧上九》曰：「進而過中，是无妄而行也」。〔註47〕

如釋《臨》所謂「至於八月有凶」，曰：

言「有凶」者，大抵《易》之於爻，變陽至二，便為之戒，恐有過滿之萌。未過中已戒，猶履霜堅冰之義，及泰之三曰：「無平不

〔註41〕《張載集‧橫渠易說》，第93頁。
〔註42〕《張載集‧橫渠易說》，第136頁。
〔註43〕《張載集‧橫渠易說》，第149頁。
〔註44〕《張載集‧橫渠易說》，第124頁。
〔註45〕《張載集‧橫渠易說》，第135頁。
〔註46〕《張載集‧橫渠易說》，第166頁。
〔註47〕《張載集‧橫渠易說》，第116頁。

陂，無往不復」，皆過中之戒也。〔註48〕

張載認為中的反面就是過與不及，都是過中。顯然，這是以《論語》所謂中庸之道來釋《易傳》之中位之德。又如釋《豐》曰：「『宜日中』，不宜過中也」。〔註49〕

（二）釋初位、上位

關於卦畫之初爻、上爻，《易傳》認為有終始、上下、高低、內外、貴賤等義。張載繼承了這一觀念，常常用來解釋經文。如釋初位的筮例如下：

釋《中孚・初九》有謂：「為信之始，其信未孚」。〔註50〕

釋《渙・初六》有謂：「處險之下，故必用拯」。〔註51〕

釋《兌・初九・象》所謂「和兌之吉，行未疑也」，曰：「以陽居下，無所比附，出門同人，行自信者也。」〔註52〕

釋《巽・初六》有謂：「體柔居下，在巽之始，謙抑過中」。〔註53〕

如釋《革・初九》有謂：「賤而無應，非大亨以正之德，中堅自守，不可有為」。〔註54〕

釋《解・初六》有謂：「險難方解」。〔註55〕

釋《睽・初九》有謂：「履睽之始，悔也」。〔註56〕

釋《晉・初六》有謂：「居晉之初，正必見摧」。〔註57〕

釋《隨・初九》有謂：「處隨之初，為動之主」。〔註58〕

釋《師・初六》有謂：「『師出以律』，師之始也，體柔居賤，不善用律，故凶。」〔註59〕

張載認為初位在二爻之下，下而過中，故有「過中之戒」。如釋《巽・初

〔註48〕《張載集・橫渠易說》，第 105 頁。
〔註49〕《張載集・橫渠易說》，第 162 頁。
〔註50〕《張載集・橫渠易說》，第 171 頁。
〔註51〕《張載集・橫渠易說》，第 168 頁。
〔註52〕《張載集・橫渠易說》，第 167 頁。
〔註53〕《張載集・橫渠易說》，第 166 頁。
〔註54〕《張載集・橫渠易說》，第 152 頁。
〔註55〕《張載集・橫渠易說》，第 139 頁。
〔註56〕《張載集・橫渠易說》，第 136 頁。
〔註57〕《張載集・橫渠易說》，第 132 頁。
〔註58〕《張載集・橫渠易說》，第 103 頁。
〔註59〕《張載集・橫渠易說》，第 89 頁。

六》有謂：「體柔居下，在巽之始，謙抑過中」。〔註60〕

又，張載釋上位的筮例如下：

釋乾卦上九爻有「亢而自喪之也」之語。〔註61〕

釋《師・上六》曰：「師終必推賞，然小人雖有功，不可胙之以上，長亂也。」〔註62〕

釋《泰・上六》曰：「泰極則否，非力所支，故不可以師，其勢愈亂。」〔註63〕

釋《觀・上九》曰：「以剛陽極上之德，居不臣不任之位，以觀國家之政，志有所未平也，有君子循理之心則可免咎。俯視九五之為，故曰『觀其生。』」〔註64〕

釋《賁・上九》「上得志也」，有謂：「上而居高，潔無所累，為物所貴」。〔註65〕

釋《復・上六》有謂：「君道過亢反常，無施而可」。〔註66〕

釋《晉・上九》有謂：「窮無所往，故曰角。居明之極，其施未光而應尚狹，……無可進而進不已，惟伐邑於內而可矣，如君子則知止也。」〔註67〕

釋《家人・上九》有謂：「以陽居尊，故威如」。〔註68〕

釋《姤・上九》有謂：「窮不知變，吝之道也。」〔註69〕

上位在五位之上，已過中位，也有過中之戒。如：

釋《无妄・上九》曰：「進而過中，是无妄而行也」。〔註70〕

釋《无妄・上九・象》曰：「上六過中，逃險而失道者也」。〔註71〕

釋《坎・上六》曰：「上六，係用徽纆，寘於叢棘，三歲不得，凶」，曰：「上六過中，逃險而失道者也，不附比陽中，幾於迷復之凶，故為所繫累也。

〔註60〕《張載集・橫渠易說》，第 166 頁。
〔註61〕《張載集・橫渠易說》，第 70 頁。
〔註62〕《張載集・橫渠易說》，第 90 頁。
〔註63〕《張載集・橫渠易說》，第 95 頁。
〔註64〕《張載集・橫渠易說》，第 108 頁。
〔註65〕《張載集・橫渠易說》，第 111 頁。
〔註66〕《張載集・橫渠易說》，第 114 頁。
〔註67〕《張載集・橫渠易說》，第 133 頁。
〔註68〕《張載集・橫渠易說》，第 135 頁。
〔註69〕《張載集・橫渠易說》，第 146 頁。
〔註70〕《張載集・橫渠易說》，第 116 頁。
〔註71〕《張載集・橫渠易說》，第 116 頁。

陰柔不能附比於陽，處險之極乘剛，宜其為所拘戮也」。〔註72〕

（三）釋卦之第三爻、第四爻

關於別卦六畫與三才之位的對應關係，易學史上有兩種觀點。一種觀點認為，第一爻、第四爻象地，第二爻、五爻象人，第三爻、第六爻象天。則第三爻、第六爻位於上體、下體之上，有終極之義。如釋《豐‧九三》所謂「豐其沛，日中見沫，折其右肱，无咎」，曰：「光大之上，陰柔之終，不可用也。」〔註73〕豐卦下體離卦而為柔，三爻在離卦天位（上位），故曰「陰柔之終」。

張載認為三爻、四爻不在中位，或過或不及，常常有過中之戒。如釋《乾文言》有「乾三四，位過中重剛」〔註74〕之說。又曰：「此君子所以立多凶多懼之地，乾乾德業，不少懈於趨時也。」〔註75〕又如釋《家人‧九三》曰：「位為過中，則履非得宜，與其慢也寧嚴。」〔註76〕九三爻在九二爻之上，可謂過二爻，故曰「過中」。

張載認為四爻鄰著五爻，五爻為君位，故有迫君、近君之義。如釋《剝‧六四》有謂：「迫近君位」。五位為君位，故曰六四「迫近君位」，危懼可知。又如釋《未濟‧九四》有謂：「迫近至尊」之語。

至於二爻、四爻，《繫辭傳》有所謂「二多譽，四多懼」之說。至於三爻、五爻有「三多凶，五多功」之說。故而，張載釋《離‧九四》所謂「九四，突如其來如，焚如，死如，棄如」，曰：「處多懼之地而以乘剛，故其來也遽，其處也危，無所容安，如見棄逐，皆所麗之失中也。三剛而不可乘，五正而不見容。」〔註77〕又如釋《履‧九四》所謂「九四，履虎尾愬愬，終吉」，曰：「二五不累於己，處多懼之地，近比於三，能常自危，則志願終吉。」〔註78〕

對九四爻、六三爻，張載常常以陽爻居陰位或以陰爻居陽位而言其蘊含著剛柔兼濟之德。如釋《履‧九四》有謂「陽居陰，故不自肆，常自危也」。〔註79〕又如釋《咸‧九四》所謂「貞吉，悔亡。憧憧往來，朋從爾思」，曰：

〔註72〕《張載集‧橫渠易說》，第 122 頁。
〔註73〕《張載集‧橫渠易說》，第 163 頁。
〔註74〕《張載集‧橫渠易說》，第 73 頁。
〔註75〕《張載集‧正蒙》，第 36 頁。
〔註76〕《張載集‧橫渠易說》，第 135 頁。
〔註77〕《張載集‧橫渠易說》，第 123～124 頁。
〔註78〕《張載集‧橫渠易說》，第 94 頁。
〔註79〕《張載集‧橫渠易說》，第 94 頁。

「以陽居陰，非躁感於物者也，然體兌性悅，未免乎思以求朋之累也。」〔註80〕
又如釋《小過・九四》所謂「无咎，弗過遇之，往厲必戒，勿用永貞」，曰：
「道非剛亢，故无咎。」〔註81〕又如釋《坤・六三》所謂「含章可貞，或從
王事，無成有終」，曰：「六三以陰居陽，不獨有柔順之德，其知光大，含蘊文
明，可從王事者也。」〔註82〕

四、當位說

　　所謂當位就是陽爻（初九、九三、九五）處在一卦的初、三、五奇數位，
或陰爻（六二、六四、上六）處在一卦的二、四、上偶數位。當位或言得位、
得正等，原則上講當位則有吉。陰爻居陽位、陽爻居陰位（諸如初六、六三、
六五和九二、九四、上九）是不當位，或言失位、不正等。原則上，失位則當
凶。當位得正，則有「正」道。《易傳》釋經常常用到當位說，但是，僅言當
位吉，而不言當位何以凶。至於而失位何以吉，不得而知。這說明，當位說實
用性不強，不過是用於疏通卦爻辭文字而已，王弼釋經亦然。王弼明確了當
位說，然當位說的應用性不強，不合體例情況很常見。後世儒者發現當位、
失位與吉凶並未必然的對應關係，常常結合其他體例，並進一步說明何以當
位凶或失位吉。或者哪種體例於該爻意義最重就用哪種體例，單獨使用當位
說解釋卦爻辭的情況不多。

　　張載於初位、上位不言正與不正，大概受王弼所謂初、上無位說的影響。
王弼初、上無位說，即初位、上位不論陰陽屬性，只有中間二、三、四、五爻
有位，即論爻位之陰陽屬性。在《周易略例・辨位》說：

　　　　《象》無初上得位失位之文，又《繫辭》但論三五、二四同功

　　異位，亦不及初上。」〔註83〕

考之《周易》經傳之文，可知王弼的這一說法並不嚴謹。程頤就明確表示反
對這一觀點，認為初爻、上爻只是無爵位而已。陰陽係於數之奇偶，豈能無
陰陽之位。對此，張載也曾注意到。《恒・上六・象》曰：「振恒在上，大無
功也」，張載釋曰：「卦例於上爻多處之以貴而無位、高而無民，至恒又不可

〔註80〕《張載集・橫渠易說》，第 126 頁。
〔註81〕《張載集・橫渠易說》，第 173 頁。
〔註82〕《張載集・橫渠易說》，第 81 頁。
〔註83〕〔魏〕王弼著，樓宇烈校釋：《王弼集校釋》，北京：中華書局 1980 年：第 613
　　　　頁。

以此處，……易道灼然義理分明，自存乎卦，惟要人玩之乃得。」〔註84〕

　　張載大概認為以陽爻居陽位則過剛，因此，很少言九三爻得正。如釋《遯・九三》有謂「為內之主，得位之正。」〔註85〕言九三爻得正僅此一見。至於九二爻、九五言則論中，而很少論其得位、失位。而九四爻以陽爻處陰位有不過剛之德，故於九四爻很少言不正、言失位、不當等。又如釋《未濟・九四》有「非正而吉，悔所招也」之語。而言九四爻非正僅此一見。又，六四爻以陰爻居陰位為得位，張載以為不合剛柔兼濟的中道，而失之太柔。有時不言六四爻得位，如《橫渠易說》釋《蠱・六四》有「以柔居陰，失之太柔」之語。〔註86〕

　　張載論當位、失位最多則是言六三爻失位，常常釋曰：「位非所安」「所處非位」「處非其地」「處非其正」「履非其正」等；言六四爻當位，常常說得位之正。例如：

　　釋《頤・六四》所謂「六四，顛頤，吉。虎視眈眈，其欲逐逐，无咎」，曰：「體順位陰，得頤之正」。〔註87〕

　　釋《坎・六四》曰：「四五俱得陰陽之正，險阻之際，近而相得，誠素既接，雖簡略於禮，无咎也。」〔註88〕

　　釋《蹇・六四》云：「蹇反當位正吉」。〔註89〕

　　如釋《屯・六三》云：「處非其地，故曰『入於林中』」。〔註90〕

　　釋《蒙・六三》所謂「六三，勿用取女，見金夫，不有躬，无攸利」，曰：「履非正則不能固於一也」。〔註91〕

　　釋《訟・六三》所謂「食舊德，貞厲，終吉。或從王事無成」，曰：「履非其位，處險之極。若能不為他累，專應上九，則雖危終吉，故曰『舊德』。以陰居陽，又處成功，必有悔吝，故曰『無成』。」〔註92〕

　　釋《比・六三》云：「履非其正，比之必匪其人」。〔註93〕

〔註84〕 《張載集・橫渠易說》，第 128 頁。
〔註85〕 《張載集・橫渠易說》，第 129 頁。
〔註86〕 《張載集・橫渠易說》，第 105 頁。
〔註87〕 《張載集・橫渠易說》，第 119 頁。
〔註88〕 《張載集・橫渠易說》，第 122 頁。
〔註89〕 《張載集・橫渠易說》，第 138 頁。
〔註90〕 《張載集・橫渠易說》，第 84 頁。
〔註91〕 《張載集・橫渠易說》，第 86 頁。
〔註92〕 《張載集・橫渠易說》，第 88 頁。
〔註93〕 《張載集・橫渠易說》，第 91 頁。

五、乘承比應說

《易傳》認為諸爻之間的關係也可影響到卦爻辭的吉凶，承乘比應說就是對諸爻之間關係的總結。《象傳》釋經常常有「承」「乘」「應」之文字，可以說是已經蘊含有王弼所謂承乘比應說。承乘說並不多見。至於比，考之《易傳》之文而不曾有。而王弼注《易》則以為常例。承乘比應說與古人具體的卜筮占驗操作沒有關聯，僅僅可以疏通卦爻辭文字而已。若推至全經，例外的例子很多。張載以承乘比應說釋經繼承了《易傳》、王弼《周易注》，並有所創新。在具體的釋經過程中，未必都沿用《易傳》和王弼《周易注》的體例。

（一）乘承說

乘有凌駕之義，陽爻在陰爻之上符合陽尊陰卑的倫理觀念為順為吉。推至全經頗為不准。反之，陰爻在陽爻之上為逆為凶。這不過是古人陽尊陰卑的倫理觀念在易學中的粗略表現而已。乘，一般情況下指相鄰兩爻之間的關係，在具體的釋經過程中亦不盡然。《易傳》中多以乘剛為不吉，推至全經亦不盡然。張載沿用了《易傳》的說法，在釋經的過程中，《易傳》以乘剛解經處亦以乘剛解之。理學家都是道德理想主義者，格外重視封建倫常。柔在剛上為乘剛，在古代有大逆不道之嫌。剛在柔上，則不言乘。張載所謂乘剛與《易傳》王弼《周易注》又有不同。如下有陽爻而卦辭不吉，張載也以陽爻在陽爻上亦言乘剛而凶。張載認為乘剛不吉，退反則吉。如張載釋《歸妹・彖》「『无攸利』，柔乘剛也」，曰：「三五皆乘剛，必退反乃吉」。〔註94〕對於張載以乘剛釋經，詳述如下：

張載以陰爻在陽爻上為乘剛釋例如下：

釋《臨・六三》曰：「體說乘剛故甘」。〔註95〕

釋《无妄・六二》所謂「不耕獲，不菑畬，則利有攸往」，曰：「柔之為道不利遠者，能遠利不為物首則可，乘剛處實則凶。」〔註96〕

釋《坎・上六》曰：「陰柔不能附比於陽，處險之極乘剛，宜其為所拘戮也。」〔註97〕

釋《大壯・六五》曰：「履柔危之地，乘壯動之剛，固之必悔者，位非其

〔註94〕《張載集・橫渠易說》，第 161 頁。
〔註95〕《張載集・橫渠易說》，第 106 頁。
〔註96〕《張載集・橫渠易說》，第 115 頁。
〔註97〕《張載集・橫渠易說》，第 122 頁。

所堪也。」〔註98〕

釋《睽‧六三》曰:「乘剛遇敵,輿衛皆困。」〔註99〕

釋《震‧六五》所謂「震往來厲,億無喪有事」,曰:「以其乘剛故危,以其在中故無喪,禍至與不至皆懼,則無喪有事。」〔註100〕

又,張載以陽爻在陽爻上也算乘剛,例如:

釋《離‧九四》所謂「突如其來如,焚如,死如,棄如」,曰:「處多懼之地而以乘剛,故其來也遽,其處也危。無所容安,如見棄逐,皆所麗之失中也。三剛而不可乘,五正而不見容。」〔註101〕

釋《恒‧九三》所謂「不恒其德,或承之羞,貞吝」,曰:「進則犯上,退則乘剛。故動則招悔取辱,惟常守一德,庶幾取容。故曰不恒其德則無所容也」。〔註102〕

釋《大壯‧九三》云:「以陽居陽,正也,然乘下之剛,故危」。〔註103〕

釋《大壯‧九四》云:「乘剛本有悔,不用其壯故貞吉」。〔註104〕

釋《巽‧九三》曰:「乘剛而動,頻吝所宜。志在比物,故吝。」〔註105〕

釋《渙‧上九》所謂「渙其血,去逖出,无咎」,曰:「乘剛在上,若係於三,害不可免。能絕棄陰類,遠去其難,則可免咎。」〔註106〕

釋《履‧上九》所謂「視履考祥,其旋元吉」,曰:「乘剛未安,(與)其進也寧旋。」〔註107〕

至於承剛說,張載很少使用,僅見一處「承乘皆剛」。如釋《鼎‧九三》曰:「以陽居陽,承乘皆剛,悔也。」〔註108〕

(二)釋比

《易傳》很少言比。王弼《周易注》以比釋經,取陰爻陽爻異性相鄰而

〔註98〕《張載集‧橫渠易說》,第131頁。
〔註99〕《張載集‧橫渠易說》,第136頁。
〔註100〕《張載集‧橫渠易說》,第157頁。
〔註101〕《張載集‧橫渠易說》,第123～124頁。
〔註102〕《張載集‧橫渠易說》,第128頁。
〔註103〕《張載集‧橫渠易說》,第131頁。
〔註104〕《張載集‧橫渠易說》,第131頁。
〔註105〕《張載集‧橫渠易說》,第166頁。
〔註106〕《張載集‧橫渠易說》,第169頁。
〔註107〕《張載集‧橫渠易說》,第94頁。按:據文義,「其」前當脫與字。
〔註108〕《張載集‧橫渠易說》,第155頁。

有親近互助之義。一般情況下，相鄰兩爻一陰一陽，則有親比之義。如果相鄰兩爻是陽和陽，或陰和陰，則不成互助之義，這和乘承說不同。陰陽爻相比的情況非常多，各種釋經體例也難免衝突，而是否言比只是解釋經文的需要。

　　與王弼《周易注》不同的是，張載有時在陰爻與陰爻、陽爻與陽爻之間言比。看來，張載所謂比，有時只是位置臨近而有親比、相助之意。如：釋《明夷·六四》有謂「與五親比」之語。〔註109〕明夷卦六四爻與六五爻，陰爻陰爻相鄰，本來不成比。這裡張載所謂「親比」，已經不是陰陽相鄰而親比，只是位置相鄰而親比。

　　既然陰陽爻之間都有比助之可能，是否取比助之義，則要看有無其他合適的釋經體例。這與王弼的做法又相同。如張載釋《中孚·六三》所謂「得敵，或鼓或罷，或泣或歌」，曰：「處非所安，物之所惡。剛而乘之，柔不相比。進退之際，惟敵是求。不恒其德，莫非己致。」〔註110〕這是講六三爻，陰爻處陽位故「處非所安」。六三爻在九二爻上，故曰「剛而乘之」。六三爻乘剛，不願親附九二爻，故曰「柔不相比」。乘剛不吉，與爻辭相協調故取。有比當吉，與爻辭不協調故不取。

　　張載釋經，異類相比的釋例更多一些，如：

　　釋《剝·六四》所謂「剝床以膚，凶」，有「五於陰陽之際，義必上比」之語。剝卦六五爻與上九爻陰陽相鄰，故言比。〔註111〕

　　釋《小畜·六四》所謂「有孚，血去，惕出，无咎」，曰：「能上比於五，與之合志，雖為群下所侵，被傷而去，懷懼而出，於義无咎。」〔註112〕

　　釋《履·九四》所謂「履虎尾愬愬，終吉」，曰：「二五不累於己，處多懼之地，近比於三，能常自危，則志願終吉。」〔註113〕

　　釋《隨·九四》所謂「隨有獲，貞凶。有孚在道，以明何咎！」曰：「以陽居陰，利於比三則凶也。」〔註114〕

　　釋《賁·六五》有謂「柔中之德比於上九」一語。〔註115〕

〔註109〕　《張載集·橫渠易說》，第 134 頁。
〔註110〕　《張載集·橫渠易說》，第 172 頁。
〔註111〕　《張載集·橫渠易說》，第 111 頁。
〔註112〕　《張載集·橫渠易說》，第 92 頁。
〔註113〕　《張載集·橫渠易說》，第 94 頁。
〔註114〕　《張載集·橫渠易說》，第 103 頁。
〔註115〕　《張載集·橫渠易說》，第 110 頁。

釋《復・六二》所謂「休復，吉」，曰：「下比於陽，故樂行其善。」〔註116〕

釋《頤・六二》有謂「反比於初，以陰養陽」一語。〔註117〕

釋《坎・初六》曰：「比於二，無出險之志」。〔註118〕

釋《坎・六四》所謂「樽酒、簋貳、用缶。納約自牖，終无咎」，曰：「上比於五，有進出之漸，故無凶。」〔註119〕

釋《坎・上六》所謂「係用徽纆，實於叢棘，三歲不得，凶」，曰：「上六過中，逃險而失道者也。不附比陽中，幾於迷復之凶，故為所繫累也。陰柔不能附比於陽，處險之極乘剛，宜其為所拘戮也。」〔註120〕

釋《解・六三》有謂「不正而近比二剛，不能致一。」〔註121〕

釋《損・六五》所謂「或益之十朋之龜。弗克違，元吉」，曰：「上九自外來而比之，況其下者乎！」〔註122〕

釋《豐・九四》有謂「無應於下，近比於五」一語。〔註123〕

釋《訟・九四》「或錫之鞶帶，終朝三褫之」，曰：「體健而比於三，理為不直，故『不克訟』。」〔註124〕

張載認為多爻也可比一爻。如釋《旅・九三》曰：「下比二陰，喪其御下之正，危厲之道。」〔註125〕又如釋《震・九四》曰：「處眾陰之中，為眾附比」。〔註126〕

（三）應位說

應位說是對別卦上下體六爻之間呼應關係的說明。具體是講下卦第一、二、三爻，分別與上卦第四、五、六爻之間，如果存在一陰一陽的對應關係，則認為他們之間為有應。即諸如初九爻與六四爻、六二爻與九五爻、九三爻

〔註116〕《張載集・橫渠易說》，第 114 頁。
〔註117〕《張載集・橫渠易說》，第 118 頁。
〔註118〕《張載集・橫渠易說》，第 121 頁。
〔註119〕《張載集・橫渠易說》，第 122 頁。
〔註120〕《張載集・橫渠易說》，第 122 頁。
〔註121〕《張載集・橫渠易說》，第 139 頁。
〔註122〕《張載集・橫渠易說》，第 140 頁。
〔註123〕《張載集・橫渠易說》，第 163 頁。
〔註124〕該條注釋誤置於訟卦上九爻下，上九與六三不比鄰。而所謂「不克訟」正是訟卦六三爻辭。參見《張載集・橫渠易說》，第 89 頁。
〔註125〕《張載集・橫渠易說》，第 165 頁。
〔註126〕《張載集・橫渠易說》，第 156 頁。

與上六爻等等，為有應。而諸如初九爻與九四爻、六二爻與六五爻、六三爻與上六爻等等，則是無應。

《象傳》常常以二爻、五爻之間是否陰陽呼應來釋卦辭吉凶之義。也以上下卦之間陰卦與陽卦相互之間有感應來釋經。《大有‧象》有謂「大中而上下應之曰大有」「應乎天而時行」等。而大有卦外卦為離，內卦為乾。乾為大而居內卦（居內卦即居中），故曰「大中」。陰離卦與陽乾卦異類呼應，故曰「上下應之」。所謂「應乎天」，即離應乾。張載也注意到這一點。如釋《歸妹‧初九》「歸妹以娣，跛能履，征吉」，曰：「陽處於上，不可不隨，故征吉。以兌應震，合卦之義，常道也。爻為陽故能履，非匹故跛。」〔註127〕後世學者將應位說推廣至初爻與四爻、三爻與上爻之間，並用以解釋諸爻之辭。王弼《周易注》則以常常使用應位說釋卦辭、爻辭，後世學者紛紛傚仿。這與《象傳》以陰陽呼應解釋卦辭不同。至於六畫卦與三才的對應關係，有一種觀點認為，初爻、四爻象地，二爻、五爻象人，三爻、上爻象天。所謂應位說侷限在別卦之初爻與四爻、二爻與五爻、三爻與上爻之間。而且以一陰爻與一陽爻為正應或有應，否則為無應或敵應。

張載使用應位說解釋爻辭，基本上沿用了《象傳》、王弼《周易注》的體例，以一陰爻一陽爻為有應，否則為無應。但是，也有不同。張載認為，不管有應、無應與吉凶都無必然關聯。一般來說，以正應為有助而吉，以私應為繫累而凶。同理，同陰同陽為無應，無應可以是無助而凶，也可以是無私累而吉。張載認為應乃陰陽之間的感應，感應的前提是以時相應，以正感應，才能獲得援應而吉。如釋《咸‧象》有謂「其爻雖相應而詞多不吉」。又認為感應當專一，不一則不吉。〔註128〕如釋《中孚‧六四》曰：「陰德盛美，物所願交，故必一其所應，絕類於上，使陰不疑陽。如月近望而不過於盈，可以无咎。」〔註129〕又如釋《萃‧初六》曰：「萃聚之世，物各以近相求。所處遠者，雖有其應，不能專一。」〔註130〕又，張載釋《否‧九四》謂：「居否之世，以陽處陰，有應於下，故雖有所命，无咎也。」〔註131〕又如釋剝卦六三

〔註127〕　《張載集‧橫渠易說》，第161頁。
〔註128〕　《張載集‧橫渠易說》，第124～125頁。
〔註129〕　《張載集‧橫渠易說》，第172頁。
〔註130〕　《張載集‧橫渠易說》，第147頁。
〔註131〕　《張載集‧橫渠易說》，第96頁。

爻，曰：「獨應於陽，故反為眾陰所剝，然無所咎。」〔註132〕張載通過運用應位說，詮釋了卦爻辭吉凶中蘊含的義理。如張載釋《震‧六五》曰：「以其乘剛故危」。〔註133〕張載亦稱兩陽爻相比為「乘剛」「承剛」，如釋《鼎‧九三》云：「以陽居陽，承乘皆剛，悔也。」〔註134〕又如釋《大壯‧九三》謂：「以陽居陽，正也；然乘下之剛，故危。」〔註135〕現分五種情況論述如下：

1. 張載釋經，有應而獲吉的卦例如下

釋《訟‧六三》所謂「食舊德，貞厲，終吉。或從王事無成」，曰：「履非其位，處險之極，若能不為他累，專應上九，則雖危終吉，故曰『舊德』。」〔註136〕

釋《復‧六四》所謂「中行獨復」，曰：「柔危之世，以中道合正應，故不與群爻同。」〔註137〕

釋《豫‧初六》有「今得應於上，豫獨著聞」一語。〔註138〕

釋《井‧九三》曰：「井以既出為功。井道之成在於上六，三其正應，而又以陽居陽，充滿可汲。為五所間，功不上施，故『為我心惻』。」〔註139〕

釋《革‧六二》有「俟上之唱，革而往應」一語。〔註140〕

2. 雖有應，但戒以無私方吉。如

釋《大過‧九三》有所謂「若私應為心則撓乎下，咎也。」〔註141〕

釋《咸‧象》曰：「有所係慕，皆非正吉。故六爻皆以有應不盡卦義而有所譏也。」〔註142〕

釋《恒‧九二‧象》所謂「『九二悔亡』，能久中也」，曰：「以陽係陰，用

〔註132〕《張載集‧橫渠易說》，第111頁。
〔註133〕《張載集‧橫渠易說》，第157頁。
〔註134〕《張載集‧橫渠易說》，第155頁。
〔註135〕《張載集‧橫渠易說》，第131頁。
〔註136〕《張載集‧橫渠易說》，第88頁。
〔註137〕《張載集‧橫渠易說》，第114頁。
〔註138〕《張載集‧橫渠易說》，第102頁。
〔註139〕《張載集‧橫渠易說》，第151頁。按：「為我心惻」為井卦九三爻辭之文。《張載集》原文未加引號。
〔註140〕《張載集‧橫渠易說》，第152頁。
〔註141〕《張載集‧橫渠易說》，第120頁。
〔註142〕《張載集‧橫渠易說》，第125頁。

以為常，不能無悔，以其『久中』故免。」〔註143〕

　　釋《遯・九四》有「有應於陰」一語。〔註144〕

　　釋《小過・九三》曰：「居陽以剛而應於上，為眾所疾」。〔註145〕

　　釋《履・上九》所謂「視履考祥，其旋元吉」，曰：「視所履以考求其吉，莫如旋而及下，則獲應而有喜也。」〔註146〕

　　釋《益・六四》所謂「中行告公從，利用為依遷國」，曰：「以陰居陰，體巽應卑，持此施益，可以為依遷之國。……不足告王，故曰『告公』。本為初六，寄位於四，居陰體巽，所趨在下。以為依遷之國，人所容信。然必中行不私，然後可告必見從。蓋上以益下為心也。」。〔註147〕

　　3. 張載有時釋無應為無私累，如

　　釋《比・初六》有「柔而無應。能擇有信者親之，己之誠素著顯，終有它吉，比好先也。」一語。〔註148〕

　　釋《臨・上六》有「不以無應而志在於臨」一語。〔註149〕

　　釋《復・六五》所謂「敦復，無悔。《象》曰：『敦復無悔』，中以自考也」，曰：「性順位中，無它應援，以敦實自求而已。剛長柔危之世，能以中道自考，故可無悔，不然，取悔必矣。」〔註150〕

　　釋《離・初九》曰：「無應於上，無所朋附。以剛處下，物所願交。非矜慎之甚，何以免咎！」〔註151〕

　　釋《履・初九》曰：「無應於上，故其履潔素。」〔註152〕

　　釋《漸・上九》曰：「無應於下，羽潔無污。」〔註153〕

　　釋《豐・六二》曰：「二既以陰居陰而又所應亦陰，故往無所發，愈增疑疾。能不私於累，信然接物乃吉。宜日中而所應得陰，故曰『見斗』，五在君

〔註143〕《張載集・橫渠易說》，第 127 頁。
〔註144〕《張載集・橫渠易說》，第 129 頁。
〔註145〕《張載集・橫渠易說》，第 173 頁。
〔註146〕《張載集・橫渠易說》，第 93 頁。
〔註147〕《張載集・橫渠易說》，第 142 頁。
〔註148〕《張載集・橫渠易說》，第 91 頁。
〔註149〕《張載集・橫渠易說》，第 106 頁。
〔註150〕《張載集・橫渠易說》，第 114 頁。
〔註151〕《張載集・橫渠易說》，第 123 頁。
〔註152〕《張載集・橫渠易說》，第 193 頁。
〔註153〕《張載集・橫渠易說》，第 160 頁。

位，故以斗喻夜見之象。」〔註 154〕

釋《渙‧六四》「渙其群，元吉。渙有丘，匪夷所思。《象》曰：『渙其群元吉』，光大也」，曰：「已處險外，無私其應，常以拯眾為心，則其志光大獲吉；若志在所歸之地，近累於五，則非能平均其慮者也。」〔註 155〕

4. 雖然有應，但張載認為因有同類間隔而應不成。如

釋《同人‧上九》曰：「二與五應而為他間，已直人曲，望之必深，故號咷也。」〔註 156〕

釋《明夷‧初九》所謂「明夷於飛，垂其翼。君子於行，三日不食。有攸往，主人有言」，曰：「進應於上，為三所困。故曰『於飛垂翼』。君子避患當速，勢不與抗。退而遠行，不遑暇食。靜以自守，非有所往之時也。」〔註 157〕

釋《訟‧初六》曰：「初於正應，中有陰陽之間，不無訟。」〔註 158〕

釋《革‧九三》曰：「若二使應五，四使應初，則其悔可虖」。〔註 159〕

釋《中孚‧初九》「虞吉，有他不燕。《象》曰：『初九虞吉』，志未變也」，曰：「為信之始，其信未孚。而志應在四，進有二三。剛柔之間，非以禮自防，使為眾所信，取悔之道也。」〔註 160〕

釋《損‧六四》所謂「損其疾，使遄有喜，无咎」，曰：「六三志應於上，近不相得。不固其路使速應於上，則初九之應無所間阻，故曰『損其疾』。使彼有喜，故已亦可喜而无咎也。」〔註 161〕

釋《夬‧九四》曰：「一陰在上，眾陽爭趨。三其正應，已獨乘之，故行止皆凶。牽羊者必讓而先之，則為力也易。溺於所趨，必不能用，故曰『聞言不信』。溺於心者，聽必不聰。」〔註 162〕

5. 又，張載認為有應但不私其應方能獲吉。如

釋《益‧六三》曰：「中行者，不私於應，無所偏係也。用心不私，以拯

〔註 154〕《張載集‧橫渠易說》，第 163 頁。
〔註 155〕《張載集‧橫渠易說》，第 169 頁。
〔註 156〕《張載集‧橫渠易說》，第 97 頁。
〔註 157〕《張載集‧橫渠易說》，第 133 頁。
〔註 158〕《張載集‧橫渠易說》，第 188 頁。
〔註 159〕《張載集‧橫渠易說》，第 153 頁。
〔註 160〕《張載集‧橫渠易說》，第 171 頁。
〔註 161〕《張載集‧橫渠易說》，第 140 頁。
〔註 162〕《張載集‧橫渠易說》，第 144 頁。

凶難。雖非王者之佐，可以用之牧伯以為藩屏之臣矣。體躁居陽，上有剛應。持此施益，用拯凶難，乃其固能也，故无咎可必。然亦須執禮告上公而行，方合中道。其曰『告公』者，未足專進為王者之佐也。」〔註163〕

　　釋《萃‧初六‧象》曰：「『乃亂乃萃』，其志亂也」，曰：「萃聚之世，物各以近相求。所處遠者，雖有其應，不能專一。」〔註164〕

第三節　程頤的釋易體例

　　程頤直承《易傳》，在批判繼承漢易、玄學易的基礎上，明確提出了兩體說、卦才說等體例。詮釋《周易》既分析卦象，又分析爻象。程頤釋易體例，相應可分為分析成卦之義的體例——卦義說，和分析爻象（爻之才）的體例。程頤用這兩種體例分別用以解釋卦辭、彖辭和爻辭、小象之辭。在程頤看來，卦畫有六條陰爻（－－）或陽爻（－）組成，爻畫的排列就構成了所謂的卦才、卦形，六十四卦卦畫之間存在著的變化關係，可以說是卦變的結果。

一、成卦之義說

　　關於卦義，程頤首列《序卦》以說明該卦在六十四卦中的地位和作用。其次，程頤或以二體成卦釋成卦之義，或以卦才釋成卦之義等。程頤認為觀《易》需先識卦義，然後再看卦辭。故而於解釋卦爻辭之前，先釋序卦之義、成卦之義。如同《詩經》的《小序》釋詩之義一般。《程氏遺書》載：「聖人用意深處，全在繫辭，《詩》《書》乃格言。明古之學者，皆有傳授。如聖人作經，本欲明道。……如繫辭本欲明《易》，若不先求卦義，則看繫辭不得。」〔註165〕程頤所謂卦義就是卦名、卦畫以及卦序所蘊含的義理。程頤所謂「繫辭」，指文王所繫之辭，即卦爻辭。在程頤看來，彰顯卦義、成卦之義是解釋卦爻辭的前提。程頤認為伏羲所畫八卦即蘊含著義理，曾說：「後之人既重卦，又繫辭，求之未必得其理。至如《春秋》，是其所是，非其所非，不過只是當年數人而已。學者不觀他書，只觀《春秋》，亦可盡道。」〔註166〕程頤所謂「其始止於畫上便出義」「後之人既重卦，又繫辭」等，這是區分伏羲易和文

〔註163〕　《張載集‧橫渠易說》，第 142 頁。
〔註164〕　《張載集‧橫渠易說》，第 147 頁。
〔註165〕　《二程集‧程氏遺書》，第 13 頁。
〔註166〕　《二程集‧程氏遺書》，第 157 頁。

王易。程頤這一說法可能與邵雍所謂先天易學有關。邵雍認為有先天易、後天易之分。伏羲先天易只有卦畫，文王後天易復繫以辭。邵雍、程頤這一易學史觀被朱熹繼承下來。朱子言易，非常重視區分伏羲易、文王易、孔子易。曾說：「故學易者須將易各自看，伏羲易，自作伏羲易看，是時未有一辭也；文王易，自作文王易；周公易，自作周公易；孔子易，自作孔子易看。必欲牽合作一意，看不得。」〔註 167〕程頤所謂道乃是「密」，認為才說道時便不是道。顯然，這是受道家老莊言道體方式的影響。程頤在釋《賁・彖》所謂「觀乎人文，以化成天下」時，對成卦之義作了總結，可供我們參考暸解程頤釋經的諸多體例。程頤釋《賁・彖》曰：「凡卦有以二體之義及二象而成者，如屯取『動乎險中』與『雲雷』，訟取『上剛下險』與『天水違行』是也。有取一爻者成卦之由也，『柔得位而上下應之曰小畜』、『柔得尊位大中而上下應之曰大有』是也。有取二體又取消長之義者，『雷在地中復』、『山附於地剝』是也。有取二象兼取二爻交變為義者，『風雷益』兼取『損上益下』、『山下有澤損』兼取『損下益上』是也。有既以二象成卦復取爻之義者，夬之剛決柔、姤之柔遇剛是也。有以用成卦者，『巽乎水而上水井』、『木上有火鼎』是也。鼎又以卦形為象。有以形為象者，『山下有雷頤』、『頤中有物曰噬嗑』是也。此成卦之義也。」〔註 168〕據此可知，程頤所謂成卦之義有以下幾種：1. 以二體之義成卦。2. 以二體之象成卦。3. 以一爻成卦。4. 以陰陽消長之義成卦。5. 以二爻交變成卦。6. 以爻之義成卦。7. 以用成卦。8. 以卦形成卦等。下面將程頤成卦體例按兩體說、卦主說、卦氣說、卦變說以及卦形說等分而述之。

（一）二體成卦說

《易傳・繫辭》認為聖人畫卦是模擬天地人三者關係，故卦有三畫。先有三畫之八經卦，然後八經卦兩兩相重而有六十四別卦。組成一別卦的兩經卦分別稱為貞卦、悔卦〔註 169〕，又稱之兩體、下卦上卦、下體上體，以及內

〔註 167〕〔宋〕朱熹：《朱子語類》卷六十六，黎靖德編，王星賢點校，北京：中華書局，1986 年：第 1622 頁。

〔註 168〕按：原文標點有誤，「與雲雷」當上讀，原文誤下讀。參見《二程集・周易程氏傳》，第 808 頁。

〔註 169〕《左傳》相關筮例，也稱貞卦、悔卦。而貞有靜義，悔有動義。《左傳・僖公十五年》載：「蠱之貞，風也；其悔，山也。」蠱卦下體為巽，巽象風。蠱卦上體為艮，艮象山。參見楊伯峻：《春秋左傳注》，北京：中華書局，1993 年第 2 版：第 354 頁。

卦、外卦等。《周易程氏傳》多以下體、上體稱之。從下體到上體，分別還有始終、內外、前後、尊卑、往來、近遠等義。程頤釋經首先從組成別卦之兩體入手，以重成別卦的兩經卦之卦德（義）、卦象等釋別卦。實際上，《象傳》已經開始從分析經卦之卦德、卦象入手釋別卦卦名、卦辭、卦義。《大象傳》基本上以經卦之卦象釋別卦，其中八純卦為八卦自重，餘五十六卦皆以上下兩體之卦象釋卦名。程頤只是明確提出二體成卦說，算不得新的發明。《周易略例・明象》已經以「二體」稱上下卦。其文曰：「或有遺爻而舉二體者，卦體不由乎爻也。」唐刑璹注曰：「遺，棄也，棄此一爻而舉二體以明其義。卦體之義，不在一爻。豐、歸妹之類是也。」〔註170〕但是，程頤強調兩體說，意義在於否定漢易卦變說。卦變說把一卦六爻視為一體，所謂往來升降、變化交易都是某一或二爻在六位之中往來升降、變化交易。程頤以二體釋成卦之義，或以經卦之卦德（義）釋別卦二體，或以經卦卦象釋別卦二體，或以經卦之「六子」之象釋別卦，或以經卦之陰陽屬性釋別卦二體，或以經卦之陰陽屬性釋別卦二體，或若干種釋經體例並用。有時，程頤並不嚴格區分體、義、象易學術語等。今就程頤以二體成卦論卦義，分別舉例如下：

1. 以經卦之卦德（義）言別卦二體

關於八卦所象徵的物象，見於《說卦傳》，今略舉例說明：如，「乾為馬。坤為牛。震為龍。巽為雞。坎為豕。離為雉。艮為狗。兌為羊。」每一卦又有許多雜象，比如：「乾為天，為圜，為君，為父，為玉，為金，為寒，為冰，為大赤，為良馬，為老馬，為瘠馬，為駁馬，為木果。」與之相對，關於八卦所具有的屬性則可稱之為卦德或卦義。《易傳・說卦傳》載：「乾，健也。坤，順也。震，動也。巽，入也。坎，陷也。離，麗也。艮，止也。兌，說也。」又《易傳・雜卦傳》的內容實際上也是講卦德、卦義的，可以稱之為雜德。比如，「咸速也，恒久也，渙離也，節止也，解緩也，蹇難也，睽外也，家人內也，否泰反其類也」。《易傳・說卦傳》關於八卦在萬物生成中作用的表述，也可以視為的卦德、卦義的一種表達方式。《周易程氏傳》所謂卦德，指八經卦的之德。例如釋豫䷏有謂「為卦震上坤下，順動之象。動而和順，是以豫也。」〔註171〕《周易程氏傳》認為「八純卦皆有二體之義。乾，內外皆健。坤，上下

〔註170〕〔魏〕王弼、〔晉〕韓康伯注等：《周易注疏》（附《周易略例》），《四庫全書・經部・易類》，7～587。
〔註171〕《二程集・周易程氏傳》，第788頁。

皆順。震，威震相繼。巽，上下順隨。坎，重險相習。離，二明繼照。」〔註172〕

2. 以八經卦卦象言別卦二體

卦德、卦義與卦象、卦才是相對而言。《周易程氏傳》主要用八卦基本卦象言別卦二體。例如，釋賁☲。賁卦上體艮☶而下體離☲。艮為山而離為火。《周易程氏傳》云：「為卦山下有火」〔註173〕。又，釋否☷曰：「為卦天上地下」〔註174〕。又釋比☷曰：「以二體言之：水在地上」。〔註175〕

3. 以八經卦之「六子」釋別卦

「六子說」出於《說卦傳》以八卦象征人倫關係：乾稱父，坤稱母。震謂之長男，巽謂之長女。坎謂之中男，離謂之中女。艮謂之少男，兌謂之少女。這是用八卦來比附家庭人倫關係。在有些卦中，程頤以長男、長女、中男、中女、少男、少女等六經卦卦象釋別卦之義。例如，如釋咸☱曰：「兌上艮下，少女少男也。」〔註176〕又如釋恆☳曰：「男動於外，女順於內，人理之常。」〔註177〕

4. 以陰卦、陽卦言別卦二體

陽卦、陰卦之說出自於《易傳》。《繫辭下》載：「乾，陽物也；坤，陰物也。」又載：「陽卦多陰，陰卦多陽。其故何也？陽卦奇，陰卦偶。」六子卦中的震、坎、艮，為一陽而二陰之陽卦。而陰卦巽、離、兌，皆一陰而二陽。如程頤釋泰☷曰：「為卦坤陰在上，乾陽居下」。〔註178〕

程頤以「兩體說」解說卦義時，往往或兩種或三種方法並用，有時並不嚴格區分體、義、象等。如釋訟，上乾☰而下坎☵，《周易程氏傳》載：「訟，……為卦乾上坎下。以二象言之，天陽上行，水性就下，其性相違，所以成訟也。以二體言之，上剛下險。」〔註179〕又釋師☷曰：「以二體言之，地中有水……以二卦之義言之，內險外順。」〔註180〕

〔註172〕《二程集‧周易程氏傳》，第851～852頁。
〔註173〕《二程集‧周易程氏傳》，第807頁。
〔註174〕《二程集‧周易程氏傳》，第758頁。
〔註175〕《二程集‧周易程氏傳》，第737頁。
〔註176〕《二程集‧周易程氏傳》，第854頁。
〔註177〕《二程集‧周易程氏傳》，第860頁。
〔註178〕《二程集‧周易程氏傳》，第753頁。
〔註179〕《二程集‧周易程氏傳》，第727頁。
〔註180〕《二程集‧周易程氏傳》，第732頁。

（二）一爻或二爻成卦說

一爻成卦說，即程頤所謂「有取一爻者成卦之由也」，或某二爻是成卦的關鍵，程頤以為是成卦之主。與王弼所謂「卦主說」並無實質區別。程頤刻意不提「卦主說」，是有意和王弼易學劃清界限。這一說法，主要針對六十四別卦而言。就八純卦成卦而言，陽卦都是坤卦「索」乾之一陽爻而成，陰卦都是乾卦「索」坤之一陰爻而成。程頤認為八純卦也存在著成卦之主爻，即陽卦中的那個唯一的陽爻，或陰卦中的那個唯一的陰爻。至於六十四別卦，所謂成卦之主爻則比較複雜，不僅歷代學者觀點不一，也難以讓人信服。通常情況下多以二爻、五爻為卦主，也有以唯一或少數爻為卦主。卦主說萌芽於《易傳》。《彖傳》釋卦辭，常常以六爻中的一爻論卦畫的特點，以解釋卦辭。如大有卦《彖傳》曰：「柔得尊位，大中而上下應之。」所謂「柔得尊位，大中而上下應之」，有學者認為就是以六五爻為主爻解釋卦辭何以「元亨」。王弼主要依據《彖傳》釋卦辭的特點總結出「卦主說」，或稱「一爻為主說」。其《明象》云：

> 夫《彖》者，何也？統論一卦之體，明其所由之主也……夫少者，多之所貴也；寡者，眾之所宗也[註181]

其實卦主說在《易傳》中也有文獻依據，並非空穴來風。《繫辭下》所謂「陽卦多陰，陰卦多陽」「陽卦奇，陰卦偶」，已經蘊含著陽卦之所以為陽卦，是因為陰陽爻對比，陽爻處於至少之地。陰卦之所以為陰卦，是因為陰陽爻對比，陰爻處於至少之地。然而「少為貴」的觀念屬於玄學，與儒家「陽尊陰卑」觀念屬於不同的思想體系。漢儒京房易學有所謂世爻為主、應爻為客，又有所謂卦身等說法，已經開始關注個別爻在卦畫中的特殊作用。

王弼從玄理出發，闡述了一多眾寡、動靜剛柔的主從關係。寡為體眾為用，靜為體動為用。體現在卦才上，一卦六爻二爻、五爻常常起統帥作用。《周易程氏傳》吸取了《易傳》和王弼《周易注》的觀點，重視中爻，常以中爻為主解釋卦辭、彖辭。如釋蒙䷃曰：「六五為蒙之主」。[註182]又，釋解䷧曰：「六五居尊位，為解之主。」[註183]又，釋坤䷁曰：「二陰位在下，故

[註181]〔魏〕王弼著，樓宇烈校釋：《王弼集校釋》下冊，北京：中華書局，1980年：第591～592頁。

[註182]《二程集·周易程氏傳》，第719頁。

[註183]《二程集·周易程氏傳》，第905頁。

為坤之主。」〔註184〕又，釋節☲☵曰：「九五剛中正，居尊位，為節之主。」〔註185〕又，釋訟曰：「二乃訟之主也」。〔註186〕又，釋巽☴☴曰：「五居尊位，為巽之主。」〔註187〕《易緯·乾鑿度·述卦》將一卦六爻分別與元士、大夫、三公、諸侯、天子、宗廟對應，〔註188〕以上卦中爻為天子位，這是封建論理關係「君主臣從」觀念的體現。程頤對王弼的觀點有所吸收，有所揚棄。只對其中同人、大有、師、豫、小畜五卦，明確引入卦主說。例如：釋小畜☴☰：「……畜陽者四，畜之主也。」〔註189〕

諸卦卦才（卦畫中陰陽爻的排列組合形式），某一爻或二爻是經卦或別卦成卦的關鍵，程頤以為該爻是成卦之主。如，程頤認為六三、六四為《中孚》之卦主。曾說：「三四皆以虛中為成孚之主，而所處則異。」〔註190〕又如釋震☳☳：上震下震，二陽四陰。程頤以為卦辭主要取自初九爻辭，故初九為卦主。〔註191〕

（三）乾坤卦變說

卦變說發韌於《易傳·說卦》乾坤生六子說，又與《彖傳》剛柔往來說相關。《易傳》以乾卦為純陽，其德剛。以坤卦為純陰，其德柔。《彖傳》所謂剛德、柔德，與《尚書·洪範》「三德」相類似：「平康，正直；強弗友，剛克；燮友，柔克。沉潛，剛克；高明，柔克。」〔註192〕其中「正直」在剛柔之間，類似於《中庸》之「中道」、《易傳》之「中正」。其他六十二卦之卦畫則或陽或陰，或上下或中正，交錯排列。漢儒卦變說認為某卦來自另一卦中某二爻之上下往來。而且卦中各爻都可以上下往來，由上卦到下卦為來，由下卦往上卦為往。從而以往來說解釋卦辭及卦辭之吉凶緣由。如釋《賁·彖傳》所謂「柔來而文剛」。賁之卦畫為☲☶，漢儒以為賁卦自泰卦卦變而來。泰之卦畫為

〔註184〕《二程集·周易程氏傳》，第 708 頁。
〔註185〕《二程集·周易程氏傳》，第 1008 頁。
〔註186〕《二程集·周易程氏傳》，第 728 頁。
〔註187〕《二程集·周易程氏傳》，第 996 頁。
〔註188〕林忠軍：《〈易緯〉導讀》，濟南：齊魯書社，2002 年：第 87 頁。
〔註189〕《二程集·周易程氏傳》，第 744 頁。
〔註190〕《二程集·周易程氏傳》，第 1011 頁。
〔註191〕程頤釋《震·初九》曰：「初九，成卦之主，致震者也。」參見《二程集·周易程氏傳》，第 964 頁。
〔註192〕〔清〕阮元校刻：《十三經注疏·尚書正義》，北京：中華書局，1980 年：第 190 頁。

，其九二和上六換位即成賁☷。又如釋《隨·彖傳》所謂「剛來而下柔」、釋《訟·彖傳》所謂「剛來而得中」等。

東漢經學家荀爽提出「乾升坤降」說，即陽在二者當上升坤五為君，陰在五者當降居乾二為臣。〔註193〕荀氏升降說是封建倫理道德君臣上下關係的影射。王弼《周易注》中，曾依荀爽乾升坤降說，解釋《彖傳》的剛柔往來說，如其釋《賁·彖》「柔來而文剛」有謂：「故坤之上六來居二位，柔來文剛之義也。」〔註194〕程頤不贊成爻有乾坤升降說，而主乾坤卦變說——乾坤父母卦生六子卦，繼而八純卦重疊為六十四別卦，這是直接依據《易傳》立言。如釋《賁·彖》曰：

> 凡卦，有以二體之義及二象而成者，……如剛上柔下、損上益下，謂剛居上柔在下，損於上益於下。據成卦而言，非謂就卦中升降也。如《訟》《无妄》云『剛來』，豈自上體而來也？凡以柔居五者，皆云柔進而上行，柔居下者也，乃居尊位，是進而上也，非謂自下體而上也。卦之變，皆自乾坤，先儒不達，故謂賁本是泰卦，豈有乾坤重而為泰，又由泰而變之理？下離，本乾中爻變而成離；上艮，本坤上爻變而成艮。離在內，故云柔來，艮在上，故云剛上，非自下體而上也。乾坤變而為六子，八卦重而為六十四，皆由乾坤之變也。〔註195〕

在程氏看來，成卦之義都是先由乾坤父母卦一索生六子卦，而後八卦重而為六十四卦，六十四卦皆由乾坤卦變後重疊而來。這顯然符合《繫辭傳》《說卦傳》對於八卦、六十四卦的成卦之義。《彖傳》所謂剛柔往來解釋卦辭，已非古經本義。漢儒卦變說僅是通過望文生義而已。在多說情況下，雖能自圓其說，推至全經則不然。從實際的釋經實踐看，程頤的乾坤卦變說的適用性不及漢儒乾坤升降說。不僅有些解釋無法自圓其說，而且無意間沿用漢儒卦變說，又不能將他所謂的乾坤卦變說貫徹到底。程頤以其乾坤卦變說釋卦的例子很多，如釋隨☳曰：「又以卦變言之，乾之上來居坤之下，坤之初往居乾之

〔註193〕清儒惠棟語。在《易漢學》卷七中，惠棟云：「荀慈明（荀爽，字慈明）論《易》，以陽在上者當上升坤五為君，陰在五者當降居乾二為臣。」

〔註194〕〔魏〕王弼著，樓宇烈校釋：《王弼集校釋》上冊，北京：中華書局，1980年：第326頁。

〔註195〕參見《二程集·周易程氏傳》，第808～809頁。

上，陽來下於陰也。」〔註196〕隨䷐，兌上震下，《隨·彖傳》有謂「剛來下柔」。程頤釋曰：「乾之上來居坤之下，坤之初往居乾之上」。這與漢儒言卦變並無實質差別。又如釋蠱䷑：《蠱·彖傳》曰：「蠱，剛上而柔下，巽而止，蠱。」程頤釋曰：「乾之初九上而為上九，坤之上六下而為初六」。〔註197〕

　　為了與漢儒象數易學劃清界限，程頤有時刻意不言「卦變」二字，而代之以「二爻交」「二爻交變」等。即為了解釋卦辭或彖辭，而說某卦由「二爻交」而來。這與漢儒所謂卦變，實質上無多大差異。《周易程氏傳》曾載：「有取二象兼取二爻交變為義者：風雷益，兼取損上益下；山下有澤損，兼取損下益上是也。」〔註198〕又釋《漸》卦辭有謂「二爻交」。漸之卦畫為䷴。程頤釋《漸》所謂「女歸吉，利貞」，曰：「乾坤之變為巽艮，巽艮重而為漸。在漸體而言中二爻交也。由二爻之交，然後男女各得正位。」〔註199〕其中「由二爻之交，然後男女各得正位」，類於漢儒「之正」說。程頤所謂漸卦（䷴）「與歸妹（䷵）正相對」，實質上沿用漢儒虞翻所謂的「伏象」。與程頤推演君臣進退之道不同，漢儒發明各種各樣的象數體例，一則是為了推陰陽災變以論時政得失，再則是牽和更多卦象以解釋卦爻辭何以吉凶悔吝。

（四）以卦形成卦

　　所謂卦形，就是卦之六爻排列而成的圖畫之直觀形象。《噬嗑·彖傳》有：「頤中有物曰噬嗑」，又《鼎·彖傳》有謂：「鼎，象也。」這是《易傳》以卦形釋卦兩個例子。這種卦形很少見，而且所謂的卦形也只是近似而已，多數情況下要靠學者發揮想像力來確定卦形。可以用卦形說釋經的僅有少數幾個卦形較為特殊的卦。程頤也沿用了這一體例，如對於觀、噬嗑、頤、鼎、中孚

〔註196〕《二程集·周易程氏傳》，第783頁。
〔註197〕程頤釋《蠱·象》曰：「以卦變及二體之義而言：剛上而柔下，謂乾之初九上而為上九，坤之上六下而為初六也。陽剛，尊而在上者也，今往居於上；陰柔，卑而在下者也，今來居於下。男雖少而居上，女雖長而在下，尊卑得正，上下順理，治蠱之道也。由剛之上、柔之下，變而為艮巽。艮，止也。巽，順也。下巽而上止，止於巽順也。以巽順之道治蠱，是以元亨也。」參見《二程集·周易程氏傳》，第789頁。
〔註198〕《二程集·周易程氏傳》，第807頁。
〔註199〕程頤釋《漸》曰：「以卦才兼漸義而言也。乾坤之變為巽艮，巽艮重而為漸。在漸體而言中二爻交也。由二爻之交，然後男女各得正位。初終二爻雖不當位，亦陽上陰下，得尊卑之正。男女各得其正，亦得位也，與歸妹正相對。女之歸能如是之正，則吉也。」參見《二程集·周易程氏傳》，第972頁。

諸卦，提到他們與現實之事物有相似之處。如程頤釋鼎䷱，從卦畫來看，最下一爻是陰爻，象器之足；二爻、三爻、四爻三者是陽爻，象器之腹；五爻象鼎耳，六爻象鼎鉉。從上下二卦體來看，上體中虛，下體有足承之，亦鼎之象。程頤曰：「鼎，為卦上離下巽。所以為鼎，則取其象焉，取其義焉。取其象者有二：以全體言之，則下植為足。中實為腹，受物在中之象。對峙於上者耳也，橫亙乎上者鉉也，鼎之象也。」〔註200〕這無非是證明《易傳》所謂觀象畫卦並非空言而已。

二、爻象說

　　從《左傳》《國語》中的占筮記載看，史巫每次占卦時都是單獨稱引某一條卦辭或爻辭。也不見傳本《周易》的爻題，而是以「某卦之某卦」的形式引出卦爻辭。所謂「某卦之某卦」的爻題形式同《焦氏易林》。如爻題「乾之姤」相當於傳本乾卦「初九」，推測相當於「於初位見九」之義。而《易傳·象傳》解釋卦辭常常從一卦之卦畫出發，以一爻為中心分析卦辭含義。《易傳·小象傳》解釋爻辭也常常使用這一方法。從爻入手，分析該爻在卦畫六爻排列組合中的關係是《象傳》解經的重要的方法。總體上，程頤解釋爻象時用到了爻位說、承乘比應說、卦才說等等。經學家的這些體例原本僅僅用於解釋經文中卦爻象與卦爻辭吉凶悔吝之間「邏輯」關聯，僅僅可以疏通經文文字，與卜筮占驗無關。這些體例都有例外，程頤常常根據「隨時取義」的原則，擇其要者使用。「隨時隨義」可謂程頤釋經的總原則，即所謂「一爻之間，常包涵數意，聖人常取其重者為之辭。」〔註201〕

（一）爻位說

　　爻位說不見《左傳》《國語》相關筮例，《易傳》中卻有大量使用。《易傳》認為，卦爻辭中的吉凶悔吝與某爻在卦畫中位置有關，此解經體例稱為爻位說。

1. 中位說

　　理學家重視中位，顯然是受《禮記·中庸》的中道說的影響。抑或《中

〔註200〕參見《二程集·周易程氏傳》，第956頁。

〔註201〕《程氏遺書》云：「觀《易》須看時，然後觀逐爻之才。一爻之間，常包涵數意，聖人常取其重者為之辭。亦有《易》中言之已多，取其未嘗言者，亦不必重事。又有且言其時，不及其爻之才，皆臨時參考。須先看卦，乃看得繫辭。」參見《程氏遺書》卷第二上，《二程集》，第13頁。

庸》的「用中」說原本來就自《易傳》。根據三才說，卦畫之二爻、五爻分別位於下體和上體的中位，也是人位。《易傳》認為天剛地柔，人居中位，則可以兼剛柔而得中道而「用中」。於一卦六爻，《易傳》最推重中位。《象傳》常常以中位之二爻、五爻，特別是以五爻為中心解釋卦象之含義，解釋卦辭之所以吉凶悔吝。程頤釋經推重中爻甚於《易傳》，明確提出「中重於正，中則正矣。正不必中也。」如釋《恒‧九二》所謂「悔亡」，程頤認為恒卦九二爻居中可以補救失位之不正。恒卦九二爻為陽爻而居陰位不正，應有悔。然恒卦九二爻居中位，又與六五爻有應，五爻亦是中位。故程頤說「以中而應中」，出處皆得中道，所以「悔亡」。〔註202〕

如果說得正是常道，那麼得中就可謂「極高明而道中庸」。又如釋《震‧六五》時，程頤詳細闡述了二爻、五爻無論陰陽，以居中位為善。儘管不當、不正、不剛，居中位則有得中而有中德。九三爻、六四爻雖正位、當位，或以未居中位為過。〔註203〕在程頤看來，得中則正、則得時的例子俯拾皆是。又如釋《離‧六二‧小象》曰：「不云正者，離以中為正。所以成文明，由中也，正在其中矣。」〔註204〕釋《損‧九二‧小象》：「若守其中德，何有不善？豈有中而不正者？豈有中而有過者？」〔註205〕

雖然「二多譽，五多功」，但是卦爻符實際上與卜筮的結果並無必然的因果聯繫。《周禮‧春官》載：「凡卜筮，既事，則繫幣以比其命，歲終則計其占之中否。」〔註206〕卜筮「既事」卦爻符就已經產生，應驗的概率要等待歲終統計。卦爻符與問卜事情的結果並沒有因果聯繫。而從卦爻符與卦爻辭中推出的義理卻含有形式上的必然性。這也是任何釋經體例都無法貫徹到底原因之所在。在義理易學看來五爻占盡了天時地利人和，無所不善。古經中不吉

〔註202〕《周易程氏傳》釋曰：「在恒之義，居得其正則常道也。九，陽爻居陰位，非常理也。處非其常，本當有悔。而九二以中德而應於五，五復居中，以中而應中。其處與動皆得中也，是能恒久於中也。能恒久於中則不失正矣。中重於正，中則正矣，正不必中也。」參見《二程集‧周易程氏傳》，第863頁。

〔註203〕程頤釋《震‧六五》：「六五雖以陰居陽，不當位為不正，然以柔居剛，又得中，乃有中德也。不失中則不違於正矣，所以中為貴也。諸卦二五雖不當位，多以中為美；三四雖當位，或以不中為過，中常重於正也。蓋中則不違於正，正不必中也。天下之理，莫善於中。」參見《二程集‧周易程氏傳》，第966頁。

〔註204〕《二程集‧周易程氏傳》，第851頁。

〔註205〕《二程集‧周易程氏傳》，第909頁。

〔註206〕〔清〕阮元校刻：《十三經注疏‧周禮注疏》，北京：中華書局，1980年：第805頁。

之五爻爻辭正是對穿鑿附會、望文生義釋經的嘲弄和諷刺。如《兌・九五》有謂「孚於剝，有厲」。兌九五爻中且正又居尊位，卜筮結果是有危險。而不中不正且處在不上不下的九四爻卻能夠「介疾有喜」。又《師・六五》有謂「弟子輿尸，貞凶」、《履・九五》有謂「夬履，貞厲」、《豫・六五》有謂「貞疾，恒不死」。經學家常常以正釋貞，那麼這幾爻的結果就是「正則凶」、「正則危險」。遇到這樣爻辭，推崇「中道」的程頤也只得曲為迴護。如釋《兌・九五》曰：「雖舜之聖，且畏巧言令色，安得不戒也，說之感人易入，而可懼也如此」一語。〔註207〕又如釋《履・九五》曰：「古之聖人，居天下之尊，明足以照，剛足以決，勢足以專，然而未嘗不盡天下之議，雖芻蕘之微必取，乃其所以為聖也，履帝位而光明者也。若自任剛明，決行不顧，雖使得正，亦危道也。可固守乎？」〔註208〕

2. 釋初位

卦畫之初爻、上爻，《易傳》認為有終始之義。《繫辭傳》載：「初辭擬之，卒成之終。」六爻之位，自初迄終，以時而成，象晝夜交替，四時順布，時動有節。初終之義象徵時運之盛衰，象徵天地之道盈虛消息。一卦上下體有始終、上下、尊卑、內外、遠近之喻。初爻為下，卦畫之始也；上爻曰終，卦畫之成也。二爻、三爻、四爻、五爻為中爻，介於終始之間。程頤非常重視初爻、上爻的終始之義。曾說：「凡卦之初終，淺與深、微與盛之地也。」〔註209〕又曰：「卦之初終，乃天道終始。」〔註210〕如釋《臨・初九》，程頤認為臨卦初九與其他卦不同。因為臨卦之義為陽氣自初而長，初九爻之義非他卦可比，故曰「蓋初終之義為重也」。〔註211〕

王弼以為「初上無陰陽定位」。在《周易略例・辯位》中，王弼曾云：「《彖》無初、上得位、失位之文」。並引《繫辭傳》、乾上九《文言傳》、需卦上六爻辭之文予以考辨。〔註212〕王弼論述也有漏洞，如《乾・彖》有「六

〔註207〕《二程集・周易程氏傳》，第1000頁。

〔註208〕《二程集・周易程氏傳》，第752頁。

〔註209〕《二程集・周易程氏傳》，第863頁。

〔註210〕《二程集・周易程氏傳》，第697頁。

〔註211〕程頤釋《臨・初九》曰：「他卦初上，爻不言得位、失位，蓋初終之義為重也。」參見《二程集・周易程氏傳》，第795頁。

〔註212〕〔魏〕王弼著，樓宇烈校釋：《王弼集校釋》下冊，北京：中華書局，1980年：第613頁。

位時成」。又，《說卦》有所謂「《易》六位而成章」。這是明言卦畫有「六位」。
程頤認為奇數為陽位，偶數為陰位，乃應有之義。位是個多義詞，在不同的
詞組中含義不一，比如位置、位次、爵位、職位、權位、尊位、帝位等。程頤
經過研究，認為「貴而無位」意為無爵位。在釋《噬嗑・初九》時，程頤對此
作了的闡釋。〔註213〕程頤所謂「陰陽係於奇偶，豈容無也」，可以說還是很
有說服力的。至於程氏所謂「初終之義最大」，現分析如下：

首先，程頤視初爻或為「居下位者」，或為「下民」，或為「卑下」。如釋
《屯・初九》曰：「初以陽爻在下，乃剛明之才當屯難之世，居下位者也。」
〔註214〕又如釋《頤・六四》時，曾說初九爻為「在下之賢也」。〔註215〕又如
釋《謙・初六》有謂：「自處卑下之至」。〔註216〕又如釋《蒙・初六》有所謂
「下民之蒙也。」〔註217〕又如釋《噬嗑・初九》有所謂「下民之象」。〔註218〕

其次，程頤認為初爻象徵事物之初始。如釋《乾・初九》有所謂「為始
物之端，陽氣方萌」。〔註219〕又如釋《乾・文言》有所謂「初九陽之微」。
〔註220〕釋《師・初六》有所謂「初，師之始也」。〔註221〕

顯然，處始之時、居下之位宜積蓄力量、順時而動，躁動則凶。釋《離・
初九》曰：「陽居下，則欲進。離性炎上，志在上麗，幾於躁動。其履錯然，
謂交錯也。雖未進而跡已動矣，動則失居下之分而有咎也。」〔註222〕釋《大
畜・初九》曰：「初以陽剛，又健體而居下，必上進者也。」〔註223〕又如釋
《蹇・初六・象傳》曰：「故宜見機而止，以待時可行而後行也。」〔註224〕

〔註213〕程頤釋《噬嗑・初九》曰：「……初居最下，無位者也。上處尊位之上，過
於尊位，亦無位者也。王弼以為無陰陽之位，陰陽係於奇偶，豈容無也？然
諸卦初上不言當位不當位者，蓋初終之義最大。臨之初九，則以位為正。若
需上六云不當位，乾上九云無位，爵位之位，非陰陽之位也。」參見《二程
集・周易程氏傳》，第804頁。
〔註214〕《二程集・周易程氏傳》，第715頁。
〔註215〕《二程集・周易程氏傳》，第836頁。
〔註216〕《二程集・周易程氏傳》，第775頁。
〔註217〕《二程集・周易程氏傳》，第720頁。
〔註218〕《二程集・周易程氏傳》，第804頁。
〔註219〕《二程集・周易程氏傳》，第695頁。
〔註220〕《二程集・周易程氏傳》，第700頁。
〔註221〕《二程集・周易程氏傳》，第734頁。
〔註222〕《二程集・周易程氏傳》，第851頁。
〔註223〕《二程集・周易程氏傳》，第829頁。
〔註224〕《二程集・周易程氏傳》，第897頁。按：《二程集》原文中，「以待時」上

3. 釋上位

九五爻常被視為天子之位，而上九爻在九五爻之上，《易緯・乾鑿度》認為上九爻象徵宗廟。在程頤看來，上九爻可以有比九五爻更高的地位，但無實際的爵位、職位或權位。程頤認為，上爻也可視之為德行尊隆而無位之君子。如釋《觀・上九》曰：「上九以陽剛之德處於上，為下之所觀而不當位，是賢人君子不在於位，而道德為天下所觀仰者也。『觀其生』，觀其所生也。謂出於己者，德業行義也。既為天下所觀仰，故自觀其所生。若皆君子矣，則無過咎也。」〔註225〕

程頤以上爻為師傅之位，也在情理之中，這也是儒家學者高揚師道尊嚴的表現。如《禮記・學記》，認為為尸、為師不臣於君。《禮記・學記》云：「凡學之道，嚴師為難。師嚴然後道尊，道尊然後民知敬學。是故君之所不臣於其臣者二：當其為尸則弗臣也，當其為師則弗臣也。大學之禮，雖詔於天子，無北面；所以尊師也。」〔註226〕程頤以上位為師傅之位，在天子位之上，也是有道理的。《乾・文言》所謂上九「貴而無位」，可以理解為帝師雖貴而無爵位。程頤釋《頤・六五》云：「上，師傅之位也，必居守貞固，篤於委信，則能輔翼其身，澤及天下，故吉也。……當管蔡之亂，幾不保於周公，況其下者乎？故《書》曰：『王亦未敢誚公，賴二公得終信』。故艱險之際，非剛明之主，不可恃也，不得已而濟艱險者，則有矣。」〔註227〕

六爻在卦之終，有亢極之象，故常有悔吝之戒。如程頤釋姤卦上九爻有謂「高亢而剛極」。〔註228〕上位在終上之極，理當有亢過。但又不盡然，還要視具體事情及其時勢，如釋《艮・上九》曰：「上九能敦厚於終，止道之至善，所以吉也。」〔註229〕上爻處卦之終，象徵事之終。如上爻辭吉，程頤則釋以有成功之義。如程頤釋《革・上六》曰：「革之終，革道之成也。」〔註230〕如釋《革・上六》有「處終，鼎功之成也」一語。〔註231〕

讀。這裡依據上下文語義下讀。

〔註225〕《二程集・周易程氏傳》，第801頁。

〔註226〕參見〔清〕阮元校刻：《十三經注疏・禮記正義》，北京：中華書局，1980年：第1524頁。

〔註227〕參見《二程集・周易程氏傳》，第837頁。

〔註228〕《二程集・周易程氏傳》，第928頁。

〔註229〕《二程集・周易程氏傳》，第972頁。

〔註230〕《二程集・周易程氏傳》，第955頁。

〔註231〕程頤釋《革・上六》曰：「井與鼎以上出為用，處終，鼎功之成也。」參見

程頤認為終極不處，無盈滿之災；終極知變，則可以長久。如釋《大有·上九》曰：「處離之上，明之極也。」〔註232〕「明之極」即明智之極。程頤認為急流勇退、大功不居，非明智之極不能做到。極則當變是《易傳》應有之義。程頤繼承了《易傳》這一觀念。如釋《損·上九》曰：「九居損之終極，而當變者也」。〔註233〕又如釋《困·上六》云：「困既極矣，理當變矣。……當變前之所為，有悔也。能悔，則往而得吉也。」〔註234〕如釋《蹇·初六》曰：「方蹇之初，進則益蹇，時之未可進也，故宜見幾而止，以待時可行而後行也。……在蹇而往則蹇也，蹇終則變矣」。〔註235〕

4. 釋卦之第三、四爻

《易傳》對於八純卦卦畫與三才的對應關係有論述，而對於六畫的別卦與三才的對應關係則沒有論述。關於別卦六畫與三才之位，易學史上有兩種觀點。分述如下：

一種觀點認為，第一、四爻象地，第二、五爻象人，第三、六爻象天。則第三爻、第六爻位於上、下體之上，有極之義。程頤持此觀點，故「處某之極」，成為程頤稱上爻、三爻的習慣用語。如釋《屯·上六》有謂「在險之極」「屯之極也」之語。〔註236〕有時也稱三爻為下卦之極。如釋《復·六三》曰：「三以陰躁動，處動之極，復之頻數而不能固者也。」〔註237〕又如釋《大畜·九三》曰：「三，剛健之極。而上九之陽亦上進之物，又處畜之極而思變也。與三乃不相畜而志同，相應以進者也。」〔註238〕又如釋《頤·六三》《大壯·九三》《晉·六三》《明夷·九三》《益·六三》《夬·九三》《萃·六三》《艮·九三》等，都有類似「處某之極」之語。在程頤看來，極則不合中庸之道，故常有悔吝之辭。

另一種觀點認為，初爻、二爻象地，三爻、四象人，五爻、上爻象天。第六爻處在卦畫之最上，有極之義。那些把六爻看成是一個事件之過程的卦，

《二程集·周易程氏傳》，第 961 頁。
〔註232〕《二程集·周易程氏傳》，第 772 頁。
〔註233〕《二程集·周易程氏傳》，第 911 頁。
〔註234〕《二程集·周易程氏傳》，第 945～946 頁。
〔註235〕《二程集·周易程氏傳》，第 897 頁。
〔註236〕《二程集·周易程氏傳》，第 718 頁。
〔註237〕《二程集·周易程氏傳》，第 820 頁。
〔註238〕《二程集·周易程氏傳》，第 830 頁。

常常蘊含著這種觀點。例如上經的乾、坤、同人、泰、否、復等卦，下經的
遯、咸、漸、艮、剝、井、鼎等卦。但畢竟是少數，其他多數卦諸爻之間並無
明顯的次序。

　　針對三爻、四爻，《繫辭》認為二爻與四爻、三爻與五爻同功而異位，而
遠近貴賤、吉凶悔吝不同。卦畫之六爻有自始而終之義。卦之第三爻位於下
體之上，而將至上體。卦之第四爻位於上體之下，初至上體。卦之三爻、四爻
處於上下交會之際，當進當退尷尬困窘，難於決斷。在古經中常見二爻居中
位故「多譽」，五爻居中位故「多功」，三爻居下卦之上「多凶」，四爻近君故
「多懼」。例如，從《乾·九三》所謂「終日乾乾」、《乾·九四》所謂「或躍
在淵，无咎」來看，三爻、四爻的確處於畏懼之地。從全經來看，卦之第三
爻，無論是六三爻，抑或九三爻多有不吉。如《蒙·六三》有謂「不中不正」
〔註239〕，釋《同人·九三》有所謂「剛暴之人」〔註240〕，釋《豫·六三》有
所謂「不中不正之人」〔註241〕等。對於四爻近君之危懼，程頤有切身的體會。
釋經遇四爻則多有危懼之論。如，釋《乾·文言》曰：「四不在天、不在田而
出人之上矣，危地也。」〔註242〕又，四爻因為處於上卦之下，亦有初始之義。
這與程頤視三爻為下卦之上相類。如釋《離·九四》曰：「九四，離下體而升
上體，繼明之初，故言繼承之義。」〔註243〕又如釋《豐·初九》有「初九明
之初，九四動之初」之語。〔註244〕

（二）當位說

　　陰陽說流行之前，類似陰陽說的有所謂剛柔說。春秋時期，人們已經開
始使用陰陽說解釋自然現象和社會現象等。戰國時期陰陽說逐漸代替剛柔說，
人們已經普遍使用陰陽說解釋自然現象和社會現象等。當位說的實質，是秦
漢時期學者用陰陽說改造三才說的結果。《易傳》用陰陽說釋經，為後世學者
沿用。《易傳》認為八卦象徵三才。例如，經卦離卦畫為☲，下爻象地，中爻
象人，上爻象天。兩經卦上下重合為別卦。如別卦大有卦畫為☲☰，☰象天為下
體，☲象火上體。別卦自下而上，初爻、二爻象地，三爻、四爻象人，五爻、

〔註239〕　《二程集·周易程氏傳》，第721頁。
〔註240〕　《二程集·周易程氏傳》，第765頁。
〔註241〕　《二程集·周易程氏傳》，第781頁。
〔註242〕　《二程集·周易程氏傳》，第705頁。
〔註243〕　《二程集·周易程氏傳》，第852頁。
〔註244〕　《二程集·周易程氏傳》，第984頁。

上爻象天。《易緯》將卦畫之六爻上下位置與人的社會地位相比附。如《乾鑿度》，將六爻之位與貴族的等級爵位相比附：從元士到天子、宗廟依次居初爻至上爻。《易緯》作者進而認為，「陰陽有盛衰，人道有得失。聖人因其象，隨其變為之設卦。方盛則託吉，將衰則寄凶。」〔註245〕卦畫六爻各有位，陰爻居二、四、上，陽爻居初、三、五稱之為當位、得位或得正。《易傳》認為某爻得位則吉，推至全經，又不盡然。反之，陰陽錯位、失位當凶，考之全經亦不盡然。

程頤釋經常常使用當位說，《易傳》以當位、不當位釋經之處亦從之。如釋《釋《節・六四》曰：「安於正也」。〔註246〕釋《觀・六三》曰：「三居非其位」〔註247〕，釋《恒・九三》曰：「處得其位」。〔註248〕然而，程頤所謂當位、失位已經與《易傳》以德位和諧言當位、失位不盡相同。他所謂位有四種含義，即陰陽之位、爵位之位、職任之位以及上下尊卑之位。從主觀上講，程頤所謂當位說是要回歸《易傳》本義，並對王弼以初爻、上爻論始終之義而不論陰陽之位的說法進行了矯正。程頤認同王弼初爻、上爻始終之義重，但認為初爻、上爻依然有陰陽之位。至於乾卦上九爻所謂「貴而無位」、需卦上六爻「不當位」，程頤認為此位是職位或爵位。因此，程頤於初爻、上爻論不當位含義是無爵位或職位。儘管無爵位，但可以有職位，即程頤所謂「任事」。

首先，程頤釋經區分陰陽之位與職位、爵位之位。如釋噬嗑卦初九爻時曾言：「初居最下，無位者也。上處尊位之上，過於尊位亦無位者也。王弼以為無陰陽之位，陰陽係於奇偶，豈容無也？然諸卦初上不言當位、不當位者，蓋初終之義為大。臨之初九，則以位為正。若需上六云『不當位』、乾上九云『無位』，爵位之位，非陰陽之位也。」〔註249〕程頤以初爻為無位之民，以上爻為不臣之臣（如帝師），較《易緯》所謂以初爻、上爻為元士、宗廟之說具有更強的適用性。所謂「臨之初九，則以位為正」不合經傳本義，原文僅言「咸臨，貞吉」。所謂需卦上六不當位是無爵位或職位，也不合原文之義。而言乾卦上九「貴而無位」乃無爵位或無職位比王弼的解釋更為合理。程頤以初爻、上爻無爵位之義釋經，如釋《晉・初六・象》「晉如摧如，獨行正也；

〔註245〕林忠軍：《〈易緯〉導讀》，濟南：齊魯書社，2002年：第87頁。
〔註246〕《二程集・周易程氏傳》，第1008頁。
〔註247〕《二程集・周易程氏傳》，第800頁。
〔註248〕《二程集・周易程氏傳》，第863頁。
〔註249〕《二程集・周易程氏傳》，第804頁。

裕无咎，未受命也」，曰：

> ……寬裕則无咎者，始欲進而未當位故也。君子之於進退，或遲或速，唯義所當，未嘗不裕也。聖人恐後之人不達寬裕之義，居位者廢職失守以為裕，故特云初六裕則无咎者，始進未受命當職任故也。……〔註250〕

《周易》經傳於晉卦初六本無得位、失位之文，程頤以《象辭》「未受命」意為「始進未受命當職任」，故曰「始欲進而未當位」。此處的「未當位」即無爵位。又如釋《觀·上九》「觀其生，君子无咎」，曰：

> 上九以陽剛之德處於上，為下之所觀而不當位，是賢人君子不在於位，而道德為天下所觀仰者也。……〔註251〕

這裡「不在於位」的位當以職位理解。又釋《觀·上九·象》「觀其生，志未平也」，曰：

> 雖不在位，然以人觀其德，用為儀法，故當自慎省觀其所生，常不失於君子，則人不失所望而化之矣。不可以不在於位，故安然放意無所事也，是其至意未得安也。……〔註252〕

於觀卦上九爻，《周易》經傳並無失位、得位之言。程頤所謂「不當位」「不在位」是指無爵位、無職權之義。程頤以此釋經，反映了當時的社會現實。如北宋皇室為籠絡文人士大夫，常常設有寺觀之閒職，朝廷供給俸祿而無實際職權。這些士大夫常常講學授徒，為道德楷模。

其次，程頤認為陽尊而當在上，陰卑而當在下。他所謂當位又有陽爻、陽卦在上，陰爻、陰卦在下之義。反之亦然，陽爻、陽卦在下而陰爻、陰卦在上則是失位。如釋漸卦卦辭時曾說：「初、終二爻雖不當位，亦陽上陰下，得尊卑之正。男女各得其正，亦得位也，與歸妹正相對。」〔註253〕顯然，程頤所謂以陽上陰下論當位與《易傳》不同。又如釋歸妹卦時曾說：「初與上雖當陰陽之位，而陽在下，陰在上，亦不當位也，與漸正相對。」〔註254〕又如釋《歸妹·彖》所謂「說以動，所歸妹也。征凶，位不當也」，曰：

> 以二體釋歸妹之義。男女相感，說而動者，少女之事，故以說

〔註250〕《二程集·周易程氏傳》，第875頁。
〔註251〕《二程集·周易程氏傳》，第801頁。
〔註252〕《二程集·周易程氏傳》，第802頁。
〔註253〕《二程集·周易程氏傳》，第972頁。
〔註254〕《二程集·周易程氏傳》，第978頁。

而動，所歸者妹也，所以徵則凶者，以諸爻皆不當位也。所處皆不

正，何動而不凶。大率以說而動，安有不失正者。〔註255〕

程頤所謂「諸爻皆不當位」，是指歸妹卦上體震、下體兌都是陰爻在陽爻之
上。顯然，這是程頤特重儒家陽尊女卑觀念的反映，與《易傳》、王弼《周
易注》當位說不同。又如，釋《需・上六・象》所謂「雖不當位，未大失也」，
曾說：「不當位，謂以陰而在上也。爻以六居陰，為所安象，復盡其義，明
陰宜在下而居上，為不當位也。然能敬慎以自處，則陽不能陵，終得其吉。
雖不當位，而未至於大失也。」〔註256〕這裡，程頤所謂「不當位」即指陰
爻在上位。在具體的卦時中，程頤以陽爻在上位也不當位。如釋《謙・上九・
象》曰：「謙極而居上，欲謙之志未得，故不勝其切，至於鳴也。雖不當位，
謙既過極，宜以剛武自治其私，故云『利用行師，徵邑國』也。」〔註257〕
一般情況下，陽爻在上位是當位。但在謙卦之時，謙而居上是不謙，故曰不
當位。

程頤以當位說釋經，並非簡單地繼承《易傳》的當位說，與王弼論當位
也不盡相同，常常自出新意。又如，程頤釋《晉・九四・象》「鼫鼠貞厲，位
不當也」，曰：

賢者以正德宜在高位，不正而處高位，則為非據。貪而懼失，

則畏人。固處其地，危可知也。〔註258〕

晉卦九四爻以陽處陰，故《象傳》言「位不當」。而程頤以五爻為尊位、君位，
以四爻近君、迫尊故曰高位。程頤以「不正而處高位」釋晉卦九四爻之不當
位，可謂自出新意。又如《易傳》所謂當位、失位，含義是德與位是否協調。
有時程頤所謂當位、失位卻是指「道」與位是否協調。如釋否卦六三爻象辭
有「位不當也」，程頤釋曰：「處不當位，所為不以道也。」〔註259〕又如否卦
九五爻象辭有「位正當也」，程頤釋曰：「無其位則雖有其道，將何為乎？」
〔註260〕這裡程頤所謂道，是指道術、治國之道、王道之義。有時，不當位之
爻爻辭吉，程頤亦取陽爻處陰位、陰爻處陽位之不當位有陰陽兼濟之義。如

〔註255〕 《二程集・周易程氏傳》，第 979 頁。
〔註256〕 《二程集・周易程氏傳》，第 727 頁。
〔註257〕 《二程集・周易程氏傳》，第 778 頁。
〔註258〕 《二程集・周易程氏傳》，第 877 頁。
〔註259〕 《二程集・周易程氏傳》，第 761 頁。
〔註260〕 《二程集・周易程氏傳》，第 762 頁。

履卦九四爻爻辭吉而不當位，程頤釋曰：「雖剛而志柔」。〔註261〕程頤認為中位之義重於當位之義，曾說「中常重於正也」。如釋震卦六五爻辭時，曾說：「諸卦二五雖不當位，多以中為美。三四雖當位，或以不中為過，中常重於正也。蓋中則不違於正，正不必中也，天下之理莫善於中。」〔註262〕

　　以當位說釋經，程頤並非爻爻都用。而根據釋經實際，有選擇地用、靈活地用。剛柔陰陽不正，凶既可以言不正，吉則言剛而不過、柔而不弱。用程頤自己的話說，就是「隨時取義」。反過來講，則說明當位說不能貫徹全經。

（三）承乘比應說

　　《易傳》認為爻之陰陽性質與爻位之陰陽性質之間的關係，可以影響到爻辭的吉凶悔吝。從而形成了相應的解易體例，諸如承乘比應說、當位說、中位說等。其中當位說、中位說、應位說使用的最為廣泛，承乘說並不多見。承乘比應說並不合與古人卜筮具體實踐的，僅僅可以疏通多數卦爻辭，例外的例子很多。陰陽相比與乘承說、陰陽相應說不同，非始於《易傳》。王弼《周易注》才廣泛應用。程頤以承乘比應說釋經，雖承自《易傳》、王弼《周易注》，但有所新創。在具體的釋經實踐中，並非完全沿用《易傳》體例或王弼《周易注》體例。魏晉以後，王弼《周易注》逐漸流行，其他學者注釋《周易》經傳的完整著作皆散失。《易傳》注經的指導思想是儒家倫理，注經的體例主要有當位說、中位說、承乘說等。魏晉至隋唐時期，王弼易學對儒家經學的玄學化影響較大。老子的貴無論是王弼注易的指導思想，而乘承比應是王弼注經的主要體例。程頤釋經主要受《易傳》影響，同時王弼易學的影響也不容忽視。而用儒家貴陽說替代王弼貴無論，是《周易程氏傳》的主要動機和目的之一。

1. 釋乘

　　凡上位之爻對於下位之爻而言，謂之乘。乘有凌駕之義，陽爻在陰爻之上符合陽尊陰卑的倫理觀念為順，為吉，反之則凶。乘，一般情況下指相鄰兩爻之間的關係，在《周易程氏傳》的具體釋經過程中亦不盡然。《易傳》中多以乘剛為不吉，推至全經亦不盡然。程頤沿用了《易傳》的說法，在釋經的過程中，《易傳》以乘剛解經處亦以乘剛解之。理學家都是道德理想主義者，

〔註261〕　《二程集·周易程氏傳》，第 752 頁。
〔註262〕　《二程集·周易程氏傳》，第 966 頁。

格外重視封建倫常，容不得柔在剛上。剛在柔上則不言乘，因為「見卑順說應之義」。例如程頤釋履☲曰：

> 夫物之聚則有大小之別、高下之等、美惡之分，是物畜然後有禮，履所以繼畜也。履，禮也。禮，人之所履也。為卦天上澤下，天而在上，澤而處下。上下之分，尊卑之義，理之當也，禮之本也。常履之道也，故為履。履，踐也，藉也。履物為踐，履於物為藉。以柔藉剛，故為履也。不曰剛履柔而曰柔履剛者，剛乘柔，常理不足道。〔註263〕

又如釋《噬嗑・六二》所謂「噬膚，滅鼻。无咎。《象》曰：『噬膚，滅鼻』，乘剛也」，曰：

> 深至滅鼻者，乘剛故也。乘剛，乃用刑於剛強之人，不得不深嚴也。深嚴則得宜，乃所謂中也。〔註264〕

六二中而且正，本該大吉。面對這種矛盾現象，程頤只得百般彌縫。而且程頤所謂「乘剛，乃用刑於剛強之人，不得不深嚴也」之義，顯然不合於原文之義。又如釋《屯・六二》曰：「六二居屯之時，而又乘剛，為剛陽所逼，是其患難也。」〔註265〕乘剛本義指陰凌駕陽之上，程頤以為乘剛有「為剛陽所逼」之義，自然不合《易傳》所謂乘剛之本義。

2. 釋承

承有順從之義，陰爻在陽爻之下為陰承陽、柔承剛，符合陽尊陰卑的倫理觀念為順，為吉。反之，陽爻在陰爻之下為陽承陰、剛承柔，違背陽尊陰卑的倫理觀念為逆，為凶。然推至全經又不盡然。承，一般情況下指相鄰兩爻之間的關係，在具體的釋經過程中亦不盡然。在古人看來，陰順承陽是應有之義。如坤《彖傳》有「乃順承天」之語。《易傳》中多以承剛為吉，推至全經亦不盡然。在釋經的過程中，程頤以承剛解經處亦有之。如釋《履・象》曰：「陰承乎陽，天下之至理也。」〔註266〕又釋《否・六二》曰：「以陰柔小人而言，則方否於下，志所包畜者，在承順乎上以求濟，其否為身之利，小人之吉也。」〔註267〕又，程頤以承柔則凶：如釋《節・九二》曰：「處陰不正

〔註263〕《二程集・周易程氏傳》，第749頁。
〔註264〕《二程集・周易程氏傳》，第804頁。
〔註265〕《二程集・周易程氏傳》，第716頁。
〔註266〕《二程集・周易程氏傳》，第749頁。
〔註267〕《二程集・周易程氏傳》，第760～761頁。

也，居說失剛也，承柔近邪也。節之道，當以剛中正。」〔註268〕

　　陽承陰本為逆，但在程頤看來，九四承六五則為順，九四為近臣，六五為柔君。而九四爻辭有吉有凶。如釋《豫卦・九四》所謂「勿疑，朋盍簪」，曰：

> 　　四居大臣之位，承柔弱之君，而當天下之任，危疑之地也。獨
> 當上之倚任而下無同德之助，所以疑也。唯當盡其至誠，勿有疑慮，
> 則朋類自當盍聚。〔註269〕

豫卦九四爻在六五爻之下，剛承柔也。何以九四爻本當凶而爻辭言吉？離卦也是九四爻在六五柔爻之下，卻與豫卦不同。可見所謂體例都是視卦爻辭吉凶而總結出來的，無邏輯必然性，乘承之說的侷限性亦然。如釋《離九・四》，認為九四爻以剛承柔，「失繼紹之義、承上之道」，故而「至於死棄，禍之極矣，故不假言凶也」。〔註270〕

　　依據乘承說，六四爻承九五爻，正而又順，本當獲吉。而六四爻辭未必吉，足見這些釋經體例不足以明吉凶。程頤認為《易傳》為聖人所作，自然神聖無疑，在釋經的過程中極力迴護。如釋《井・六四》所謂「井甃，无咎」，曰：

> 　　四雖陰柔而處正，上承九五之君。才不足以廣施利物，亦可自
> 守者也。故能修治則得无咎。甃，砌累也，謂修治也。四雖才弱，
> 不能廣濟物之功，修治其事，不至於廢可也。若不能修治，廢其養
> 人之功，則失井之道，其咎大矣。居高位而得剛陽中正之君，但能
> 處正承上，不廢其事，亦可以免咎也。〔註271〕

又，於兩鄰陽爻之間，程頤亦言承。如釋《訟・九四》所謂「不克訟，復即命渝，安貞吉」，曰：「四以陽剛而居健體，不得中正，本為訟者也。承五履三而應初。」〔註272〕這裡程頤所謂承發生在兩個陽爻之間，與王弼《周易注》不同。

3. 釋比

　　比有鄰近、輔助之義，《易傳》很少用此體例來釋經。王弼所謂比，就是

〔註268〕　《二程集・周易程氏傳》，第1007頁。
〔註269〕　《二程集・周易程氏傳》，第780～781頁。
〔註270〕　《二程集・周易程氏傳》，第852頁。
〔註271〕　《二程集・周易程氏傳》，第949～950頁。
〔註272〕　《二程集・周易程氏傳》，第731頁。

臨近二爻可以有比助之義。一般情況下，相鄰兩爻一陰一陽則成比，成比則有助。若兩鄰爻同陽或同陰，則不成比助。比之朋比之義為儒者所不貴。如，《論語・為政》載：「子曰：君子周而不比，小人比而不周。」〔註273〕比、周都有親近之義，而比相對於周親近的範圍要狹窄一些。程頤釋經取陽比陰多為不善之私係，陰比陽則為陰從陽之義，合於正道。程頤用比釋易，非常靈活：首先，比不限於兩爻之間。即可多比一，也可一比多。稱比常常有「密比」「切比」「昵比」之語。有時，陽與陽、陰與陰也可言比，稱同德相比。這樣一來，每一爻都有比。可言吉，也可言凶。可言合道義，也可言不合道義。程頤以此體例釋經常常結合其他體例，為了能夠疏通經文而「隨時取義」。現就程頤以比釋經分述如下：

首先，程頤認為陽比陰與道義不合。如釋《同人・九三》有「三又與之比」，然而「理不直，義不勝」，不能獲吉。〔註274〕又如釋《小畜・九三》有「又暱比而不中，為陰畜止者也」之語。〔註275〕在有些卦中，程頤又說三爻與四爻異體不比，反而同德可比。如釋《損・六三》有謂「四五二陰，同德相比」一語。又曰：「三雖與四相比，然異體而應上，非同行者也」〔註276〕。

程頤有時以陰陽正應為有夫妻之義，認為陰陽相比為以情私係而不合義理。如釋《隨・六二》曰：「二應五而比初，……初陽在下，小子也；五正應在上，丈夫也。二若志係於初，則失九五之正應，是失丈夫也。」〔註277〕陰捨正應比陽，如女之有私情而不合義理。陽捨正應比陰，如男之有私情，其理同然。如釋《賁・初九》所謂「賁其趾，捨車而徒」，認為初爻「應四正也」，與二爻比「非正也」〔註278〕。然又不盡然，陰陽相比是否合道義，還要看具體在哪個卦中。如復卦初九爻一陽為眾陰親比，六二爻中正無應，切比於初九爻。程頤以為這是「克己復禮」的表現。程頤釋《復・六二》，認為六二爻「切比於初，志從於陽」。以為其「能下仁」，所以「美而吉也」〔註279〕。又如釋《大過・九二》曰：「陽之大過，比陰則合，故二與五皆有生象。有二當

〔註273〕 參見程樹德撰，程俊英，蔣見元點校：《論語集釋》，中華書局，1990年：第100頁。

〔註274〕 《二程集・周易程氏傳》，第765～766頁。

〔註275〕 《二程集・周易程氏傳》，第746頁。

〔註276〕 《二程集・周易程氏傳》，第910頁。

〔註277〕 《二程集・周易程氏傳》，第785頁。

〔註278〕 《二程集・周易程氏傳》，第809頁。

〔註279〕 《二程集・周易程氏傳》，第820頁。

大過之初，得中而居柔，與初密比而相與。初既切比於二，二復無應於上，其相與可知，是剛過之人而能以中自處，用柔相濟者也。」〔註280〕可見，為了能「生」，可以不取陰陽相比為有私情之係。

在有些卦中，程頤認為正比、正應也存在不合道義的情況。如釋《咸·九五》所謂「咸其脢，無悔」曰：「九居尊位，當以至誠感天下，而應二比上。若係二而說上，則偏私淺狹，非人君之道，豈能感天下乎？」〔註281〕又如釋《遯·九三》曰：「三與二非正應，以昵比相親，非待君子之道。若以正，則雖係，不得為有疾，蜀先主之不忍棄士民是也。雖危，為无咎矣。」〔註282〕

有時，程頤之所以要選擇哪一種體例釋經，僅僅是為了疏通經文。如釋《蹇·上六·象》曰：「上六應三而從五，志在內也。蹇既極而有助，是以碩而吉也。六以陰柔當蹇之極，密近剛陽中正之君，自然其志從附。以求自濟，故利見大人，謂從九五之貴也。」〔註283〕程頤之所以棄正應取近比，完全是為了疏通經文。如此，這些釋經體例便形同虛設。又如釋《夬·九五》曰：「五雖剛陽中正居尊位，然切進於上六。上六說體而卦獨一陰，陽之所比也。五為決陰之主，而反比之，其咎大矣。」〔註284〕看來只要能疏通經文，釋經體例可以隨時變通。又如釋《萃·九四》曰：

> 下比下體群陰，得下民之聚也。得上下之聚，可謂善矣。然四以陽居陰，非正也，雖得上下之聚，必得大吉，然後為无咎也。大為周遍之義。無所不周，然後為大。無所不正，則為大吉。大吉則无咎也。夫上下之聚，固有不由正道而得者。非理枉道而得君者，自古多矣。〔註285〕

這是說九四即可上比，也可下比，即可同類相比，又可異類相比，即可相鄰而比，又可隔爻而比。即可一爻比一爻，又可一爻比多爻。王弼發明的爻之相比的體例，在程頤隨時取義的體例之下，可以隨時取來使用，只為能順通

〔註280〕 《二程集·周易程氏傳》，第840～841頁。

〔註281〕 《二程集·周易程氏傳》，第859頁。

〔註282〕 《二程集·周易程氏傳》，第867～868頁。程頤所謂「蜀先主之不忍棄士民」，指蜀先主劉備與曹操當陽長阪坡之戰期間，荊州士民歸附劉備者眾，聞曹軍追至而不忍棄眾獨逃之事。參見〔晉〕陳壽撰，陳乃乾校點：《三國志·蜀書》「先主傳第二」，北京：中華書局，1959年：第877頁。

〔註283〕 《二程集·周易程氏傳》，第900頁。

〔註284〕 《二程集·周易程氏傳》，第922頁。

〔註285〕 《二程集·周易程氏傳》，第933頁。

經文而已。

4. 釋應

《象傳》常常以二爻、五爻或其他特殊的爻為中心，用應位說解釋一卦卦辭，而解釋爻辭則不及應位說。可見，用應位說釋卦辭也是《易傳》的應有之義。王弼《周易注》則擴大了應位說的使用範圍，也常常使用應位說解釋爻辭，後世學者紛紛倣仿。在易學史上，六畫卦與三才的對應關係，有一種觀點認為，初爻、四爻象地，二爻、五爻象人，三爻、上爻象天。所謂應位說就侷限在別卦之初爻與四爻、二爻與五爻、三爻與上爻之間，而且以一陰一陽為有應，有應則吉。相反，凡同為陽性爻或同為陰性爻稱無應或敵應，無應為凶。程頤釋經，也廣泛使用應位說。但是，和使用相比說類似，程頤並不侷限於王弼給應位說立的規矩。為了疏通經文，可以隨時改變這些體例的習慣用法。現分述如下：

第一，有應而吉，無應而凶。這與王弼應位說無異。程頤以有應而吉的釋經的卦例如下：《蒙·六五》爻辭吉，《周易程氏傳》有「五以柔順居君位，下應於二」一語。」〔註286〕又《損·初九》爻辭吉，《周易程氏傳》有「初以陽剛應於四」之語。〔註287〕又如《屯·六四》爻辭有「有往吉，无不利」之語，《周易程氏傳》曰：「若能求賢以自輔，則可濟矣。初陽剛之賢，乃是正應，己之婚媾也。」〔註288〕無應而凶的釋例如，釋《屯·六三》所謂「往吝」，《周易程氏傳》曰：「既不足以自濟，又無應援」。〔註289〕又如，程頤釋《井·初六》云：「上無應援，無上水之象」。〔註290〕釋《艮·六二》云：「上無應援，不獲其君矣」。〔註291〕釋《渙·上九》云：「渙之諸爻皆無係應，亦渙散之象。」〔註292〕

第二，有應而不吉。遇到有正應而爻辭不吉時，王弼的做法是不提正應，直接以其他體例釋經。程頤則不同，他常常會說明何以正應不吉，而原因常常是昵比、密比等。程頤原本以正應為「合道義」的陰陽關係，遇到有正應而

〔註286〕《二程集·周易程氏傳》，第 722 頁。
〔註287〕《二程集·周易程氏傳》，第 909 頁。
〔註288〕《二程集·周易程氏傳》，第 717 頁。
〔註289〕《二程集·周易程氏傳》，第 717～717 頁。
〔註290〕《二程集·周易程氏傳》，第 747 頁。
〔註291〕《二程集·周易程氏傳》，第 970 頁。
〔註292〕《二程集·周易程氏傳》，第 1004 頁。

爻辭不吉時，程頤轉而取正比，而相比常常被程頤當作「不合道義」陰陽關係。捨此「合道義」而取彼「不合道義」的原因，就是程頤所謂的「卦時」不同。如雖陰從陽在他卦當吉利，在屯卦程頤則認為不合道義。如釋《屯・六二》曰：「雖正應在上，而逼於初剛」。〔註293〕又如《蒙・六三》有「无攸利」之語，程頤釋曰：「正應在上，不能遠從；近見九二，為群蒙所歸」。〔註294〕

　　第三，程頤認為有正應而不取正應，是因為卦時不同，故取義有異。如釋《否・初六》曰：

　　　　泰與否皆取茅為象者，以群陽群陰同在下，有牽連之象也。泰之時，則以同徵為吉。否之時，則以同貞為亨。……《易》隨時取義，變動無常。否之時，在下者君子也。否之三陰，上皆有應。在否隔之時，隔絕不相通，故無應義。〔註295〕

又如同人卦六二爻辭有「吝」之語，而同人六二爻與九五爻為正應。程頤認為，原因是六二爻「同於所係應，是有所偏與」。〔註296〕在釋《同人・六二・象》所謂「同人於宗，吝道也」，曰：「諸卦以中正相應為善，而在同人則為可吝，故五不取君義，蓋私比非人君之道，相同以私為可吝也。」〔註297〕

　　第四，無正應而有吉，程頤認為這是無私係，無偏私。如釋《兌・初九》所謂「和兌，吉」，曰：「初雖陽爻，居說體而在最下，無所係應，是能卑下和順以為說而無所偏私者也。……無應，則不偏處。說如是，所以吉也。」〔註298〕又如釋《同人・初九》曰：「九居同人之初，而無係應，是無偏私」。〔註299〕又如釋《大有・初九》所謂「無交害，匪咎，艱則无咎」，曰：「九居大有之初，未至於盛。處卑無應與，未有驕盈之失，故無交害，未涉於害也。大凡富有鮮不有害，以子貢之賢，未能盡免，況其下者乎？……若能享富有而知難處，則自无咎也。處富有而不能思艱兢畏，則驕侈之心生矣，所以有咎也。」〔註300〕

　　第五、同德相應或「以位相應」。程頤認為一爻與四爻、二爻與五爻、三

〔註293〕　《二程集・周易程氏傳》，第 716 頁。
〔註294〕　《二程集・周易程氏傳》，第 721 頁。
〔註295〕　《二程集・周易程氏傳》，第 760 頁。
〔註296〕　《二程集・周易程氏傳》，第 765 頁。
〔註297〕　《二程集・周易程氏傳》，第 765 頁。
〔註298〕　《二程集・周易程氏傳》，第 998 頁。
〔註299〕　《二程集・周易程氏傳》，第 765 頁。
〔註300〕　《二程集・周易程氏傳》，第 769 頁。

爻與上爻之間，雖然是同陰或同陽，但是也可以上下相互感應。如程頤以為陽爻之間可以同德相應。如釋《乾·九二》所謂「見龍在田，利見大人」，曰：「乾坤純體，不分剛柔，而以同德相應。」〔註301〕又如釋《豐·九四》所謂「豐其蔀，日中見斗，遇其夷主，吉」，曰：「初、四皆陽而居初，是其德同，又居相應之地，故為夷主。居大臣之位，而得在下之賢。同德相輔，其助豈小也哉！故吉也。」〔註302〕又如釋《困·九五》曰：「五與二同德，而雲上下無與，何也？曰：陰陽相應者，自然相應也。如夫婦、骨肉分定也。五與二皆陽爻，以剛中之德同而相應相求而後合者也，如君臣、朋友義合也。」〔註303〕

如果二爻、五爻同為陽爻且爻辭吉，程頤則稱二爻、五爻之間有同德相輔之義。這是以陽剛為德。若二爻、五爻同為陰爻且爻辭有吉利字眼，程頤則稱「以位相應」「以類相從」等。這是不以陰柔為德。如釋《坤·六二》「直方大，不習，无不利」，曰：

　　　乾坤純體，以位相應。二，坤之主，故不取五應，不以君道處五也。乾則二、五相應。〔註304〕

又如釋《豐·六五》曰：「五與二，雖非陰陽正應，在明動相資之時，有相為用之義。」〔註305〕又如釋《萃·六三》曰：「三與上雖非陰陽正應，然萃之時，以類相從。」〔註306〕

程頤所謂應，有時不侷限於二爻、五爻之間，在一陰五陽或一陽五陰卦中，則一爻可應眾爻。如釋大有卦，程頤云：「一柔居尊，眾陽並應……上下應之，為大有之義。」〔註307〕又如釋豫卦，程頤云：「九四為動之主，上下群陰所共應也。」〔註308〕

程頤釋經常常以陽代表有剛明之德，而以陰代表有柔暗之才。又以五爻君位，以二爻、三爻、四爻為臣位，以初以為無爵之下民。在釋有六五爻、九二爻的卦時，則尷尬至極。如釋《升·九二》曰：

　　　夫以剛而事柔，以陽而從陰，雖有時而然，非順道也。以暗而

〔註301〕《二程集·周易程氏傳》，第 696 頁。
〔註302〕《二程集·周易程氏傳》，第 987 頁。
〔註303〕《二程集·周易程氏傳》，第 944～945 頁。
〔註304〕《二程集·周易程氏傳》，第 708 頁。
〔註305〕《二程集·周易程氏傳》，第 988 頁。
〔註306〕《二程集·周易程氏傳》，第 933 頁。
〔註307〕《二程集·周易程氏傳》，第 768 頁。
〔註308〕《二程集·周易程氏傳》，第 778 頁。

臨明，以剛而事弱，若黽勉於事勢，非誠服也。上下之交不以誠，
其可久乎？其可以有為乎？五雖陰柔，然居尊位。……自古剛強之
臣，事柔弱之君，未有不為矯飾者也。禴，祭之簡質者也。云「孚
乃」謂既孚乃宜不用文飾，專以其誠感過於上也。如是則得无咎。
以剛強之臣而事柔弱之君，又當升之時，非誠意相交，其能免於咎
乎？〔註309〕

如此釋經，不知平庸的皇帝看到後作何感想。難怪有臣子參劾程頤作書毀謗
朝廷。

（四）卦才說

卦才、卦之才，就是六爻排列組合而成的卦畫。在程氏理學中，才稟於
氣，氣有清濁。稟其清者為賢，稟其濁者為愚。《程氏粹言》載：「子曰：明叔
明辨有才氣，其於世務練習，蓋美材也。」〔註310〕才與材通，是構成事物的
材料。程頤又言「質幹為才」，〔註311〕可見，德或德性、德義與才或才氣是
一對相對的概念。義與德含義相近，程頤常常言道義、義理、理義、德義，
而德義與氣質相對。《程氏粹言》載：「今夫一日之間接賢士大夫之時多，親
寺人宦官之時少，則氣質自化，德器自成。……講讀既罷，常留以備訪問，
從容燕語，不獨漸磨德義，至於人情、物態、稼穡艱難，日積既久，自然通
達。」〔註312〕在《周易程氏傳》中，程頤論卦時，德、義與體、象、才分別
相當於理、性與才、氣。卦體、卦才是至著之象，卦義是至微之理。而觀卦之
二體、二象、卦才可得卦義。程頤所謂卦德，指元亨利貞，也指卦之剛明、中
正、敦厚、涵宏、廣大、謙恭、誠實等。程頤所謂爻之德，也指爻之剛明、中
正、敦厚、涵宏、廣大、謙恭、誠實等。如釋《大有》「大有，亨」，曰：

卦之才可以元亨也。凡卦德，有卦名自有其義者，如「比吉」
「謙亨」是也；有因其卦義便為訓戒者，如「師貞丈人吉」「同人於
野」是也；有以其卦才而言者，「大有元亨」是也。由「剛健文明」
「應天時行」，故能元亨也。〔註313〕

〔註309〕《二程集·周易程氏傳》，第937頁。
〔註310〕《二程集·程氏粹言》卷二，第1237頁。
〔註311〕《二程集·程氏遺書》卷第二十四，第312頁。
〔註312〕《二程集·程氏粹言》卷二，第1248頁。
〔註313〕《二程集·周易程氏傳》，第767頁。

程頤言成卦之由，常常從二體、卦才、卦義等方面闡釋。如釋《益·彖》曰：

> 以卦義與卦才言也，卦之為益，以其「損上益下」也。損於上
> 而益下，則民說之。「無疆」謂無窮極也。自上而降已以下下，其道
> 之大光顯也。陽下居初，陰上居四，為「自上下下」之義。〔註314〕

程頤釋卦爻辭，也常常從可見的卦名、卦序、卦體、卦才與不可見的卦德、卦義兩個方面相結合詮釋卦爻辭。與才構成的詞組常常有才力、才性、才知等。天命之性也簡稱理性、德性，或稱性、德，也就是理之在人。氣質之性也叫才性。才具有形體、性能，是有形象而可見、可感的。卦畫六爻的排列是有形可見，程頤所謂卦才、卦之才就是指卦畫六爻排列的總體特徵及其與之相關的特徵和性能。程頤言「卦才」凡48見，言「卦之才」凡16見，言「才力」凡3見，言「才性」1見，言「材力」1見，言「剛明之才」凡13見，言「剛中之才」凡13見，言「陰柔之才」凡9見，言「陽剛之才」凡10見，言「柔順之才」凡3見。程頤釋經，常常兼言德才。又常常將才德與時勢並言。

卦才常常用來分析成卦之由、成卦之義、成卦之主等。卦才一則指上體三畫與下體三畫的組合，再則指別卦六爻之排列。程頤的卦才說就是從總體上分析卦畫的材質特點，由此分析卦爻象，揭示卦爻辭所蘊含的義理。在程頤看來，《彖傳》解釋卦辭吉凶悔吝，《小象傳》解釋爻辭吉凶悔吝，都是在分析卦才的基礎上得出的結論。有什麼樣的材質，就有什麼樣的才能，再配合卦爻所處的時機、形勢就可以來解釋卦爻辭的吉凶悔吝了。如釋《恒·彖》所謂「剛上而柔下，雷風相與，巽而動，剛柔皆應，恒」，曰：

> 卦才有此四者，成恒之義也。「剛上而柔下」謂乾之初上居於
> 四，坤之初下居於初，剛爻上而柔爻下也。二爻易處則成震巽，震
> 上巽下，亦「剛上而柔下」也。剛處上而柔居下，乃恒道也。〔註315〕

這裡所謂「剛柔上下」，指陰卦巽在下，陽卦震在上。二爻易處，指陰爻初六和陽爻九四交換位置。程頤以卦才釋卦的例子很多，又如釋需卦（䷄）卦辭曰：

> 以卦才言之，五居君位，為需之主……。〔註316〕

〔註314〕《二程集·周易程氏傳》，第912頁。
〔註315〕《二程集·周易程氏傳》，第861頁。
〔註316〕《二程集·周易程氏傳》，第723頁。

　　程頤言德，指性之善者。對陽卦、陽爻常常稱其有剛明充實之德，對二爻、五爻常常稱其有中正之德。程頤認為陰卦、陰爻非順陽則無德。曾說：「陰之道非小人也，其害陽則小人也。其助陽成物，則君子也。」這顯然不合《易傳》以陽為君子之道，以陰為小人之道的觀念。《易傳》中貴族君子當行君子之道，平民小人當行小人知道。小人乃低賤之人並非醜惡之人。

　　德才兼論是程頤釋卦常常運用方法。如釋《大蓄‧彖》曰：「以卦之才德而言也。乾體剛健，艮體篤實。」〔註317〕如言井卦九五爻有「其才其德盡善盡美」之語。〔註318〕釋《井‧彖》曰：「井之養於物，不有窮已，取之而不竭，德有常也。……卦之才與義合也。」〔註319〕程頤所謂「才與義」與才德同義。

　　程頤卦才說是解釋成卦之義，一般不用來解釋爻辭。釋爻辭，程頤常稱「其才」「其才性」等。如釋《頤‧初九》曰：「九，陽體剛明，其才智足以養正者也。龜能咽息不食，靈龜喻其明智而可以不求養於外也。」〔註320〕又如釋睽卦（䷥）上九爻辭曰：「上九有六三之正應，實不孤而其才性如此，自睽孤也。」〔註321〕又，釋未濟卦（䷿）初六爻辭所謂「濡其尾，吝」曰：「六，以陰柔在下，處險而應四。處險則不安其居，有應則志行於上。然已既陰柔，而四非中正之才，不能援之以濟也。……濡其尾，言不能濟也。不度其才力，而進終不能濟」。〔註322〕

　　對於陽卦、陽爻，論其陰陽則是才，論其剛柔則是德。程頤在釋經的過程中，對才與才之德的區分，有時也有並不分明。如釋旅卦（䷷）九四爻辭所謂「旅於處，得其資斧，我心不快」曰：「四，陽剛，雖不居中而處柔。在上體之下，有用柔能下之象。得旅之宜也。以剛明之才，為五所與，為初所應，在旅之善也。然四非正位，故雖得其處，止不若二之就次舍也。有剛明之才，為上下所與，乃旅而得貨財之資，器用之利也。」〔註323〕這裡所謂「處柔」即居陰位，這是以德言才。所謂「剛明之才」，也是以德言才了。

〔註317〕《二程集‧周易程氏傳》，第 827～828 頁。
〔註318〕《二程集‧周易程氏傳》，第 950 頁。
〔註319〕《二程集‧周易程氏傳》，第 947 頁。
〔註320〕《二程集‧周易程氏傳》，第 834 頁。
〔註321〕《二程集‧周易程氏傳》，第 893 頁。
〔註322〕《二程集‧周易程氏傳》，第 955～956 頁。
〔註323〕《二程集‧周易程氏傳》，第 991 頁。

三、陰陽消長說

　　崇陽抑陰、進君子而退小人，是《易傳》釋經的宗旨之一。對於這一觀念，程頤釋經格外重視並有所發展。陰陽消長說是《周易》經傳故有之義，歷代學者闡釋經文有意無意都會涉及到。程頤繼承了《易傳》這一釋經體例，並把陰陽消長作為一種重要的成卦之義。《周易程氏傳‧易傳序》有所謂「易，變易也，隨時變易以從道也」〔註324〕。陰陽消長既是程頤所謂「變易」的主要內涵，又是程頤所謂「隨時」「從道」的主要依據。「推辭考卦」以「知變」是程頤易學的宗旨，而程頤認為「吉凶消長之理，進退存亡之道，備於辭」〔註325〕。

　　陰陽消長說萌芽於《周易》古經。《周易》古經中雖不見陰陽一詞，卻有大小、剛柔對言。乾卦純陽，坤卦純陰。古經稱由乾卦居外、坤卦居內的否卦為「大往小來」。相反，稱由乾卦居內、坤卦居外的泰卦為「小往大來」。《易傳》則以陰陽稱古經卦爻辭所謂大小，以剛柔稱古經之陰陽爻，並喻以君子之道、小人之道。如《泰‧彖》曰：「『泰，小往大來，吉亨』，則是天地交而萬物通也，上下交而其志同也。內陽而外陰，內健而外順。內君子而外小人，君子道長，小人道消也。」〔註326〕《否‧彖》則曰：「『否之匪人，不利君子貞，大往小來』，則是天地不交而萬物不通也，上下不交而天下無邦也。內陰而外陽，內柔而外剛。內小人而外君子，小人道長，君子道消也。」〔註327〕可見《易傳》是以陰陽盈虛消長、剛柔上下進退釋古經大小往來。又如，《遯‧彖》有所謂「小利貞，浸而長也」〔註328〕。遯卦象徵陽氣漸消而陰氣漸長，故言「小」「浸而長也」。如《夬‧彖》所謂「夬，決也，剛決柔也。……利有攸往，剛長乃終也」〔註329〕。夬卦象徵陽氣盛而陰氣將消盡，故曰「剛決柔」「剛長乃終」。又，《大壯‧彖》有所謂「大壯，大者壯也。剛以動，故壯」〔註330〕。大壯卦象徵陽氣日盛，故曰「大者壯」「剛以動」。又，《姤‧彖》曰：「姤，遇也，柔遇剛也。勿用取女，不可與長也。」〔註331〕姤

〔註324〕　《二程集‧周易程氏傳》，第 690 頁。
〔註325〕　《二程集‧周易程氏傳》，第 690 頁。
〔註326〕　《二程集‧周易程氏傳》，第 754 頁。
〔註327〕　《二程集‧周易程氏傳》，第 759 頁。
〔註328〕　《二程集‧周易程氏傳》，第 866 頁。
〔註329〕　《二程集‧周易程氏傳》，第 919 頁。
〔註330〕　《二程集‧周易程氏傳》，第 870 頁。
〔註331〕　《二程集‧周易程氏傳》，第 924 頁。

卦象徵陰氣始生於下而遇陽氣，故曰「姤，遇也，柔遇剛也」。崇陽抑陰是《易傳》的宗旨之一，故曰「勿用取女，不可與長也」。但是，乾卦、坤卦、觀卦雖也在漢儒所謂十二月卦之列，《易傳》並未以陰陽消長之說解釋。而豐卦、損卦不在漢儒所謂十二月卦之列，《彖傳》卻以陰陽消長之義解釋。如《豐·彖》有云：「日中則昃，月盈則食，天地盈虛，與時消息。」〔註332〕又如《損·彖》有云：「二簋應有時，損剛益柔有時。損益盈虛，與時偕行。」〔註333〕可見《彖傳》以陰陽消長之義釋經與漢儒所謂十二消息卦說之間並無直接的繼承關係。

漢代象數易學流行的卦氣說〔註334〕，主要是把可以符示陰陽消長的卦爻付號同當時的曆法節氣、氣象物候相結合，並以此推論陰陽災異與治道得失之間關聯的規律。卦爻符號系統即陰陽爻有規律的排列與自然界陰陽二氣消息盈虛具有形式上的類似性，被漢儒借來推說陰陽災異。卦氣說的主要內容是以四正卦符示春夏秋冬四時，以十二消息卦符示一年之十二月，通過「六日七分說」把一年三百六十五又四分之一日分給除四正卦之外的六十卦的三百六十爻。卦氣說本以氣之清濁、寒溫、虛實占侯，推說災異、評點時政。東漢經學家也用之解釋《周易》經傳文辭。卦氣說與四時、月令之時政類似而更具體細緻，可以推論每一天的物候氣象的政治意義，比較日書之類又更系統。程頤不推崇卦氣說，甚至從未提及卦氣說。但是，程頤所謂「取消長之義」的成卦說與漢儒卦氣說中的十二消息卦說並無實質區別。

十二消息卦也稱十二月卦、十二辟卦。其中復䷗、臨䷒、泰䷊、大壯䷡、夬、乾六卦符示陽氣漸長、陰氣漸消，姤䷫、遯䷠、否䷋、觀䷓、剝䷖、坤六卦符示陰氣漸長、陽氣漸消。十二消息卦與配以地支的月份對應關係如下：復卦主夏曆十一月（子月），臨卦主夏曆十二月（丑月），泰卦主夏曆正月（寅月），大壯卦主夏曆二月（卯月），夬卦主夏曆三月（辰月），乾卦主夏

〔註332〕　《二程集·周易程氏傳》，第 984 頁。

〔註333〕　《二程集·周易程氏傳》，第 908 頁。

〔註334〕　劉大鈞先生曾指出：「『卦氣』之說，雖說不見於先秦，但與『爻辰』、『納甲』一樣，恐怕也不是漢人獨創。……『卦氣』說，恐亦為太史遺法，……估計漢人只是在前人基礎上，作了補充和整理，使其說更加完備而已。」參見《周易概論》，濟南：齊魯書社，1988 年第 2 版：第 168～169 頁。另有《卦氣溯源》一文（發表於《中國社會科學》，2000 年第 5 期），進一步論證了卦氣說乃屬先秦已有之說。

曆四月（巳月），姤卦主夏曆五月（午月），遯卦主夏曆六月（未月），否卦主夏曆七月（申月），觀卦主夏曆八月（酉月），剝卦夏曆主九月（戌月），坤卦主夏曆十月（亥月）。程頤以陰陽消長說釋經事實上是繼承了東漢經學家釋經的十二消息卦說。程頤釋《賁·象》曾說：「有取二體又取消長之義者，『雷在地中復』、『山附於地剝』是也。」〔註 335〕這是程頤明確復卦、剝卦二者成卦取陰陽消長之說。《復·彖》載：「復亨，剛反，動而以順行，是以出入無疾，朋來无咎。反復其道，七日來復，天行也。利有攸往，剛長也。復，其見天地之心乎？」〔註 336〕所謂「剛復」「剛反」是指陽氣始生，依據漢儒十二消息卦說，復卦主始於冬至的夏曆十月（亥月）。程頤以陰陽消長說釋復卦曰：

> ……為卦一陽生於五陰之下，陰極而陽復也。歲十月陰盛既極，冬至則一陽復生於地中，故為復也。陽，君子之道。陽消極而復反，君子之道消，極而復長也，故為反善之義。〔註 337〕

顯然，程頤所謂「歲十月陰盛既極，冬至則一陽復生於地中，故為復也」，是用了漢儒十二消息卦說。又程頤釋《復·象》所謂「出入無疾，朋來无咎」，有謂：

> 一陽始生至微，固未能勝群陰而發生萬物。必待諸陽之來，然後能成生物之功，而無差忒，以朋來而无咎也。三陽，子丑寅之氣。生成萬物，眾陽之功也。〔註 338〕

所謂「三陽，子丑寅之氣」是指復卦一陽至微，不足以成生物之功。只有陽氣曆臨卦至泰卦，即由子月曆丑月至寅月，「子丑寅之氣」漸盛至卯月大壯卦用事，方成陽氣生物之功。又釋《復·象》所謂「反復其道，七日來復，利有攸往」，有謂：

> 謂消長之道，反覆迭至。陽之消，至七日而來復。姤，陽之始消也，七變而成復，故云七日，謂七更也。臨云「八月有凶」，謂陽長至於陰長，歷八月也。陽進則陰退，君子道長，小人道消，故「利有攸往」也。〔註 339〕

〔註 335〕 參見《二程集·周易程氏傳》，第 808 頁。
〔註 336〕 參見《二程集·周易程氏傳》，第 818～819 頁。
〔註 337〕 參見《二程集·周易程氏傳》，第 817 頁。
〔註 338〕 參見《二程集·周易程氏傳》，第 817～818 頁。
〔註 339〕 參見《二程集·周易程氏傳》，第 818 頁。

程頤所謂「姤，陽之始消也，七變而成復」，正是漢易十二消息卦的變化順序。
漢唐儒者對於「七日來復」的含義大概有兩種說法。一則，認為自五月姤卦
用事而陽氣始消，至十一月復卦用事而陽氣始復，凡七月。因「欲見陽長須
速」〔註340〕，故不言七月而言七日。一則，認為「剝卦陽氣之盡在於九月之
末，十月當純坤用事。坤卦有六日七分。坤卦之盡，則復卦陽來，是從剝盡至
陽氣來復。隔坤之一卦六日七分，舉成數言之」〔註341〕，故曰七日。孔穎達
依據王弼《周易注》所謂「陽氣始剝盡至來復時，凡七日」〔註342〕，認同第
二種說法。程頤的說法與第一種觀點相似，但不取「七月說」而主「七更」
說。程頤用陰陽消長之義釋經，又見於釋剝卦上九爻。其文有云：

> 聖人發明此理，以見陽與君子之道不可亡也。或曰：剝盡則為
> 純坤，豈復有陽乎？曰：以卦配月，則坤當十月。以氣消息言，則
> 陽剝為坤，陽來為復，陽未嘗盡也，剝盡於上，則復生於下矣。故
> 十月謂之陽月，恐疑其無陽矣。〔註343〕

所謂「以卦配月」就是十二消息卦說，與漢儒之說無異。非唯剝卦、復卦，程
頤以陰陽消長之義釋十二消息卦中的其他卦，也與漢儒所謂十二消息卦說相
近。又，程頤釋《剝·彖》所謂「剝，剝也，柔變剛也。不利有攸往，小人長
也」，曰：

> 剝，剝也，謂剝落也。柔變剛也，柔長而剛變也。夏至一陰生
> 而漸長，一陰長則一陽消，至於建戌則極而成剝，是陰柔變剛陽也。
> 陰，小人之道，方長盛而剝消於陽，故君子不利有所往也。〔註344〕

程頤所謂「夏至一陰生而漸長」「至於建戌則極而成剝」，與漢儒所謂十二消
息卦說一致。又如釋《臨·彖傳》所謂「至於八月有凶，消不久也」，曰：

> 臨，二陽生，陽方漸盛之時，故聖人為之戒云：陽雖方長，然
> 至於八月，則消而凶矣。「八月」謂陽生之八月。陽始生於復，自
> 復至遯凡八月，自建子至建未也，二陰長而陽消矣，故云「消不久
> 也」。〔註345〕

〔註340〕參見劉玉建：《〈周易正義〉導讀》，齊魯書社，2005年：第213頁。
〔註341〕參見劉玉建：《〈周易正義〉導讀》，齊魯書社，2005年：第213頁。
〔註342〕參見劉玉建：《〈周易正義〉導讀》，齊魯書社，2005年：第213頁。
〔註343〕參見《二程集·周易程氏傳》，第816頁。
〔註344〕參見《二程集·周易程氏傳》，第813頁。
〔註345〕參見《二程集·周易程氏傳》，第794頁。

所謂「陽始生於復，自復至遯凡八月，自建子至建未也」。顯然，是以子月復卦用事而陽復生，至未月遯卦用事而陽盛極而消。這與是指十二消息卦說還是相類似的。漢唐儒者曾為此八個月的起始月和終止月有爭論。即，有主自建子至建未，有主自建丑至建申，有主自建寅至建酉。〔註346〕程頤認為此「八月」當始於復卦主事的子月至於遯卦主事的未月。除復卦、剝卦、臨卦外，程頤於遯卦、大壯卦、夬卦、泰卦、否卦、姤卦等也用到陰陽消長之義說。如：

釋遯卦（䷠）卦辭曰：「二陰生於下，陰長將盛，陽消而退。小人漸盛，君子退而避之，故為遯也。」〔註347〕

釋大壯卦曰：「大壯，陽之壯盛也。衰則必盛，消息（一作長）相須。故既遯則必壯，大壯所以次遯也。」〔註348〕

釋夬卦曰：「以爻言之，五陽在下，長而將極；一陰在上，消而將盡。眾陽上進，決去一陰，所以為夬也。夬者，剛決之義，眾陽進而決去一陰。君子道長，小人消衰，將盡之之時也。」〔註349〕

釋否卦卦辭「否之匪人」，曰：「消長闔闢，相因而不息。泰極則復，否終則傾，無常而不變之理。人道豈能無也？既否則泰矣。」〔註350〕

釋否卦卦辭「不利君子貞，大往小來」，曰：「『大往小來』，陽往而陰來也。小人道長，君子道消之象，故為否也。」〔註351〕

釋《泰·彖》所謂「內陽而外陰，內健而外順。內君子而外小人，君子道長，小人道消也」，曰：「陽來居內，陰往居外，陽進而陰退也。乾健在內，坤順在外，為內健而外順，君子之道也。君子在內，小人在外，是君子道長，小人道消，所以為泰也。既取陰陽交和，又取君子道長，陰陽交和乃君子之道長也。」〔註352〕

釋姤卦卦辭「女壯，勿用取女」，曰：「一陰始生，自是而長，漸以盛大，是女之將長壯也。陰長則陽消，女壯則男弱，故戒勿用取如是之女。」〔註353〕

釋《姤·彖》所謂「勿用取女，不可與長也」，曰：「一陰既生，漸長而

〔註346〕參見劉玉建：《〈周易正義〉導讀》，齊魯書社，2005年：第197頁。
〔註347〕參見《二程集·周易程氏傳》，第865頁。
〔註348〕參見《二程集·周易程氏傳》，第869頁。
〔註349〕參見《二程集·周易程氏傳》，第918頁。
〔註350〕參見《二程集·周易程氏傳》，第759頁。
〔註351〕參見《二程集·周易程氏傳》，第759頁。
〔註352〕參見《二程集·周易程氏傳》，第754頁。
〔註353〕參見《二程集·周易程氏傳》，第924頁。

盛，陰盛則陽衰矣。取女者欲長久而成家也，此漸盛之陰，將消勝於陽，不可與之長久也。凡女子、小人、夷狄，勢苟漸盛，何可與久也，故戒勿用取如是之女。」〔註354〕

　　而十二消息卦陰陽爻有規律的排列與中國北方地區氣候寒暑之氣有規律變化很類似，這也是十二消息卦說在易學史上有著深刻影響的主要原因。但是，程頤以陰陽消長之義說釋經並不能與漢儒十二消息卦說直接劃等號。在釋十二消息卦說之外的其他卦時，程頤也用到了陰陽消長說。這與《易傳》以陰陽消息釋經是一致地。如程頤釋《豐·彖》所謂「日中則昃，月盈則食，天地盈虛，與時消息」，曰：「……日中盛極，則當昃昳；月既盈滿，則有虧缺。天地之盈虛，尚與時消息，況人與鬼神乎！盈虛謂盛衰，消息謂進退，天地之運，亦隨時進退也。鬼神謂造化之跡，於萬物盛衰，可見其消息也。」〔註355〕又如，程頤釋漸卦曰：「《序卦》：『艮者，止也。物不可以終止，故受之以漸。漸者，進也。』止必有進，屈伸消息之理也。止之所生，亦進也，所反亦進也，漸所以次艮也。」〔註356〕程頤認為漸進艮止體現了消息盈虛之理。也就是說，不僅一卦之中蘊含著陰陽消長，卦與卦之間也存在著陰陽盈虛之理。

四、隨時取義說

　　在程頤看來，隨時取義說是由《周易》一書的性質決定的。《周易程氏傳·易傳序》有謂「隨時變易以從道」。唐宋已降，學者普遍以變易釋「易」之義。而「隨時」是變易的依據，即與時諧行。程頤強調隨時變易，和北宋中後期改革的時代背景分不開。與時偕行也是儒家思想的應有之義。在孟子看來，孔子是聖之集大成者，之所以集大成，乃在於知時、識時、隨時。孟、荀都認為人心所向更為重要。但是，君王修德即可得人心。地理也可人為去爭取。唯獨天時無法控制，只能知時、順時。從這個意義上講，隨時最難。隨時不僅是《周易程氏傳》中頻繁出現，二程在平時與學生論學也常常提到。《程氏遺書》載：

　　　　「禮，孰為大？時為大」，亦須隨時。當隨則隨，當治則治。當

〔註354〕參見《二程集·周易程氏傳》，第924頁。
〔註355〕參見《二程集·周易程氏傳》，第984頁。
〔註356〕參見《二程集·周易程氏傳》，第972頁。

其時作其事，便是能隨時。「隨時之義大矣哉！」尋常人言隨時，為
且〔註357〕和同，只是流徇耳，不可謂和。和則已是和於義。故學者
患在不能識時。「時出之」，亦須有「溥博淵泉」方能出之。今之人
自是與古之人別，其風氣使之，至如壽考形貌皆異。古人皆不減百餘
歲，今豈有此人？觀古人形象被冠冕之類，今人豈有此等？故籩豆簠
簋，自是不可施於今人。自時不相稱，時不同也。時上盡窮得理。……
若不是隨時，則一聖人出，百事皆做了，後來者沒事。〔註358〕

又，《程氏粹言》載：

　　子曰：理有盛衰，有消長，有盈益，有虛損。順之則吉，逆之
則凶。君子隨時所尚，所以事天也。〔註359〕

　　子曰：隨者，順理之謂也。人君以之聽善，臣下以之奉命，學
者以之徙義，處事以之從長，豈不立哉？言各有當也。若夫隨時而
動，合宜適變，不可以為典要，非造道之深，知幾可與權者，不能
與也。〔註360〕

　　或曰：聖人制作，以利天下，皆造端而非因也，豈妄乎？子曰：
因風氣之宜，未嘗先時而開人也。如不待時，則一聖人足以盡舉，
又何必累聖繼聖而後備？時乃事之端，聖人隨時而已。〔註361〕

程頤認為，《周易》卦爻辭之所以吉凶悔吝，並無固定不變的體例，而是變動
不居，此所謂「隨時取義」。所謂隨時之「時」，首先體現在古經六十四卦卦序
的卦卦相次之義上。六十四卦就像一個有六十四段的時間流，每一段都有特
定的形勢和事件。程頤釋經，在卦畫、卦名之下都有一段「序言」，有似於《毛
詩正義》，每首詩前的小序，講述大旨。《上下篇義》曾說《序卦》乃是「推其
義以為之次」的結果。〔註362〕所謂「推其義以為之次」的《序卦》，正是對每

〔註357〕根據上下文義推測，此處「為且」疑為「苟且」。
〔註358〕《二程集‧程氏遺書》卷第十五，第171～172頁。
〔註359〕《二程集‧程氏粹言》卷第一，第1175頁。
〔註360〕《二程集‧程氏粹言》卷第一，第1204頁。
〔註361〕《二程集‧程氏粹言》卷第一，第1221頁。
〔註362〕《上下篇義》云：「乾坤，天地之道，陰陽之本，故為上篇之首。坎離，陰
　　　　陽之成質，故為上篇之終。咸恒，夫婦之道，生育之本，故為下篇之首。未
　　　　濟，坎離之合；既濟，坎離之交。合而交則生物，陰陽之成功也，故為下篇
　　　　之終。二篇之卦既分，而後推其義以為之次，《序卦》是也。」參見《二程
　　　　集‧周易程氏傳》，第692頁。

一卦在宇宙大化流行過程中的地位和作用的揭示。在程頤看來，《序卦》所揭示的卦序，正是每一卦卦名的來源，也是該卦的大旨所在。也是對每一卦的在宇宙大化流行中具體情形、時勢的概括。每一卦卦辭之吉凶悔吝自然會有不同。每卦又由六爻組合而成，而每一爻所象徵的社會角色不同，比如四爻象大臣之位，五爻象天子之位。而且，從初爻經二爻、三爻、四爻、五爻四個中爻到上爻，符示了事物從下到上、從內到外、從始到終的結構和過程。每一爻辭吉凶悔吝的情形自然不同，因此，某一具體的釋經體例也不可能放之四海而皆準。

　　程頤特別推重《序卦》，把《序卦》分割後附於卦畫、卦名之下，首列該卦成卦之義。以「為卦……」為引導語，或以二體、二象，或以一爻為主，或以二爻交變，或以陰陽消長，或以卦義、卦形、卦用，揭示卦象、卦才與卦辭之吉凶悔吝之間的必然聯繫。這裡的必然聯繫就是天道、天理，是解釋卦辭、彖辭、爻辭主要依據。六十四卦所符示的正是天地萬物生化流行的六十四段事件鏈條、六十四段時間流。每一卦所處事、時、勢不同，人們的行為順之則吉，逆之則凶。每一爻之在六爻中所處的事、時、勢不同，爻辭之吉凶悔吝自然更為複雜。釋經的各種體例，諸如三才說、陰陽剛柔說、二體說、卦才說、乘承比應說，取象說、取義說等等自然不能放之四海而皆準。因此，程頤在釋經的過程中，總是綜合運用多種體例來疏通經文。總是靈活運用各種體例，打破了漢唐儒者所創體例的藩籬，充分體現了隨時、隨事、隨勢取義的釋經原則。當然，太過頻繁的打破體例，也使得各種釋經體例失去了作為體例的意義。如釋《屯‧六二》曰：「……初為賢明剛正之人，而為寇以侵逼於人，何也？曰：此自據二以柔近剛而為義，更不計初之德如何也。《易》之取義如此。」〔註363〕屯☳，六二爻中而且正，又與九五爻陰陽正應。如何解釋六二爻辭所謂「十年乃字」之凶？唯有以乘剛釋之。程頤本以乘剛為陽逼迫陰，即六二爻之凶乃初九爻之陽逼迫而致，這與屯卦初九爻《象傳》所謂「以貴下賤，大得民」相矛盾。然而，程頤並不因此而否定《易傳》以中正為吉、以有應為吉的釋易體例，而是曲為迴護。又如大過卦九三爻辭有「棟橈凶」，然而九三爻以陽居陽為得正，上六爻以陰居陰亦得正，且九三爻與上六爻陰陽正應。很難找到恰當的理由解釋九三爻不吉反凶。程頤並不因此而否定《易

〔註363〕《二程集‧周易程氏傳》，第 716 頁。

傳》以正為吉、以有應為吉的釋易體例，而是設法彌縫。並且總結道：「言《易》者，貴乎識勢之重輕、時之變易」。〔註364〕漢代象數易學認為，象數是導致卦爻辭何以吉凶之根本，因而發明、使用了眾多象數體例以解《易》，尋求所謂《易》之本義。在程頤看來，義理是導致卦爻辭吉凶之根本，象數只是表徵義理的形式，象數體例只是解《易》的工具而已。程頤之隨時取義說，較為合理地彌縫了各種釋經體例的侷限性。同時，隨時取義說也是為了應對各種釋易體例的侷限性。故而，程頤對《隨·彖》所謂「隨時之義大矣哉」的感歎格外重視，反覆述說。〔註365〕程頤所謂卦時，首先體現在各個卦在天地生萬物的時間流變中所處的時機、形勢、事態等。每一卦的卦名則是對各自所具的時機、形勢、事態等概括。而隨卦則不同，卦時、卦義合一。又如釋《否·初六》所謂「拔茅茹以其彙，貞吉亨」，曰：

> 泰之時，則以同徵為吉。否之時，則以同貞為亨。……《易》
> 隨時取義，變動無常。否之時，在下者君子也。否之三陰，上皆有
> 應。在否隔之時，隔絕不相通，故無應義。〔註366〕

泰否時義不同，釋卦爻辭當然要考慮到泰否各自所處形勢。否卦䷋爻畫符合所謂陽尊在上、陰卑在下人倫大道。而且，每個爻都有正應。六二爻中而且正，九五爻也中而且正。六二爻、九五爻又陰陽正應。按照各種釋易體例當吉無疑，程頤認為「在否隔之時，隔絕不相通，故無應義」。又如釋《睽·九二》所謂「遇主於巷，无咎」，曰：

> 二與五正應，為相與者也。然在睽乖之時，陰陽相應之道衰，
> 而剛柔相戾之意勝。學《易》者識此，則知變通矣。故二五雖正應，
> 當委曲以相求也。〔註367〕

程頤認為，睽之時剛柔乖戾，故九二爻與六五爻之相互感應之義不存。而九二爻當「委曲」求六五爻。九二爻象徵剛明之臣，六五爻象徵柔暗之君，彼此乖戾。就好像程頤上萬言之書而得不到回應一樣。

〔註364〕《二程集·周易程氏傳》，第841頁。
〔註365〕程頤釋《隨·彖》有謂：「君子之道，隨時而動，從宜適變，不可為典要，非造道之深，知幾能權者，不能與於此也。故贊之曰『隨時之義大矣哉！』凡贊之者，欲人知其義之大，玩而識之也。此贊隨時之義大，與豫等諸卦不同，諸卦時與義是兩事。」參見《二程集·周易程氏傳》，第784頁。
〔註366〕《二程集·周易程氏傳》，第760頁。
〔註367〕《二程集·周易程氏傳》，第891頁。

程頤認為六爻也各有其時。如釋《豫·六五》所謂「貞疾，恒不死」，曰：

> 在四不言失正，而於五乃見其強逼者，四本無失，故於四言大
> 臣任天下之事之義。於五則言柔弱居尊，不能自立，威權去己之義。
> 各據爻以取義，故不同也。〔註368〕

四爻為近臣，九四爻以陽居陰處不正之位，陽之失在剛暴冒進，故有「強逼」之義。然而九四爻辭有所謂「由豫，大有得，勿疑，朋盍簪」，並無「強逼」之義。而六五爻所謂「貞疾，恒不死」，卻有被「強逼」之義。故程頤認為九四爻、六五爻「各據爻以取義，故不同也」，不必相互關聯。

漢易流行取象說，有把卦爻辭中的文字牽強附會成物象的傾向。而程頤隨時取義說則有把卦爻辭中的文字牽強附會成時勢、時義的傾向。如釋既濟卦六二爻，竟然用到多種時勢，總結出一串義理。諸如：臣文明中正、君剛陽中正，俱有得志之時勢；卦為既濟，九五爻之尊有「無復進而有為」之時勢；九五爻剛中反為自滿，君臣上下相戾之時勢等。又彰顯了諸如識時知變、中正之道終不廢、自守不失等義理。〔註369〕程頤認為既濟之時就是大功已成之時，相當於開國皇帝已得天下而不復進取，賢才失用武之地。程頤理想的君臣之關係是六二爻、九五爻的搭配組合。然而，處既濟之時，「則剛中反為中滿」致使上下相戾。程頤所謂「過時則行」「時變」「必行於異時」，無不是以時為核心疏通經文。

廣義上講，程頤所謂隨時，包括識勢之輕重，知事之正義與否。如釋《大壯·九二》所謂「貞吉」，程頤認為大壯是陽過亢之時，九二爻、九四爻以陽居陰依然不能剛柔兼濟。非九二爻處中不能得正。九二爻、九四爻辭雖然都言「貞吉」，但是，由於形勢不同，九二爻之「貞吉」是正且吉之讚歎，九四

〔註368〕《二程集·周易程氏傳》，第782頁。
〔註369〕程頤釋《既濟·六二》曰：「二以文明中正之德，上應九五剛陽中正之君，宜得行其志也。然五既得尊位，時已既濟，無復進而有為矣。則於在下賢才，豈有求用之意？故二不得遂其行也。自古既濟而能用人者鮮矣，以唐太宗之用言，尚怠於終，況其下者？於斯時也，則剛中反為中滿，坎離乃為相戾矣。人能識時知變，則可以言易矣。二，陰也，故以婦言。茀，婦人出門以自蔽者也。喪其茀，則不可行矣。二不為五之求用，則不得行，如婦之喪茀也。然中正之道，豈可廢也，時過則行矣。逐者，從物也。從物則失其素守，故戒勿逐。自守不失，則七日當復得也。卦有六位，七則變矣。『七日得』謂時變也。雖不為上所用，中正之道無終廢之理。不得行於今，必行於異時也。聖人之勸誡深矣。」參見《二程集·周易程氏傳》，第1019～1020頁。

爻之「貞吉」是正則吉之警戒。一般情況下，程頤釋貞吉為「正則得吉」，含有教戒之義。但是，程頤認為於大壯之時，陽本已充，九二爻以陽處陰則「得中道」。而九四爻雖是以陽處陰卻不得中道，故九四爻之貞吉與九二爻之貞吉不同。程頤認為這是「時義之輕重」不同造成的。〔註370〕又如釋《恒・九二》所謂「悔亡」，程頤認為與大壯九二爻同樣處中，恒卦九二爻卻陽爻居陰位，處「非其常」。程頤認為這是大壯之義與恒之義不同使然。〔註371〕

程頤認為中重於正，九二爻之不正也因所謂「重輕之勢」不同而得正。又如釋《離・彖》所謂「柔麗乎中正」，《彖傳》言「柔離乎中正」，而六五爻中不正。程頤認為，在離卦陰陽附麗之義重，故六五爻也得中而且正。〔註372〕

以時為核心，把時、事、才、位、勢結合起來疏通經文，是程頤隨時取義說的釋經理路。最為典型的是釋革卦九四爻。程頤分別從革之才、革之時、革之勢、革之任、革之志、革之用、革之當，七方面論述了九四爻之所謂「革之盛」〔註373〕：

> 陽剛，革之才也。
>
> 離下體而進上體，革之時也。

〔註370〕程頤釋《大壯・九二》曰：「二雖以陽剛當大壯之時，然居柔而處中，是剛柔得中不過於壯，得貞正而吉也。或曰：貞非以九居二，為戒乎。曰，易取所勝為義，以陽剛健體當大壯之時，處得中道，無不正也。在四則有不正之戒，人能識時義之輕重，則可以學《易》矣。」參見《二程集・周易程氏傳》，第871頁。

〔註371〕程頤釋《恒・九二》曰：「在恒之義，居得其正，則常道也。九，陽爻，居陰位，非常理也。處非其常，本當有悔，而九二以中德而應於五。五復居中，以中而應中。其處與動，皆得中也，是能恒久於中也。能恒久於中，則不失正矣。中重於正，中則正矣，正不必中也。九二以剛中之德而應於中，德之勝也，足以亡其悔矣。人能識重輕之勢，則可以言《易》矣。」參見《二程集・周易程氏傳》，第863頁。

〔註372〕程頤釋《離・彖》曰：「或曰：二則中正矣，五以陰居陽，得為正乎？曰：離主於所麗，五中正之位，六麗於正位，乃為正也。學者知時義，而不失輕重，則可以言《易》矣。」參見《二程集・周易程氏傳》，第850頁。

〔註373〕程頤釋《革・九四》曰：「九四，革之盛也。陽剛，革之才也。離下體而進上體，革之時也。居水火之際，革之勢也。得近君之位，革之任也。下無係應，革之志也。以九居四，剛柔相際，革之用也。四既具此，可謂當革之時也。事之可悔而後革之，革之而當，其悔乃亡也。……四非中正，而至善，何也？曰：唯其處柔也，故剛而不過，近而不逼，順承中正之君，乃中正之人也。《易》之取義無常也，隨時而已。」參見《二程集・周易程氏傳》，第954頁。

> 以九居四，居水火之際，革之勢也。
>
> 得近君之位，革之任也。
>
> 下無係應，革之志也。
>
> 剛柔相際，革之用也。
>
> 事之可悔而後革之，革之而當也。

《易傳》有以八卦象徵家庭人倫關係的取象說，《易緯》則把六爻與元士、公、侯、天子、宗廟相比附，而將爻也人格化。但是，《易傳》《易緯》這樣的做法並非來解釋卦爻辭。而後學將爻人格化後並用來釋卦爻辭，致使爻辭之間矛盾重重。即便隨時取義，也難免顯得牽強附會。如程頤釋比䷇，《比·六三》有所謂「比之匪人」。比卦六二爻中而且正，「比之自內，貞吉」的爻辭含義是正而且吉。然而，比乃相鄰之義。六三爻言「比之匪人」，當然是指六二爻、六四爻為「匪人」。〔註374〕這正是將爻人格化，把六爻互相關聯起來釋經的尷尬之處。至於程頤所謂隨時取義，一言以蔽之，亦不得已而已。

第四節 張載與程頤釋易體例比較

《周易》有一套揲蓍演數而成的卦爻符號，和與之相對應的是含有吉凶悔吝的占驗之辭。在《易傳》之前，這些卦爻符號及其卦爻辭主要是史巫用於筮占的參考資料。有時，其中的卦爻辭也作為經典之語被引用。論述卦爻象數符號與卦爻辭吉凶悔吝之間的必然聯繫成為《易傳》釋經主要內容。後世學者把這些必然聯繫稱為釋易體例。其中漢代象數易學主要依據《繫辭傳》《說卦傳》的相關內容，發展出一系列諸如互體、納甲、卦變、卦氣等釋經體例。而王弼易學主要依據《彖傳》內容，將《易傳》釋經體例概括為卦主說、當位說、中位說、乘承必應說等。

張載和程頤釋經體例主要以《易傳》為依據，對王弼易學的釋易體例有所選擇和改造。而對漢代象數體例中的卦變說、卦氣說等也有所借鑒。與漢代象數易學相比，張載易學和程頤易學都屬於義理易學，關注的是德行修養而非天人感應。漢代象數易學中那些牽強附會的取象說基本上被拋棄。而漢

〔註374〕如釋《比·六三》所謂「比之匪人」，曰：「三不中正，而所比皆不中正。四陰柔而不中，二存應而比初，皆不中正，匪人也。比於匪人，其失可知。悔吝不假言也，故可傷。二之中正，而謂之匪人，隨時取義各不同也。」參見《二程集·周易程氏傳》，第 741 頁。

易中的卦變說本之於《彖傳》的往來升降說，張載和程頤理釋經都有選擇性地繼承和改造。卦氣說中的十二消息卦說與中原地區氣候陰陽消長相符契，張載和程頤釋經也有選擇性地繼承和改造。而這些選擇和改造的依據，就是《易傳》中相關內容。與玄學易比較，張載易學和程頤易學主要是通過儒家經典與《周易》經傳融會貫通。其目的是糾正王弼易學《易》《老》匯通並貶低儒家價值觀的傾向。王弼易學的主要繼承漢代民間費氏易學，而費氏易是以《易傳》釋經。王弼易學的釋經體例也源自《易傳》，特別是其中的《彖傳》。從形式上看，張載和程頤釋經體例與王弼釋經體例大同小異。而那些「小異」之處正是本之於《易傳》的相關內容。例如，諸如卦主說、爻位說、乘承必應說，張載和程頤都沒有照搬王弼舊說，而是依據《易傳》相關內容有所改造和創新。《橫渠易說》可以說是張載為寫作《正蒙》而準備的素材，倉促之間，張載並未手訂、推敲。對古經經文的講解較為簡略，對漢易、玄學易的釋經體例有選擇地繼承和使用。其主要易學貢獻在於對易學範疇和命題的創造性解讀，為新儒學的產生、發展奠定基礎。張載對於《繫辭傳》《說卦傳》的文字解說比較詳盡，且以闡發天道性命學說為旨歸。程頤在《易傳》釋經體例基礎上，並依據《易傳》相關內容對王弼釋經體例、漢易釋經體例都有改造和創新。並且刻意摒棄漢易、王弼易相關術語。例如，程頤所謂卦才內涵相當於卦象，一爻成卦說相當於卦主說。張載和程頤釋經常常引用儒家經典，尤其引用是《論語》《孟子》《大學》《中庸》闡發儒家義理。特別是以《中庸》的中道說、時中說、經權說改造以往的釋經體例。如，張載所謂「過中之戒」「重德輕位」，程頤所謂「中重於正」「隨時取義」等。玄學易有老莊道家貴虛無、尚靜柔的思想傾向，背離了《易傳》崇德廣業、尚陽抑陰的宗旨。而張載和程頤釋易反其道而行之，猶以程頤為重，比《易傳》有過而無不及。例如，程頤常常以陽有剛明之德，以陰有柔暗、柔順之才而不稱德。曾說陰無德而以順陽為德，地無道而以承天道為道。又如，對於一陰五陽的卦也很少取陰爻為卦主等。程頤對以往釋經體例的改造也是比較成功得，其中二體成卦說、卦才說、隨時取義說，雖然都可以在《易傳》中找到文字依據，之前學者釋經也偶然提到，卻是程頤明確提出、廣泛使用的體例。《周易程氏傳》經過長時間的醞釀、撰寫、修改，文字足而義理精，成功地替代王弼《周易注》，成為儒家易學經典。《周易程氏傳》釋經以理一本論為立論基礎，在理論高度上實現了儒家理論形態對道家道一本論的成功改造。對新儒學的發展壯大起到的

至為關鍵的作用。

卦主說本之於《彖傳》。《彖傳》釋經常常以一卦之中爻，特別是五爻為主釋卦辭。王弼主要據此總結出卦主說，並以「治眾者至寡也」為由。王弼確定一卦主爻大概有二個標準。或以五爻居尊位為卦主，或以至寡之爻為卦主。一陰五陽卦，以唯一之陰爻為卦主。一陽五陰卦以唯一之陽爻為卦主。還有部分二陰四陽卦，王弼以其中二陰爻之一為卦主。也有部分二陽四陰卦，王弼以其中二陽爻之一為卦主。張載繼承了王弼確定卦主這兩條標準，然而釋經時並未照搬王弼之說。另外，張載根據爻辭與卦辭內容相近這一標準確定某些爻為卦主。這是王弼卦主說不曾有的。例如，張載以蒙卦九二爻為卦主，原因是「蒙卦之義，主之者全在九二」。之於六子卦，張載以陽卦之一陽爻或陰卦之一陰爻為卦主。《橫渠易說》釋「陽卦多陰，陰卦多陽」，曰：「陽卦多陰，則陽為之主；陰卦多陽，則陰為之主；雖小大不齊，而剛柔得位，為一卦之主則均矣。」〔註375〕如釋隨卦初九爻曾說：「處隨之初，為動之主」。程頤釋經特重卦義，也就是成卦之義、成卦之由。其中所謂一爻成卦說，事實上就是改頭換面的卦主說。與王弼強調以寡治眾的卦主說內涵不同，程頤所謂一爻成卦說強調該爻是該卦成卦的關鍵。對於六子卦，張載繼承了《易傳》觀點，認為「陽卦多陰，則陽為之主；陰卦多陽，則陰為之主」。程頤也以六子卦陽卦中的陽爻、陰卦中陰爻為卦主。程頤以之為卦主，因為它們是成卦的關鍵而非多寡。

卦變說本之於《彖傳》剛柔往來說，是東漢經學家常用的釋經體例。張載和程頤釋經時也曾用到卦變說。但是，二人主要依據《易傳》所謂乾坤生六子卦，八經卦復又兩兩重迭生六十四卦。張載和程頤僅在釋三陽三陰卦時用到卦變說。張載的卦變說也可以稱為泰否卦變說。在形式上與漢儒卦變說類似。程頤則強調泰否卦上下乾坤二體「爻交」「爻變」之義。因此，程頤的卦變說可以稱為乾坤卦變說。但是，程頤又曾言「由二爻之交，然後男女各得正位」，這又與漢儒和張載所謂卦變無實質差別。漢儒使用卦變說釋經目的是牽合出更多的卦象以疏通經文。張載的泰否卦變說強調的是天地交感而化育萬物之義，即所謂「天地之義」「天施地生」等。與張載之說相類似，程頤的乾坤卦變說強調「尊卑得正，上下順理」「男女各得其正」等。

爻位說也萌芽於《易傳》。《繫辭傳》認為，一卦六爻位置不同，其吉凶

〔註375〕《張載集・橫渠易說》，第214頁。

悔吝之義也有異。其中，初爻、上爻有始終之義。二爻、五爻得中位，故最善。三爻、四爻處上下體之間，最為尷尬。《彖傳》釋經常常以中爻，特別是五爻為核心闡發卦辭之義。王弼則結合《繫辭傳》《彖傳》的這些說法，推而廣之，用爻位說解釋一卦六爻爻辭之義。王弼進一步強調初爻、上爻的始終之義，並認為初爻、上爻無得位、失位之義。張載繼承了王弼的爻位說而有所創新。王弼強調初爻、上爻的始終之義，張載則針對初爻、三爻、四爻、上爻而明確提出「過中之戒說」。如釋《臨‧象》曰：

> 臨言「有凶」者，大抵《易》之於爻，變陽至二，便為之戒，恐有過滿之萌。未過中已戒，猶履霜堅冰之義，及泰之三曰：「無平不陂，無往不復」，皆過中之戒也。〔註376〕

程頤也基本上繼承了《易傳》和王弼的爻位說，但是明確否認王弼的初爻、上爻不論陰陽之位的觀點。與張載的過中之戒說相仿，程頤也常常以「過中」釋三爻、四爻以及上爻。如釋《泰‧六四》「翩翩，不富以其鄰，不戒以孚」，曰：

> 六四處泰之過中，以陰在上，志在下復，上二陰亦志在趨下。……泰既過中，則將變矣。聖人於三，尚云艱貞則有福，蓋三為將中，知戒則可保，四已過中矣，理必變也。……〔註377〕

程頤明確提出「中重於正」「中則正」的觀點。顯然，張載和程頤是以《中庸》的中道說來釋一卦六爻之中位爻，以得中位為得中道。一卦六爻之位有尊卑上下之義，在《易傳》中已經有所體現。《易緯》以一卦六爻之位與元士、大夫、諸侯、三公、天子、宗廟相比擬。這是對《易傳》六爻尊卑上下之義的進一步引申。王弼釋經也常常稱五爻「得尊位」。程頤對《易緯》以爻位配爵位之說有所改造，而以初爻為無爵位之民，以二爻、三爻、四爻為臣，以四爻為近君之大臣，以五爻為君，以上爻為德行高而不臣之帝師等。與程頤大異其趣，張載對於《易緯》以爻位配爵位的說法不感興趣，除了稱五爻為「得尊」之外，從未提及爻位與爵位相配之說。這與張載釋經特重君子德行修養而非君臣進退之道的易學觀相一致。

　　《易傳》釋經常常用到當位說，反映了古人以德配位的觀念。古人常常認為德位相當則吉，德位不當則凶。事實上，卦爻之陰陽與卦爻位之奇偶順

〔註376〕《張載集‧橫渠易說》，第 105 頁。
〔註377〕《二程集‧周易程氏傳》，第 749 頁。

序是否陰陽匹配與吉凶悔吝並無必然聯繫，《易傳》僅僅是為了疏通經文而已。如見不當位之爻有不吉之辭就言失位。而對於大量不當位之爻而有吉利之辭，則不言失位何以吉。對於大量當位之爻而有不吉爻辭，則不言當位何以不吉。後世學者發現當位、失位與卦爻辭吉凶並未必然的對應關係，釋經時常常結合其他體例曲為彌縫。《易傳》以當位、失位釋經的地方很多，張載有時未予進一步解釋。而且對於陽爻當位而凶，張載常謂以陽處陽失之過剛。對於陰爻當位而凶，常謂以陰處陰失之過柔。對於陽爻處陰、陰爻處陽失位而吉，則常常釋以剛柔兼濟。可見，張載對於王弼所謂當位說並不十分認可。如，張載很少言九三爻得正，僅於遯卦九三爻言得位。而言九四爻失位也僅見未濟卦九四爻。於九二、六五失位之爻，張載常常言得中而很少言失位。論當位、失位最多則是言六三爻失位，言六四爻當位。張載對於初爻、上爻亦不論當位、失位，這應當是受王弼初、上不論陰陽之位說的影響。

　　與張載不同，程頤釋經常常使用當位說。《易傳》以當位、不當位釋經之處亦順從之，而且常常自出新意。其所謂當位之位有三義，即陰陽之位、爵位之位以及尊卑上下之位。從主觀上講，程頤是要以《易傳》本義矯正王弼初上不論陰陽之位的說法。程頤認為初爻、上爻是無爵位。例如，以初爻為無位之民，以上爻為不臣之臣。如釋臨卦初九爻言當位，釋需卦上六爻言以陰據上為不當位，釋晉卦初六爻「始欲進而未當位」，釋觀卦上九爻「為下之所觀而不當位，是賢人君子不在於位，而道德為天下所觀仰者也」。這裡程頤所謂「不當位」「不在位」是指無爵位或無職任。其次，程頤猶重陽尊陰卑之義，以陽上陰下為當位。釋漸卦卦辭「女歸吉，利貞」曾說：「初終二爻雖不當位，亦陽上陰下，得尊卑之正。男女各得其正，亦得位也。」〔註378〕又釋歸妹卦時曾說：「初與上雖當陰陽之位，而陽在下、陰在上亦不當位也。」〔註379〕他所謂歸妹卦「諸爻皆不當位」，是指歸妹卦上體震、下體兌都是陰爻在陽爻之上。程頤自出新意還體現在以五爻位君位，以四爻近君之高位，而以「不正而處高位」釋晉九四之不當位。又程頤以「道」與位協調釋當位，如釋否卦六三爻曰「處不當位，所為不以道也」。這裡所謂道是指治國之道。與張載一樣，程頤亦取陽爻處陰位、陰爻處陽位之不當位有陰陽

〔註378〕 《二程集・周易程氏傳》，第 972 頁。
〔註379〕 《二程集・周易程氏傳》，第 978 頁。

兼濟之義。如釋履卦九四爻曰「雖剛而志柔」等。至於二爻、五爻，程頤認為「中常重於正」，這與張載所謂「過中之戒」可謂異曲同工。當位說的適用性不強，程頤常常視根據經文的具體語境而有選擇地使用。當位而凶則用其他體例釋經，不當位而吉則言剛而不過、柔而不弱。

乘承說以陰爻在陽爻之下為承剛而吉，以陰爻在陽爻之上為乘剛而凶。這無非是陽尊陰卑觀念的折射，足見《周易》經傳神道設教的實質。承乘比應說利用陽尊陰卑說、陰陽感應說等分析諸爻之間關係，進而解釋卦爻象與卦爻辭吉凶悔吝之間的關聯。《象傳》以乘承必應說釋經主要是疏通卦辭，並未上升到體例的高度。王弼視之為釋經體例，將之推廣至疏通諸爻之辭，這就產生了這些體例的適用性問題，大量反例的存在降低了這些體例的權威性。比則是相鄰兩爻一陰一陽則取有比助之義。應則是取初與四、二與五、三與上之間的呼應關係。一陰一陽為有應，同陰同陽為無應。這四種體例之間常常相互矛盾，推至全經更是漏洞百出。因此，張載和程頤在釋經的過程中，有時沿用《易傳》和王弼《周易注》的說法，有時又自出新解。理學家都格外重視封建倫常，以柔乘剛為大逆不道。而剛在柔上，程頤則認為是「見卑順說應之義」。如程頤釋履卦曰：「不曰剛履柔而曰柔履剛者，剛乘柔，常理不足道。」〔註380〕張載認為乘剛不吉，當退反則吉。如釋《歸妹・象》曰：「三五皆乘剛，必退反乃吉」。〔註381〕程頤在釋經的過程中，《易傳》以乘剛解經處亦以乘剛解之，但常常自出新解。如釋《噬嗑・六二》有所謂「深至滅鼻者，乘剛故也。乘剛，乃用刑於剛強之人」〔註382〕。程頤所謂「乘剛，乃用刑於剛強之人」之義，顯然不合於原文之義。又如釋《屯・六二》曰：「六二居屯之時，而又乘剛，為剛陽所逼，是其患難也。」〔註383〕乘剛本義指陰凌駕陽之上，程頤以為乘剛有「為剛陽所逼」之義，自然不合《易傳》所謂乘剛之本義。程頤以承柔則凶：如釋《節・九二》曰：「處陰不正也，居說失剛也，承柔近邪也。節之道，當以剛中正。」〔註384〕陽承陰本為逆，但在程頤看來，九四承六五則為順，九四為近臣，六五為柔君。又於兩鄰陽爻之間，程頤亦

〔註380〕 《二程集・周易程氏傳》，第 749 頁。
〔註381〕 《張載集・橫渠易說》，第 161 頁。
〔註382〕 《二程集・周易程氏傳》，第 804 頁。
〔註383〕 《二程集・周易程氏傳》，第 716 頁。
〔註384〕 《二程集・周易程氏傳》，第 1007 頁。

言承。如釋《訟・九四》曰：「四以陽剛而居健體，不得中正，本為訟者也。承五履三而應初。」〔註385〕又張載以陽爻在陽爻上也算乘剛，如張載釋《恒・九三》曰：「進則犯上，退則乘剛。」〔註386〕總之，張載、程頤常常把「承」「乘」「比」「應」常常當做普通的文字使用，不像王弼那樣，將之視為固定的釋經的體例。

　　比之朋比之義為儒者所不貴。程頤釋經取陽比陰多為不善之私係，陰比陽則為陰從陽之義。比本取陰陽之間異類比助，張載和程頤都認為陰與陰、陽與陽也可同類比助。只是異類相比的釋例多一些。程頤有時，稱陽與陽、陰與陰也稱同德相比。如此爻爻之間都有比助之可能，是否取比助之義，既要看有無其他合適的釋經體例，又要看卦義所處的時勢。如張載釋《中孚・六三》所謂「得敵，或鼓或罷，或泣或歌」，曰：「處非所安，物之所惡。剛而乘之，柔不相比。進退之際，惟敵是求。不恒其德，莫非己致。」〔註387〕又如復卦初九爻一陽為眾陰親比，六二爻中正無應，切比於初九爻。程頤以為這是「克己復禮」的表現。在有些卦中，程頤認為正比、正應也存在不合道義的情況。如釋《遯・九三》曰：「三與二非正應，以昵比相親，非待君子之道。」〔註388〕又如釋《蹇・上六・象》曰：「上六應三而從五，志在內也。蹇既極而有助，是以碩而吉也。六以陰柔當蹇之極，密近剛陽中正之君，自然其志從附。」〔註389〕程頤之所以棄正應取近比，完全是為了疏通經文。程頤以陰陽正應為有夫妻之義，認為陰陽相比為以情私係。如釋《賁・初九》所謂「賁其趾，捨車而徒」，認為初爻「應四正也」，與二爻比「非正也」〔註390〕。然又不盡然，陰陽相比是否合道義，還要看具體在哪個卦中。如此，這些釋經體例便形同虛設。張載和程頤都認為多爻也可比一爻，如張載釋《震・九四》曰：「處眾陰之中，為眾附比」。〔註391〕如程頤釋《萃・九四》曰：「下比下體群陰，得下民之聚也。」〔註392〕這樣一來，每一爻都有比。可言吉，也可言

〔註385〕　《二程集・周易程氏傳》，第 731 頁。
〔註386〕　《張載集・橫渠易說》，第 128 頁。
〔註387〕　《張載集・橫渠易說》，第 172 頁。
〔註388〕　《二程集・周易程氏傳》，第 867～868 頁。
〔註389〕　《二程集・周易程氏傳》，第 900 頁。
〔註390〕　《二程集・周易程氏傳》，第 809 頁。
〔註391〕　《張載集・橫渠易說》，第 156 頁。
〔註392〕　《二程集・周易程氏傳》，第 933 頁。

凶。可言合道義，也可言不合道義。

《彖傳》常常以二爻、五爻之間是否陰陽呼應來釋卦辭吉凶之義。也以上下卦之間陰卦與陽卦相互之間有感應來釋經。王弼將應位說推廣至初爻與四爻、三爻與上爻之間釋諸爻之辭。張載以應位說釋經基本上沿用了《彖傳》、王弼《周易注》的體例。但是，張載並不把有應、無應與吉凶必然關聯。張載認為應乃陰陽之間的感應，感應的前提是以時相應、以正感應，才能獲得援應而吉。因此，張載區分正應、私應（私係、偏累），以正應吉而私係凶。同理，無應可以是無助而凶，也可以是無私累（私應）而吉。有時，張載認為本當相應之爻因有同類間隔而應不成。如釋《同人・上九》曰：「二與五應而為他間，已直人曲，望之必深，故號咷也。」〔註393〕這和王弼釋經不同。王弼釋經遇見有應而凶，就不提有應，而是選用其他體例釋經。張載面對有應而凶，則是繼續追問何以有應而凶。程頤也不侷限於王弼給應位說立的規矩。為了疏通經文，可以隨時改變這些體例的習慣用法。有應而吉，無應而凶，與王弼應位說無異。如釋《屯・六四》曰：「若能求賢以自輔，則可濟矣。初陽剛之賢，乃是正應，己之婚媾也。」〔註394〕釋《屯・六三》曰：「既不足以自濟，又無應援」。〔註395〕如有正應而不吉，王弼的做法是不提正應，直接以其他體例釋經。程頤則常常會說明正應何以不吉，而原因常常是昵比等。本有正應而爻辭卻凶，程頤則捨正應而取比。如釋《蒙・六三》曰：「正應在上，不能遠從；近見九二，為群蒙所歸」。〔註396〕程頤認為卦時不同，故取義有異。如釋《否・初六》曰：「否之時，在下者君子也。否之三陰，上皆有應。在否隔之時，隔絕不相通，故無應義。」〔註397〕釋《同人・六二・象》曰：「諸卦以中正相應為善，而在同人則為可吝，故五不取君義，蓋私比非人君之道，相同以私為可吝也。」〔註398〕面對無正應而有吉，張載、程頤都認為這是無私係，無偏私。如釋《同人・初九》曰：「九居同人之初，而無係應，是無偏私」。〔註399〕程頤以為陽爻之間可以同德相應。如釋《豐・九四》所謂

〔註393〕 《張載集・橫渠易說》，第 97 頁。
〔註394〕 《二程集・周易程氏傳》，第 717 頁。
〔註395〕 《二程集・周易程氏傳》，第 717～717 頁。
〔註396〕 《二程集・周易程氏傳》，第 721 頁。
〔註397〕 《二程集・周易程氏傳》，第 760 頁。
〔註398〕 《二程集・周易程氏傳》，第 765 頁。
〔註399〕 《二程集・周易程氏傳》，第 765 頁。

曰：「初、四皆陽而居初，是其德同……同德相輔，其助豈小也哉！故吉也。」
〔註400〕於陰爻之間，則稱「以位相應」「以類相從」等。程頤這是不以陰柔為
德。如釋《萃·六三》曰：「三與上雖非陰陽正應，然萃之時，以類相從。」
〔註401〕張載、程頤認為，在一陰五陽或一陽五陰卦中，一爻可應眾爻。如程
頤釋大有卦云：「一柔居尊，眾陽並應……上下應之，為大有之義。」〔註402〕

　　《橫渠易說》對經文的解釋比較簡單，涉及到的釋經體例較少。《周易程
氏傳》則是程頤畢生治易的結晶，文字足而義理精。其釋經體例還有卦才說、
陰陽消長說以及隨時取義說等等。《周易》經傳所謂卦象主要指八卦所象徵的
物象，如兌卦象徵澤、少女、羊等。後世學者常常將卦爻畫也稱為卦象。而張
載和程頤以材（才）、質稱卦象，有別於《周易》經傳八卦象徵之物象。張載
曾釋《繫辭》「象者，言乎象者也」曰：「象，謂一卦之質」〔註403〕。程頤釋
經明確提出卦才說。在程頤看來，卦體、卦才是至著之象，卦德、卦義是至微
之理。觀卦之體、象、才，可得卦義。卦才常用來分析成卦之由、成卦之義、
成卦之主等。程頤所謂才，即材，指卦畫。有什麼樣的材質，就有什麼樣的才
能，再配合卦爻所處的時機、形勢就可以來解釋吉凶悔吝，揭示卦爻辭所蘊
含的義理。程頤所謂卦德，指元亨利貞，也指卦之剛明、中正等。所謂爻之
德，也指爻之剛明、中正等。

　　程頤「取消長之義」的成卦說與漢儒卦氣說之十二消息卦說並無實質的
區別。卦氣說是用卦爻符號符示節氣，並以此推論陰陽災異、治道得失。而
陰陽爻有規律的排列與陰陽二氣消息盈虛形式類似，以此釋經具有很大合理
性。程頤從未提及卦氣說，曾以陰陽消長之義釋《剝·上九》曰：「聖人發明
此理，以見陽與君子之道不可亡也。或曰：剝盡則為純坤，豈復有陽乎？曰：
以卦配月，則坤當十月。以氣消息言，則陽剝為坤，陽來為復，陽未嘗盡也，
剝盡於上，則復生於下矣。故十月謂之陽月，恐疑其無陽矣。」〔註404〕所謂
「以卦配月」實質上就是十二消息卦說。張載雖然沒有明確用十二消息卦說
釋經，但是非常重視《周易》經傳的陰陽消長之義。如釋《剝·彖》「順而止
之，觀象也。君子尚消息盈虛，天行也」曰：「處剝之時，順上以觀天理之消

〔註400〕《二程集·周易程氏傳》，第987頁。
〔註401〕《二程集·周易程氏傳》，第933頁。
〔註402〕《二程集·周易程氏傳》，第768頁。
〔註403〕《張載集·橫渠易說》，第180頁。
〔註404〕《二程集·周易程氏傳》，第816頁。

息盈虛。」〔註405〕《橫渠易說》釋咸卦九三爻時曾言：「天地之道，惟有日月寒暑之往來，屈伸動靜兩端而已。在我精義入神以致用，則細碎皆不能出其間。」〔註406〕張載以陰陽消長、寒暑往來為天地之道、天地之理，認為其實質不過是屈伸動靜兩端而已。人能效法陰陽消息之道，則可精義入神。又如，《橫渠易說》載：「君子無所爭，知幾於屈信之感而已。精義入神，交信於不爭之地，順莫甚焉，利莫大焉。」〔註407〕又《正蒙·大易篇》載：「惟君子為能與時消息，順性命、躬天德而誠行之也。精義時措，故能保合太和，健利且貞，孟子所謂始終條理、集大成於聖智者與！」〔註408〕可見，在張載看來，與時消息、精義時措對於成就聖人境界具有重要意義。

隨時取義的釋經原則正是由《周易》一書性質決定地，程氏《易傳序》云：「易，變易也，隨時變易以從道」。程頤認為，每卦所符示的宇宙大化流行中的形勢不同，六爻象徵的社會角色也不同，從初爻至上爻分別符示上下、內外、始終，卦爻辭之吉凶悔吝自然不同。諸如三才說、剛柔說、二體說、卦才說、乘承比應說，取象說、取義說等等不可能放之四海而皆準。因此，程頤在釋經的過程中，總是靈活運用、打破藩籬，較為合理地彌縫了各種釋經體例的侷限性。與漢易把卦爻辭中文字都牽強附會成物象類似，而程頤有把卦爻辭中文字都牽強附會成時義的傾向。以時義為核心，把時、事、才、位、勢結合起來疏通經文，是程頤隨時取義說的釋經理路。如程頤分別從革之才、革之時、革之勢、革之任、革之志、革之用、革之當共七方面論述了九四爻之所謂「革之盛」。釋既濟卦六二爻，竟然用到多種時勢，總結出一連串義理。程頤認為既濟之時就是大功已成之時，相當於開國皇帝已得天下而不復進取，賢才失用武之地。程頤理想的君臣之關係是六二爻、九五爻的搭配組合。然而處既濟之時，「則剛中反為中滿」致使上下相戾。所謂「過時則行」「時變」「必行於異時」，無不是以時為核心疏通經文。張載雖然沒有明確以隨時之義釋經，對於隨時之義還是非常重視的。如《正蒙·誠明篇》載：「『在帝左右』，察天理而左右也，天理者時義而已。君子教人，舉天理以示之而已；其行己也，述天理而時措之也。」〔註409〕這是以時義為天理的內涵。《張子語錄》記

〔註405〕 《張載集·橫渠易說》，第 111 頁。
〔註406〕 《張載集·橫渠易說》，第 126 頁。
〔註407〕 《張載集·橫渠易說》，第 220 頁。
〔註408〕 《張載集·正蒙》，第 51 頁。
〔註409〕 《張載集·正蒙》，第 23～24 頁。

其言曰：「『聖之時』，當其可之謂時，取時中也。可以行可以止，此出處之時
也，至於言語動作皆有時也。」〔註410〕所謂「聖之時」是孟子讚歎孔子聖之
集大成者的內涵。

　　除了釋易體例，張載和程頤對於《周易》經傳中一些重要術語的解釋也
有同有異。例如，張載釋乾卦德「元亨利貞」曰：「天下〔之〕理得，元也；
會而通，亨也；說諸心，利也；一天下之動，貞也。貞者，專靜也。」〔註411〕
元亨利貞是卦之四德，《易傳》常常以正釋貞。如《師・彖》釋師卦卦辭「師，
貞，丈人吉，无咎」曰：「師，眾也。貞，正也。能以眾正，可以王矣。」張
載釋貞為專靜，與《乾・文言》「貞固足以幹事」之以「貞固」釋貞具有相近
之處。程頤常常釋貞為「貞固守之」「貞固」「貞固之守」「貞固其守」「守貞
固」等。如程頤釋《臨・初九》「咸臨，貞吉」，曾說：「凡言貞吉，有既正且
吉者，有得正則吉者，有貞固守之則吉者，各隨其事也。」〔註412〕張載和程
頤釋貞為專靜、固守，較之《易傳》單純以正釋貞具有很大的合理性。比較合
理地解決了《周易》古經中「貞凶」「不可貞」「貞厲」等含義問題。而「貞
凶」「不可貞」「貞厲」分別可以解釋為靜守則凶、不可固守、固守有危險。

　　又如，吉凶悔吝是卦爻辭常用的驗辭。另外還有言、咎等。其中所謂言
是在下位之人抱怨在上位之人。咎則與之相反，是在上位之人責怪在下位之
人。王弼和程頤都在「无咎」之無過錯含義之外，又立無可歸咎之含義。如王
弼釋《節・六三》「不節若，則嗟若，无咎」，曰：「若，辭也。以陰處陽，以
柔乘剛，違節之道，以至哀嗟。自己所致，（無）所怨咎，故曰『无咎』也。」
〔註413〕而張載認為沒有必要立「無所怨咎」之義。《橫渠易說》釋節卦六三
爻時曾說：「王弼於此无咎又別立一例，只舊例亦可推行，但能嗟其不節有過
之心則亦无咎也。」〔註414〕程頤釋《大過・上六》「過涉滅頂，凶，无咎」，
曾說：「小人狂躁以自禍，蓋其宜也，復將何尤，故曰无咎。言自為之，無所
怨咎也。」〔註415〕又釋《大過・上六・象》「過涉之凶，不可咎也」，曰：「過

〔註410〕《張載集・張子語錄》，第 309 頁。
〔註411〕《張載集・橫渠易說》，第 69 頁。
〔註412〕《二程集・周易程氏傳》，第 795 頁。
〔註413〕〔魏〕王弼著，樓宇烈校釋：《王弼集校釋》，北京：中華書局，1980 年：第
　　　　 513 頁。
〔註414〕《張載集・橫渠易說》，第 170 頁。
〔註415〕《二程集・周易程氏傳》，第 843 頁。

涉至溺，乃自為之，不可以有咎也。言無所怨咎。」〔註416〕釋《困·九二》所謂「征凶无咎」曰：「征凶无咎，方困之時，若不至誠安處以俟命，往而求之，則犯難得凶，乃自取也，將誰咎乎。不度時而徵，乃不安其所，為困所動也。施剛中之德，自取凶悔，何所怨咎。」〔註417〕

《周易》古經所謂「先甲三日，後甲三日」「先庚三日，後庚三日」，後世學者解讀可謂眾說紛紜。張載釋《蠱·彖》「『先甲三日，後甲三日』，終則有始，天行也」，曰：

> 「後甲三日」，成前事之終；「先甲三日」，善後事之始也。剛上柔下，故可為之唱，是故先甲三日以躅其法，後甲三日以重其初，明終而復始，通變不窮也。至於巽之九五，以其上下皆柔，故必无初有終，是故先庚後庚，不為物首也。於甲取應物而動，順乎民心也。〔註418〕

張載以蠱卦之時「可為之唱」，釋「先甲三日，後甲三日」為「明終而復始，通變不窮」。以巽卦之時，當「不為物首」，釋「先庚三日，後庚三日」為「讓始存終」。而古經中所謂「先甲三日，後甲三日」「先庚三日，後庚三日」具體含義不得而知。推測「先甲三日，後甲三日」指一旬之中辛、壬、癸、甲、乙、丙、丁七日。象徵陽氣從始生到旺盛，農作物等從種子發芽經禾苗至壯碩。「先庚三日，後庚三日」指一旬之中的丁、戊、己、庚、辛、壬、癸七日。象徵陰氣從始生到旺盛，農作物從成熟結果經枝葉枯落至種子落地。《蠱·彖》所謂「終則有始，天行也」，大概是強調不吉利的後果是有前因的。而《巽·九五·象》所謂「无初有終」，大概是說並非所有吉利的結果都是有前因的。張載釋《巽·九五》「先庚三日，後庚三日」曰：

> 「先庚三日」，讓始也；「後庚三日」，存終也。雖體陽居尊，無應於下，故不可為事之唱乃吉。不著於繇辭者，巽非憂患之時故也。〔註419〕

程頤釋蠱卦辭「先甲三日，後甲三日」，曰：

> 甲，數之首，事之始也……治蠱之道，當思慮其先後三日，蓋

〔註416〕《二程集·周易程氏傳》，第843頁。
〔註417〕《二程集·周易程氏傳》，第943頁。
〔註418〕《張載集·橫渠易說》，第104頁。
〔註419〕《張載集·橫渠易說》，第167頁。

推原先後，為救弊可久之道。先甲謂先於此，究其所以然也。後甲謂後於此，慮其將然也。……甲者事之首，庚者變更之首。制作政教之類則云甲，舉其首也。發號施令之事則云庚，庚猶更也，有所更變也。〔註420〕

又程頤釋《巽·九五》「貞吉，悔亡，无不利。无初有終。先庚三日，後庚三日，吉」曰：

……先庚三日，後庚三日，吉：出命更改之道，當如是也。甲者事之端也，庚者變更之始也。十干，戊己為中，過中則變，故謂之庚，事之改，更當原始要終，如先甲後甲之義，如是則吉也。解在蠱卦。〔註421〕

可見，張載和程頤都以明終始通變、原始要終之義釋先甲後甲、先庚後庚。認為治蠱亂當重其初萌，施令當存其始終。

張載和程頤釋《周易》古經「七日來復」「至八月有凶」有相同之處。《橫渠易說》釋《復·彖》所謂「『七日來復』，天行也」，曾說：

自姤而剝，至於上九，其數六也。剝之與復，不可容線，須臾不復，則乾坤之道息也，故適盡即生，更無先後之次也。此義最大。臨卦「至於八月有凶」，此言「七日來復」，何也？剛長之時，豫戒以陰長之事，故言「至於八月有凶」；若復則不可須臾斷，故言「七日」。七日者，晝夜相繼，元無斷續之時也。〔註422〕

程頤釋復卦卦辭「反復其道，七日來復，利有攸往」曰：

謂消長之道，反覆迭至。陽之消，至七日而來復。姤，陽之始消也，七變而成復，故云七日，謂七更也。臨云「八月有凶」，謂陽長至於陰長，歷八月也。陽進則陰退，君子道長，小人道消，故利有攸往也。〔註423〕

張載以「自姤而剝」「其數六也」，又經「剝之與復」，釋七日。程頤則以「姤，陽之始消也，七變而成復」釋七日。兩人的觀點完全相同。張載強調陰陽消息「不可容線」，程頤則云「反覆迭至」「消長相因」，含義也基本一樣。

〔註420〕《二程集·周易程氏傳》，第799頁。
〔註421〕《二程集·周易程氏傳》，第996頁。
〔註422〕《張載集·橫渠易說》，第113頁。
〔註423〕《二程集·周易程氏傳》，第818頁。

張載釋《復·彖》所謂「復其見天地之心」時，曾說：

> 大抵言「天地之心」者，天地之大德曰生，則以生物為本者，乃天地之心也。地雷見天地之心者，天地之心惟是生物，天地之大德曰生也。雷復於地中，卻是生物。《彖》曰：「終則有始，天行也。」天行何嘗有息？正以靜，有何期程？此動是靜中之動，靜中之動，動而不窮，又有甚首尾起滅？自有天地以來以迄于今，蓋為靜而動。天則無心無為，無所主宰，恒然如此，有何休歇？人之德性亦與此合，乃是己有，苟心中造作安排而靜，則安能久！然必從此去，蓋靜者進德之基也。〔註424〕

程頤釋《復·彖》所謂「復其見天地之心」時，曾說：

> 消長相因，天之理也，陽剛君子之道長，故利有攸往，一陽復於下，乃天地生物之心也。先儒皆以靜為見天地之心，蓋不知動之端乃天地之心也，非知道者孰能識之。〔註425〕

顯然，張載和程頤都以天地生物之生釋天地之心，這個心顯然是動而非靜。張載強調「此動是靜中之動，靜中之動，動而不窮」，無首尾起滅。人當效法天地之道、天地之心而德性與天地合，人為追求心靜不能長久。程頤以「動之端乃天地之心」，感歎「非知道者孰能識之」。

〔註424〕《張載集·橫渠易說》，第113頁。
〔註425〕《二程集·周易程氏傳》，第819頁。

第四章　張載與程頤的易學思想比較

第一節　概述

儒家《易傳》三才說與道家《老子》四大說，可以說代表了中國古代哲學思想的兩大思維模式。前者主要基於感官經驗追問天地萬物的根源，從而形成了宇宙生成論。後者主要基於概念思辨探討天地萬物成毀背後的終極原則，從而形成了宇宙本體論。後世思想家或基於個性傾向或基於後天經驗和知識，在詮釋先秦經典時，對這兩種模式有所繼承和改造，從而成為各自構築思想體系的基本理論路徑。張載和程頤易學思想的根本差異就在於二者的思想淵源分別與這兩種不同的思維模式相關。

三才說與天文學假說蓋天說密切相關。從先秦文獻來看，「天圓地方」的觀念可追溯到西周時期，抑或更早。在這一觀念中，太極化生天地之後，天地成為天人一體系統的外在環境，人和萬物的生命來自天地，生命的過程受天地支配。殷周之際的商高曾言：「方屬地，圓屬天，天圓地方」。〔註1〕《大戴禮記曾子·天員》載：

> 單居離問曾子曰：「天員而地方，誠有之乎？」曾子曰：「如誠
> 天員而地方，則是四角之不揜也。參嘗聞之夫子曰：『天道曰員，地
> 道曰方』」〔註2〕。

〔註1〕〔漢〕趙君卿注，〔北周〕甄鸞重述：《周髀算經》（上海圖書館藏宋嘉定六年本影印），北京：文物出版社，1980 年：第 10 頁。

〔註2〕〔清〕王聘珍：《大戴禮記解詁》，王文錦點校，北京：中華書局，1991 年：

可見，在孔子時代人們已經對天圓地方之觀念就產生了懷疑。這才有孔子不以天圓地方為天地之形象，而以天圓地方為言天地之道。類似的說法又見《呂氏春秋‧季春》。《呂氏春秋‧季春紀第三》云：「天道圓，地道方。聖王法之，所以立上下。何以說天道之圓也？精氣一上一下，圓周複雜，無所稽留，故曰天道圓。何以說地道之方也？萬物殊類殊形，皆有分職，不能相為，故曰地道方。」〔註3〕三才說始見《尚書》。《尚書‧周書‧泰誓》曾以天地之於萬物比附父母之生育子女，並以人為萬物之靈長。〔註4〕《尚書‧虞書‧大禹謨》載：「地平天成，六府三事允治。」這正是從三才說的角度講協理天地萬物，達到人與外在世界的和諧共存。〔註5〕在三才說的視域中，尊崇天地、長養萬物是人類的先天使命。春秋戰國時期，三才說的思維模式日益成熟。《遺周書‧大武解》載：「四攻者，一攻天時，二攻地宜，三攻人德，四攻行利。」〔註6〕《禮記》在論述禮制的終極根據也以三才說為基礎。《禮記‧三年問》載：「上取象於天，下取法於地，中取則於人。人之所以群居和壹之理盡矣。」〔註7〕

「三才」一詞首見於《繫辭傳》。《易傳》三才之道說集中闡述了天地人三者之間的區別和聯繫，這正是儒家倫理觀念的形上根據。《繫辭傳》認為「《易》之為書也，廣大悉備」，涵括了天地人三才之道。至於三才之道的內涵，《繫辭傳》又曰：「有天道焉，有人道焉，有地道焉」。而涵括三才之道的形式就是三畫之八卦和六畫之六十四別卦。八經卦以三爻符示天地人。六爻之別卦則是「兼三才而兩之，故六」的結果。〔註8〕《易傳‧說卦》認為聖人

第98頁。依據曾子的話，孔子曾言天道、地道。即便子貢不曾聞夫子言性與天道，不代表其他弟子不曾聞夫子言性與天道。

〔註3〕 參見許維遹撰，梁運華：《呂氏春秋集釋》，北京：中華書局，2009年：第78～79頁。

〔註4〕 《尚書‧周書‧泰誓》載：「王曰：『嗟！我友邦冢君，越我御事庶士，明聽誓。惟天地萬物父母，惟人萬物之靈。』」參見〔清〕阮元校刻：《十三經注疏‧尚書正義》，北京：中華書局，1980年：第180頁。

〔註5〕 《尚書‧虞書‧大禹謨》載：「帝曰：『俞！地平天成，六府三事允治，萬世永賴，時乃功。』」參見〔清〕阮元校刻：《十三經注疏‧尚書正義》，北京：中華書局，1980年：第135頁。

〔註6〕 黃懷信、張懋鎔、田旭東：《遺周書彙校集注》，上海：上海古籍出版社，1995年：第119頁。

〔註7〕 〔清〕阮元校刻：《十三經注疏‧禮記正義》，北京：中華書局，1980年：第1663頁。

〔註8〕 《易傳‧繫辭》云：「《易》之為書也，廣大悉備，有天道焉，有人道焉，有地道焉。兼三才而兩之，故六。六者非它也，三才之道也。」參見〔清〕阮元

作易的宗旨是「窮理盡性以至於命」。即通過「生蓍」「倚數」「立卦」「生爻」等，順道理義以致完成生命的終極價值。〔註9〕對於三才之道的內涵，《說卦》認為天道、地道、人道分別以陰陽、剛柔、仁義為內涵。其中仁義為「性命之理」。聖人以人之仁義效法天之陰陽、地之剛柔，就是「順性命之理」。〔註10〕這就是《易傳》所謂神道設教。顯然，《易傳》作者認為《易經》是關於天道性命的經典。

　　《易傳》認為三畫的八純卦取象三才，上中下三爻分別象徵天、地、人。這裡的人是萬物的代表，非僅指人類。《周禮·春官宗伯》載太卜掌《連山》《歸藏》《周易》「三易之法」，而「三易」各有八個「經卦」，六十四個「別卦」。〔註11〕至於六畫卦的別卦，《易傳》認為是「兼三才而兩之」的結果。孔疏則認為「八卦小成」而「陰陽未備」，故而重三爻為六爻。《周易正義》孔穎達疏認為，這樣做是為了引入陰陽的概念。可以使得六爻卦法象三才之道就更加完備。〔註12〕至於別卦六爻與三才的對應關係，後人的觀點可以歸結為兩種。第一種觀點以朱熹等人為代表。例如，朱熹認為初二、三四、五上分別對應地、人、天。〔註13〕第二種觀點以陸績、尚秉和等人為代表。例如，尚秉和認為初四、二五、三上分別代表地、人、天。〔註14〕中國先民認為天地合氣化育萬物。《易經》六十四卦的卦序正是對這一過程的模擬。乾卦六爻

　　　　校刻：《十三經注疏·周易正義》，北京：中華書局，1980年：第90頁。

〔註9〕　《易傳·說卦》云：「昔者聖人之作易也，幽贊於神明而生蓍，參天兩地而倚數，觀變於陰陽而立卦，發揮於剛柔而生爻，和順於道德而理於義，窮理盡性以至於命。」

〔註10〕　《說卦》又云：「昔者聖人之作易也，將以順性命之理。是以立天之道曰陰與陽，立地之道曰柔與剛，立人之道曰仁與義。」

〔註11〕　《周易正義》載：「正義曰：八卦小成，但有三畫。於三才之道，陰陽未備，所以重三為六，然後周盡，故云『昔者聖人之畫卦作《易》也，將以順性命之理』者，本意將此易卦，以順從天地生成萬物性命之理也。其天地生成萬物之理，須在陰陽必備。是以造化闢設之時，其立天之道，有二種之氣，曰成物之陰與施生之陽也。其立地之道，有二種之形，曰順承之柔與特載之剛也。」參見劉玉建：《〈周易正義〉導讀》，齊魯書社，2005年：第433頁。

〔註12〕　〔清〕阮元校刻：《十三經注疏·周易正義》北京：中華書局，1980年：第93～94頁。

〔註13〕　朱熹《周易本義》釋《繫辭傳》「六爻之動，三極之道也」曰：「六爻，初二為地，三四為人，五上為天。」參見蕭漢明著：《〈周易本義〉導讀》，濟南：齊魯書社，2003年：第229頁。

〔註14〕　尚秉和認為，「下極」即「地極」，「中極」即「人極」，「上極」即「天極」。參見尚秉和著：《周易尚氏學》，北京：中華書局，1983年：第189頁。

為純七、九之奇數，坤卦六爻為純八、六之偶數。《易傳》認為純陽象天而純陰象地。乾坤六爻相雜而生其他六十二卦，故其他六十二卦六爻則陰陽交錯。《繫辭傳》敘述了演數成卦的過程，這正是對混沌初開兩分為天地、天地合氣而生萬物這一過程的模擬。即《繫辭傳》所謂以不用之一象徵天地混沌未分之太極。以一分二，象徵太極生天地之兩儀。以分二又掛一，象徵天地人三才。以揲以四，象徵四時順布。接著是「歸奇於扐以象閏」。最後以「萬有一千五百二十策」象徵萬物之數。〔註15〕《易傳・序卦傳》則直接描述了這一過程。即所謂「有天地，然後萬物生焉」，繼而「屯者，物之始生也」，繼而有萬物，然後有男女、夫婦、父子、君臣及其等級禮義的有序排列。並且終以未濟卦，以示「物不可窮也」。

三才說是對世界的直觀描述，其中天地人三者的地位和作用既有聯繫又有區別，即《易傳》所謂三才之道。依據三才中天地人的不同地位和作用，地道之剛柔順承天道之陰陽，人道之仁義正是對天地陰陽、剛柔之道的效法。顯然，天地之道對於人道具有超越義、主宰義。

《易傳》對三才之道的論述可以歸結為以下幾點：首先，天、地在生化萬物的過程中的地位和作用不同。《易傳》認為這正是人間貴賤、主從關係的終極依據。即《繫辭傳》所謂「天尊地卑」，貴賤定位。君臣、夫婦、父子、兄弟之間的尊卑貴賤關係是源自先天的秩序。天地尊卑有別源於各自在生成萬物時不同的作用。即《繫辭傳》認為，萬物乃乾始坤成。具體而言，為「乾道成男，坤道成女」。《乾・彖》贊乾元曰：「大哉！萬物資始」。《坤・彖》贊坤元曰：「至哉，萬物資生」。天主地從的關係也是人倫關係的先天依據。具體來說則是男法天、法陽，女法地、法陰；君與父法天、法陽，臣與子法地、法陰。

其次，在三才中和天地並立的是人，而不是萬物。這是強調人的能動性。《易傳》以天地生物、成物之生生不息為德，而人稟天地最秀之氣，能帥萬物參贊天地之化育，以完成長養萬物的使命。這個意義上，人可謂天地之心。《禮記・禮運》載：

〔註15〕《繫辭傳》曰：「大衍之數五十，其用四十有九，分而為二以象兩，掛一以象三，揲之以四以象四時，歸奇於扐以象閏；五歲再閏，故再扐而後卦。……乾之策，二百一十有六；坤之策，百四十有四，凡三百有六十，當其之日。二篇之策，萬有一千五百二十，當萬物之數也。」

故人者，其天地之德、陰陽之交、鬼神之會、五行之秀氣也。故天秉陽，垂日星；地秉陰，竅於山川。播五行於四時，和而後月生也。是以三五而盈，三五而闕。五行之動，迭相竭也，五行、四時、十二月，還相為本也；五聲、六律、十二管，還相為宮也；五味、六和、十二食，還相為質也；五色、六章、十二衣，還相為質也。故人者，天地之心也，五行之端也，食味、別聲、被色而生者也。〔註16〕

這是說，人秉天地之秀氣而生，當以天地生物之的德為仁，以天地成物之德為誠，制律曆以象四時五行，制禮儀以「食味、別聲、被色」。當然，在《易傳》作者看來，人的資質是不均衡的。只有那些負載有天命的聖人，才能依天地之道而神道設教，帶領眾人完成人類的使命。正如《繫辭傳》所謂聖人「冒天下之道」以「通天下之志」，最終達到「開物成務」「定天下之業」。當然，這也離不開聖人則天生之神物、效天地之變化的揲蓍成卦、決疑占測之術。

至於聖人「成能」的途徑，《繫辭傳》認為聖人通過得天地之命而為德，有大寶之位而王，以仁守位而以財聚人，以理財、正辭、禁民非義為政。顯然，這裡所謂聖人，不僅是能夠認識天地之道，帶領眾人參贊天地、化育萬物的王，還是能夠成就君子之德、賢人之業，乃至「窮理盡性以至於命」的道德楷模。

《易傳》開啟的天人之學也為儒家後學所繼承。《左傳·成公十三年》有所謂命源自「民受天地之中以生」，從而聖人效法天地而「有動作、禮義、威儀之則」。人間的尊卑等級，乃至貴賤壽夭都是先天而來之「定命」。故君子致敬以勤禮，小人敦篤以盡力，養神守業而成就人之使命。〔註17〕顯然，因為「民受天地之中以生」，所以決定禍福夭壽的『定命』源自天地。人間的禮制也源自天地之「定命」。並且將「君子勤禮」「小人盡力」的路徑規定為：君子「養神」以「致敬」，「致敬」以「勤禮」；小人「守業」以「敦篤」，「敦篤」

〔註16〕〔清〕阮元校刻：《十三經注疏·禮記正義》，北京：中華書局，1980年：第1423～1424頁。

〔註17〕《左傳·成公十三年》載：「劉子曰：『吾聞之，民受天地之中以生，所謂命也。是以有動作禮義威儀之則，以定命也。能者養以之福，不能者敗以取禍。是故君子勤禮，小人盡力。勤禮莫如致敬，盡力莫如敦篤。敬在養神，篤在守業……』」參見〔清〕阮元校刻：《十三經注疏·春秋左傳正義》，北京：中華書局，1980年：第1911頁。

以「盡力」。這與《中庸》關於人生哲學的論述相似。《中庸》則從道德修養角度論述天道性命之間的關係，即通過「率性」「修道」之教來完成人的使命。〔註 18〕這一觀點為孟子所發揮。《孟子・盡心上》認為，君子修身當盡心以知性，知性而知天，存心養性以事天。至於天命，則夭壽不貳，修身以俟。〔註 19〕然而，與《周易》《尚書》《禮記》等早期儒家文獻重視天道不同，孟子更重視人道，更強調人的主觀能動性。孟子所謂「天時不如地利」，已經不同於《易傳》。而所謂「地利不如人和」，則是戰國時期士人進取精神的體現。〔註 20〕

《易傳》天地人三才之道說集中論證了儒家世界觀、社會觀、人生觀，是先秦時期學者基於當時的自然觀的產物。秦漢之際，陰陽說代替剛柔說，並與五行說合流。陰陽五行說是當時最為流行的自然哲學。儒家學者用之改造三才說，使得三才說建立在氣一元論之上。陽尊陰卑、陽動陰靜、陽主陰從、陽德陰刑、陽為性為善而陰為情為惡等，代替了天上地下、天尊地卑成為儒家倫理綱常的合法性依據。

三才說的言說模式也為儒家以外其他學派學者所襲用。例如，《管子》以時、財、力分別為天、地、人之「權」。〔註 21〕從而認為執政施治關鍵在於考究「天祥」「地宜」「人心」〔註 22〕。長沙馬王堆漢墓出土帛書《經法》明確地把天地人相參稱為「王天下之道」〔註 23〕和治國者之「前道」〔註 24〕。類

〔註 18〕〔清〕阮元校刻：《十三經注疏・禮記正義》，北京：中華書局，1980 年：第1625 頁。

〔註 19〕〔清〕阮元校刻：《十三經注疏・孟子注疏》，北京：中華書局，1980 年：第2764 頁。

〔註 20〕〔清〕阮元校刻：《十三經注疏・孟子注疏》，北京：中華書局，1980 年：第2693 頁。

〔註 21〕《管子・山權數》有所謂「天以時為權，地以財為權，人以力為權」之語。參見黎翔鳳撰，梁運華整理：《管子校注》，北京：中華書局，2004 年：第 1300 頁。

〔註 22〕管子論執政施治之要曰：「上度之天祥，下度之地宜，中度之人順。」參見黎翔鳳撰，梁運華整理：《管子校注》，北京：中華書局，2004 年：第 199 頁。

〔註 23〕其中《大（六）分》云：「王天下之道，有天焉，有人焉，又（有）地焉。參（三）者參用之。」參見馬王堆漢墓帛書整理小組編：《馬王堆漢墓帛書・經法》，北京：文物出版社，1976 年：第 17 頁。

〔註 24〕《十大經・前道》云：「治國者固有前道，上知天時，下知地利，中知人事。」參見馬王堆漢墓帛書整理小組編：《馬王堆漢墓帛書・經法》，北京：文物出版社，1976 年：第 80 頁。

似的說法又見《國語·越語下》。范蠡以「持盈」「定傾」「節事」論效法天地，收攬人心。以盈盛不溢而勞功不矜，隨時以行而守時不作為聖人品行。〔註25〕

　　率先對三才說實現突破的是道家。儘管孔子晚於老子，但是作為教育家的孔子，繼承了傳統的天命觀、價值觀，以克己復禮為宗旨，思想比較保守。其思想體系並未突破傳統的三才說。而老子吸收了當時已經流行的陰陽辯證說，總結了周代由盛而衰的歷史教訓，率先對傳統思想和思維模式實現了突破。《老子》載：

　　　　　故道大，天大，地大，人亦大。域中有四大，而人居其一焉。

　　　人法地，地法天，天法道，道法自然。〔註26〕

《老子》所謂「四大」，就是三才再加上被老子實體化、不再附屬於天地人三才的、獨立而主宰三才的「道」。與《易傳》言道相比，老子所謂道，更具抽象性、思辨性，內涵從分散走向統一，類似於精神實體。三才天地人是物質實體，是有形象的〔註27〕，是有。老子所謂道是無形象的，是無。老子所謂道生天地，是繼承了《易傳》太極的本源性。而天地萬物當效法道之自然說，使得道繼承了天對於萬物的超越性、主宰性，使得道繼承了天道之自然。顯然，《易傳》的三才說更加古樸，是基於人的感官經驗的總結。因此，老子四大說可能是受到《易傳》三才之道說和太極說的啟發和影響，是抽象思辨的結果。

　　首先，老子關於道的描述，依然存在著《易傳》中太極說的影子。《易傳》認為太極先天地而混沌為一，天地為太極所生，萬物為天地所生。從八卦形成的角度看，即是太極—兩儀—四象—八卦之一分為二的過程。從以揲蓍成卦過程效法宇宙生成過程看，即是一而二，二而三，三而四乃至萬的宇宙衍

〔註25〕《國語·越語下》載：「持盈者與天，定傾者與人，節事者與地。王不問，蠡不敢言。天道盈而不溢，盛而不驕，勞而不矜其功。夫聖人隨時以行，是謂守時。天時不作，弗為人客；人事不起，弗為之始。今君王未盈而溢，未盛而驕，不勞而矜其功，天時不作而先為人客，人事不起而創為之始，此逆於天而不和於人。」參見徐元誥：《國語集解》，王樹民、沈長雲點校，北京：中華書局，2002年：第575～576頁。

〔註26〕〔魏〕王弼著，樓宇烈校釋：《王弼集·老子道德經注校釋》，北京：中華書局，2008年：第64頁。

〔註27〕天及其附屬都是無形可見的象，地及其附屬都是有形有質的物。天恒動而有其道，即有其運行規律。地恒靜而生器物，而有方體。天地合和生成萬物，植物類地而能動性最差，飛禽類天而能動性最好，走獸的能動性則處在植物和飛禽之間。

生之數字化顯示。顯然，老子所謂「一生二，二生三，三生萬物」，是道一生天地之二，天地之二合氣生人為三，有天地人三才則化育萬物。這可能與古人以揲蓍成卦符示太極化生萬物有關，是太極化生萬物過程的約化。這樣《易傳》所謂太極生天地萬物說就演變成為道家所謂道生萬物說。《老子》所言「名天地之始」之「無」相當於《易傳》所謂太極。太極在天地之前，而天地是有。如果生天地之「物」依然是「有」，那麼有生有就沒有盡頭。而太極一詞的含義即意味著「盡頭」。那麼道家以太極為無，也就在情理之中了。所言「名萬物之母」之「有」相當於天地，正如天地生萬物。無生有，就是道生天地，故道為天地之母。而天地顯然是有而非無。《易傳》所謂太極除了「始」之外無任何內涵，至漢儒才以元氣釋太極。元也是始之義，元氣即原初之氣。太極始有「氣」的內涵。《老子》所謂「有」，相當於《易傳》所謂天地，天地有形體而可見，已經不是無內涵的太極了。顯然，《老子》所謂道有著《易傳》太極的影子，與後世學者以元氣釋太極是不同的。

其次，老子論道依然存在著《易傳》論三才之道的痕跡。《易傳》有所謂三才，而三才各有其道。三才之道主宰著三才之運化。而三才之道都以「道」名，道就了有統一的內涵。三才天地人都是有形體的實物。將道實體化，使其獨立於三才之外並主宰三才運化，這樣的道與道家所謂道的內涵就沒有多少差別了。或者說，太極生天地之後，並未完全化為天地而消失。而是以道的形式繼續存在，並主宰天地萬物之運化。從這個意義上看，道家的四大說源於三才說。事實上，道家並未將四大說貫徹到底。在道家文獻中，仍然可以看到三才說和三才之道說的影子。例如，有時仍然將天道、人道對舉，以「損有餘而補不足」為天道而以「損不足以奉有餘」為人道。這裡，天道與人道具有相反或相對的特徵。那麼天道、人道是從屬於天、人的範疇，還是從屬於道的範疇？如果說這裡的天道、人道是從屬於天、人的範疇，那麼就和《易傳》所謂域中有三才、三才各有其道的說法相合。而與《老子》中「域中有四大」之說產生了邏輯矛盾，因為「域中有四大」強調，道不僅獨立於三才而且主宰三才。如果說這裡所謂天道、人道是從屬於道，即天道、人道僅僅是道之在天、道之在人，那麼道應當具有同一內涵。然而，這句話所揭示的卻是道在天有與道在人有不同甚至相反的內涵。道因其在天、在人而改變曾經的內涵，這是說天、人在主宰著道而不是相反。這與《老子》「四大說」所謂道主宰三才便產生了邏輯矛盾。與《易傳》所謂天地人各有其道說，

沒有劃清界限。〔註28〕《老子》中所謂「天之道」「人之道」之道，並沒有完全脫離天、人而成為獨立的實體而支配天、人，反而是道依於天、人。《老子》中這些關於道的矛盾表述，正是三才說向四大說演化過程中存在的過渡性特徵。又如，在《莊子》外篇中，三才說的影子依然存在。《莊子·至樂》所謂「兩無為合生萬物」，〔註29〕以「無為」之道分屬於天地，與《老子》道生萬物的說法產生衝突。《莊子》強調的是天地化生萬物是自然無為的。這與《易傳》所謂天地化生萬物是一致的。傳統的觀點認為《莊子》外篇是莊子後學所作，受《易傳》三才之道說影響很深，不能代表莊子的思想。又如，《莊子·在宥》論天道與人道之間的異同時〔註30〕，沒有貫徹《老子》所謂「域中有四大」、天地人法道之自然的原則。反而與《易傳》論天人關係的思想非常接近。如以天道為尊、為主，以人道為為累、為臣。道在天而具有天的屬性，道在人而具有人的屬性。這裡顯然是天、人主宰道而非道主宰天、人。而且，《在宥》篇所謂天道人道之異，與《易傳》所謂天道為主，地道為從，人道效法天地之道的觀點是一致的。無疑，這裡依然有著在三才說視域下的天人之辨的痕跡。

　　秦漢時期，陰陽五行說合流，成為最為流行的思想學說。這一時期，學者熱衷於用陰陽五行說改造以往的範疇和命題。例如，以元氣釋太極、釋道，以陰陽之氣分釋天地，用陰陽五行說解釋自然現象、生命現象、精神現象，甚至用陰陽五行說解釋社會現象，解釋三綱五常等社會倫理。魏晉南北朝時期，道家思想重新為學者關注，玄學有無之辨使得老莊哲學中作為最高主宰範疇的道與被主宰的天地萬物的界限愈來愈分明。道的神秘性、具象性逐漸消退，超越性、抽象性逐漸明確。作為傳統儒家思想中最高範疇的天，卻淪為道主宰之下的物象之大者。改造儒家傳統思想體系成為復興儒學必有之

〔註28〕《老子》云：「天之道，損有餘而補不足。人之道，則不然，損不足以奉有餘。」參見〔魏〕王弼著，樓宇烈校釋：《王弼集·老子道德經注校釋》，北京：中華書局，2008年：第187頁。

〔註29〕《莊子·至樂》云：「天無為以之清，地無為以之寧。故兩無為相合，萬物皆化生。」參見〔清〕郭慶藩撰，王孝魚點校：《莊子集釋》（新編諸子集成），北京：中華書局，1961年：第612頁。

〔註30〕《莊子·在宥》云：「何謂道？有天道，有人道。無為而尊者，天道也；有為而累者，人道也。主者，天道也；臣者，人道也。天道之與人道也，相去遠矣，不可不察也。」參見郭慶藩撰，王孝魚點校：《莊子集釋》（新編諸子集成），北京：中華書局，1961年：第401頁。

路。北宋理學五子就是復興儒學的開路先鋒。儒家的《易傳》《禮記》與道家《老子》《莊子》是後世學者構築各自思想體系的重要理論來源。張載以虛氣釋天道性命的理論淵源，主要是《易傳》《禮記》。對《老子》言天道自然、《莊子》言氣化萬物也有批評和吸收，對《淮南子》《黃帝內經》《列子》等著作也有參考。林樂昌教授認為，從「太虛即氣」的生成論模式看，「張載整合了《老子》《天問》《繫辭》《說卦》《穀梁傳》有關宇宙生成模式的理論資源，以『太虛即氣』亦即『天參』、『三合』結構建立了形式與內容統一的宇宙生成論模式，圓滿地回答了前人提出的宇宙生成過程『何本何化』的問題」〔註31〕。張載以太虛釋三才之天，使得儒家學者對天的理解更合乎宋代的自然科學發展狀況。太虛即氣說，也成為張載創造性詮釋先秦儒家以天、道、性、心為核心範疇的天道性命之學，奠定了其宇宙生成論、宇宙本體論之理論基礎。使得儒家心性學說，在理論形態上與佛教、道教心性學說可以並駕齊驅。

張載以氣化言道，顯然並沒有視道為獨立的實體，與道家所謂四大說不同。而程頤則置理（道）於天地之上，以理（道）為天地萬物背後之所以然的抽象實體，這與道家言道體無異。程氏還屢屢稱讚道家言道體之說，如稱讚莊子形容道體，稱讚《老子》「谷神不死章」。〔註32〕莊子形容道體，見於《莊子·知北遊》東郭子與莊子之間關於道在哪裏的對話。東郭子一問，莊子答以「無所不在」。東郭子不能理解，而再三追問。莊子無奈，分別以「在螻蟻」「在稊稗」「在瓦甓」「在屎溺」答之愈下，終致「東郭子不應」。接著，莊子舉「每況愈下」之典故說明「物」與「物物者」之異同。物有際而物物者無際，物物者在物，即所謂「物物者與物無際」〔註33〕。天地萬物都是物，而道是物物者。或者說，道是物之所以然。程頤所謂「體用一源，顯微無間」，可謂是對《莊子》所謂「物物者與物無際」這一命題的進一步詮釋。而程頤論聖人之道與灑掃應對，無疑受莊子論道體的影響。〔註34〕程頤以天地萬物之

〔註31〕林樂昌：《論張載對道家思想資源的借鑒與融通》，《哲學研究》，2013 年第 2 期：第 38～46 頁。

〔註32〕《程氏遺書》云：「莊生形容道體之語，盡有好處。老氏『谷神不死』一章最佳。」參見《二程集·程氏遺書》，第 64 頁。

〔註33〕參見〔清〕郭慶藩撰，王孝魚點校：《莊子集釋》（新編諸子集成），北京：中華書局，1961 年：第 749～752 頁。

〔註34〕程頤曾說：「聖人之道，更無精粗，從灑掃應對至精義入神，通貫只一理。雖灑掃應對，只看所以然者如何。」參見《二程集·程氏遺書》，第 152 頁。

所以然為理（道），理（道）不在天地萬物之外，而是寓於天地萬物之中，寓於灑掃應對、百姓日用之中。在這個意義上，程頤認為天、道、理、性、命、心等，其實一也。程頤對佛老二教的批評重點不在道體，而在於道體之用。與張載批評二教重點不在天性而在天用類似。

第二節　張載的易學思想

一、「一物兩體」的太極說

《繫辭傳》載：

> 是故易有太極，是生兩儀，兩儀生四象，四象生八卦，八卦定吉凶，吉凶生大業。

> 大衍之數五十，其用四十有九。分而為二，以象兩；掛一，以象三；揲之以四，以象四時；歸奇於扐，以象閏；五歲再閏，故再扐而後掛。天數五，地數五，五位相得，而各有合。天數二十有五，地數三十，凡天地之數五十有五，此所以成變化而行鬼神也。乾之策二百一十有六，坤之策百四十有四，凡三百有六十，當期之日。

> 二篇之策，萬有一千五百二十，當萬物之數也。

《繫辭傳》所謂「太極—兩儀—四象—八卦」喻示的「混沌—天地—四時—萬物」的衍生模式，是先民的一種生成論宇宙觀。《繫辭傳》「大衍之數」章描述了古人卜筮時揲蓍成卦的過程，這一過程就是對宇宙生成過程的模擬。宇宙生成的過程體現在數上，就是一分為二（二分法）演變過程。所謂「太極」，在《易傳》中並無更多的內涵。一般地，可以推知太極為宇宙之源，混沌未分。混沌初開，分而有天地。天地生萬物，人為萬物之一物。至於太極生成兩儀後，是否依然存在，《易傳》並未交代。但是，從邏輯上推斷，應該不存在。這就是《易傳》中的宇宙生成論。易學家解釋這段話時，常常會對太極有所解說。

「太極」是《易傳》所謂宇宙生成論學說中的最高範疇。《易傳》所謂「太極—兩儀—四象—八卦」的揲蓍成卦的筮法，正是先民對宇宙生成的樸素表達。氣論和陰陽說相結合後，學者多用陰陽氣說解釋宇宙萬物的生成過程。漢代學者，多以元氣釋太極。如鄭玄釋「易有太極」為「極中之道，淳和未分

之氣也」〔註35〕。虞翻曾說:「太極,太一也。」〔註36〕。孔穎達《周易正義》認為所謂「太初」「太一」都是言太極的,而太極則是「天地未分之前,元氣混而為一」〔註37〕。《繫辭傳》所謂「太極生兩儀」,也被漢儒解釋為混沌初闢,清氣上浮散而為天,濁氣下滯聚而為地。

　　張載並未專門解釋太極。但可以從那些解釋《繫辭傳》的文字中歸納出張載的太極觀。《橫渠易說》釋「大衍之數」曰:

　　　　凡三五乘天地之數,總四十有五,並參天兩地自然之數五,共

　　五十。虛太極之一,故為四十有九。〔註38〕

可見,張載認為太極表現為數字時是一。這和《繫辭傳》以太極為一相同。張載認為太極雖然混沌為一,但含有分而為二的可能性。即太極具有一而二、二而一的特性。張載釋《說卦》「順性命之理」時,提出太極具有「一物而兩體」的內涵。〔註39〕所謂「一物而兩體」,又見《正蒙·大易篇》。正因為太極是「一物而兩體」,所以太極分而為兩儀,兩儀才各有「一物兩體」之性。即天有陰陽,地有剛柔。正因為天地具有「一物兩體」之性,所以,天地合和化生之萬物也就有了「一物兩體」之性。可見,張載認為太極生兩儀之後,兩儀仍然具有太極「一物兩體」之性,天地所生之萬物也有「一物兩體」之性。這也是天地萬物能夠陰陽感通神化的原因。張載釋《繫辭傳》「參天兩地而倚數」章,提出了氣具有太極之性,即「一物兩體」。正因為氣具有「一物兩體」之性,所以才能有兩端之感通、神化的功能。同時,張載又闡述了天之所以「參」,地之所以「兩」。〔註40〕《易傳》認為天奇地偶,而張載認為「參天

〔註35〕參見〔漢〕鄭玄撰,〔宋〕王應麟輯,〔清〕惠棟考補:《增補鄭氏周易》(四庫全書·經部·易類·003)第7~176上。

〔註36〕張文智:《〈周易集解〉導讀》,濟南:齊魯書社,2005年:第381頁。

〔註37〕孔穎達云:「太極謂天地未分之前元氣混而為一,即是太初、太一也。」參見劉玉建:《〈周易正義〉導讀》,齊魯書社,2005年:第395頁。

〔註38〕《張載集·橫渠易說》,第196頁。

〔註39〕張載說:「一物而兩體者,其太極之謂歟!陰陽天道,象之成也;剛柔地道,法之效也;仁義人道,性之立也;三才兩之,莫不有乾坤之道也。易一物而合三才,天地人一,陰陽其氣,剛柔其形,仁義其性。」參見《張載集·橫渠易說》,第235頁。

〔註40〕張載釋曰:「地所以兩,分剛柔男女而傚之,法也;天所以參,一太極兩儀而象之,性也。一物兩體者,氣也。一故神,兩在故不測。兩故化,推行於一。此天之所以參也。兩不立則一不可見,一不可見則兩之用息。兩體者,虛實也,動靜也,聚散也,清濁也,其究一而已。有兩則有一,是太極也。若一

兩地」，即「三天兩地」。張載對於「參天兩地」特別重視。認為天之所以「參」，乃是合太極之「一」與兩儀之「兩」。又，張載曾說天大地小，天包地。表現在數上，天大地小就是天數三就包含著天數一和地數兩。類似的說法又見《正蒙・參兩篇》。在《正蒙・參兩篇》中，張載提出地以兩為法，天以參為性。〔註41〕張載以太虛釋天，天為陽。故而程頤和弟子曾論及張載「陽有太極，陰無太極」的話。《張子語錄・後錄下》載有程頤和弟子對張載「太虛說」的評論。程頤曾說，張載立太虛「清虛一大」之說曾為程顥詰難。後來，張載改變了之前的說法。〔註42〕

　　以一物兩體釋太極和氣，說明張載認同漢儒的太極元氣說。只是張載所謂太極，是從宏觀整體而言；所謂氣，則是從微觀基質而言。而兩者「一物兩體」之性則是相同的。總之，張載的太極說可以歸結為以下四點：1. 太極是混沌未分之氣，表現為數則是一，具有「一物兩體」的特性。2. 太極生天地之兩儀，天地合和化生人和萬物，天地萬物仍然含有「一物兩體」特性。3. 天以參為性，是因為合「一太極兩儀」的結果。與《易傳》和漢唐經學不同，張載只是侷限於解釋《易傳》文字而不得不提到太極。事實上，張載更強調天地來自太虛。太極是個宇宙論概念，具有時空屬性。太極生天地之後，太極本身就消失了。而張載所謂太虛是一個本體論概念。太虛之氣聚而生天地萬物，天地萬物散而為太虛之氣，而太虛和氣都是永恆存在的。

二、以虛氣釋三才

　　甲骨資料顯示，商人以上帝為祭祀的最高神。而周人對天的信仰逐漸代替了對上帝的信仰。儒家經典主要產生於西周初年至孔子時代，這時的儒家思想並未擺脫天命信仰。天對萬物的主宰以天命的形式在萬物始生時賦予萬物，即「天命謂之性」。萬物生成之後，性以先天固有的必然性主宰著萬物生

　　　　則有兩，有兩亦一在，無兩亦一在。然無兩則安用一？不以太極，空虛而已，非天參也。」參見《張載集・橫渠易說》，第233頁。

〔註41〕《正蒙・參兩篇》云：「地所以兩，分剛柔男女而傚之，法也，天所以參，一太極兩儀而象之，性也。」參見《張載集・橫渠易說・繫辭》，第10頁。

〔註42〕《張載集・後錄下》云：「問：『橫渠有「清虛一大」之說，又要兼清濁虛實』。曰：『渠初云「清虛一大」，為伊川詰難，乃云「清兼濁，虛兼實，一兼二，大兼小」。渠本要說形而上，反成形而下，最是於此處不分明。如《參兩》云以參為陽，兩為陰，陽有太極，陰無太極，他要強索精思，必得於己，而其差如此。』」參見《張載集・後錄下》，第343頁。

命。天行有常，故可謂之天道、天文，天以天時的形式主宰萬物的生成毀滅。天命和天時是主宰世界和萬物運行的主要因素。道家四大說之後，則把原本屬於天的超越義、主宰義賦予了道。自然之道也是天效法的對象。在道家四大說的視域中，天僅僅是「蒼蒼之形」、日月星辰所繫處。在儒、道思想碰撞過程中，儒者所仰視之天，還應當效法道家所謂自然之道。這是理學家所不能容忍的，張載認為這是「不識天」的表現。張載釋乾卦時，曾說性之外延包含天地，即「雖乾坤亦在其中」。可見，性的外延等於太極。即言天地只說到了天地之形體。言乾坤則說到了健順之性，而性源自「一物兩體」之太極。〔註43〕故釋《繫辭傳》「天尊地卑」章時，張載曾說，言天地乃指形體，言乾坤乃指性與神。而常人「鮮識天」，因為天不可方體，遂視日月星辰處為天。〔註44〕基於此，張載認為「日月得天」是「得自然之理」。〔註45〕此說又見《張子語錄》〔註46〕。也就是說，不能僅僅以氣之蒼蒼、日月星辰繫處視天，而要體會天之虛性。即：

> 天地以虛為德，至善者虛也。虛者天地之祖，天地從虛中來。
〔註47〕

所謂「虛者天地之祖」，據此虛和漢儒所謂生天地之太極無異。又謂「天地從虛中來」，顯然張載所謂「虛」是指生天地之太極。張載又以一物兩體釋太極，這樣氣及其聚散生成的天地萬物，都具有一物兩體之性。一物兩體之性淵自太虛，太虛又是天之實。這樣一物兩體之性作為先天的必然性，作為支配天地萬物的超越性又被賦予給天。就易學來講，張載並未直接解釋三才說。但

〔註43〕張載釋乾卦曰：「不曰天地而曰乾坤，言天地則有體，言乾坤則無形，故性也者，雖乾坤亦在其中。」參見《張載集‧橫渠易說》，第69頁。

〔註44〕《橫渠易說》云：「先分天地之位，乾坤立則方見易，故其事則莫非易也。所以先言天地，乾坤易之門戶也。不言高卑而曰卑高者亦有義，高以下為基，亦是人先見卑處，然後見高也，不見兩則不見易。物物象天地，不曰天地而曰乾坤者，言其用也。乾坤亦何形？猶言神也。人鮮識天，天竟不可方體，姑指日月星辰處，視以為天。陰陽言其實，乾坤言其用，如言剛柔也。乾坤則所包者廣。」參見《張載集‧橫渠易說‧繫辭》，第177頁。

〔註45〕《張載集‧正蒙》云：「『日月得天，得自然之理也，非蒼蒼之形也』」。參見《張載集‧正蒙‧參兩篇》，第12頁。

〔註46〕《張子語錄》載其語曰：「氣之蒼蒼，目之所止也；日月星辰，象之著也；當以心求天之虛。大人不失其赤子之心，赤子之心今不可知也，以其虛也。」參見《張載集‧語錄中》，第326頁。

〔註47〕《張載集‧語錄中》，第326頁。

是其易學思想體系基本上沒有超出三才說的理論框架，只是對《易傳》三才說有繼承且有理論突破。突破之處就是以虛、氣釋天道性心等理學範疇。

以太虛解說易學中的問題，早見於張湛的《列子》注。其中曾有「凝寂於太虛之域」之語。〔註48〕又韓康伯注《繫辭傳》「陰陽不測之謂神」，認為天地萬物「莫不獨化於太虛」。〔註49〕這是以太虛為無限廣大的空間，與《莊子·知北遊》《列子·天瑞》注中太虛的內涵一樣。到孔疏，其在以太虛解釋王弼的虛無時，則認為「虛無是太虛不可分別，唯一而已」〔註50〕，太虛是指「太一虛無，無形無數」〔註51〕，即「元氣混而為一」〔註52〕。而張載不僅認為太虛是氣存在和變化的場所（「氣之聚散於太虛」），而且它本身就是氣之全體（「太虛者，氣之體也」）。與孔疏不同的是，張載不僅認為氣充滿太虛，而且還以「太虛之氣」取代了「元氣」，成為天地萬物生成之根源。

張載以虛氣釋天，源自他對歷史上天文學說的深入考察。其宇宙觀則受宣夜說的影響比較大。宣夜說見於《晉書·天文志》，然記載簡略，無法據此全面瞭解宣夜說。總結其觀點如下：宣夜說認為「天了無質」，「高遠無極」。日月眾星浮生虛空之中，「無所根系」。「其行其止皆須氣焉」。〔註53〕但是，《晉書·天文志》沒有關於天與氣，空間和物質關係的描述，沒有描述天與地的形成過程及其關係。張載在《參兩篇》中往往天地對言，集中講解關於天地的認識。首先，張載認為地以兩為法，天以參為性。又認為天乃浮陽大而無際，地乃純陰小而包於天中。地的實質上是物之大者，天則無形，是運

〔註48〕在《天瑞》注中，釋《易緯》所謂「太易者，未見氣」，曰：「易者不窮滯之稱，凝寂於太虛之域，將何所見耶？如《易·繫》之太極，老氏之渾成也。」參見楊伯峻：列子集釋（新編諸子集成），北京：中華書局，1979年：第6頁。

〔註49〕〔魏〕王弼著，樓宇烈校釋：《王弼集校釋》，北京：中華書局，1980年：第543頁。

〔註50〕參見劉玉建：《〈周易正義〉導讀》，濟南：齊魯書社，2005年：第373頁。

〔註51〕參見劉玉建：《〈周易正義〉導讀》，濟南：齊魯書社，2005年：第385頁。

〔註52〕參見劉玉建：《〈周易正義〉導讀》，濟南：齊魯書社，2005年：第395頁。

〔註53〕《晉書·天文志》云：「宣夜之書亡，惟漢秘郎郗萌記先師相傳云：『天了無質，仰而瞻之，高遠無極，眼瞀精絕，故蒼蒼然也。譬如旁望遠道之黃山而皆青，俯察千仞之深谷而窈黑。夫青非真色而黑非有體也。日月眾星自然浮生虛空之中，其行其止皆須氣焉。是以七耀或逝或住，或順或逆，伏見無常，進退不同，由乎無所根系，故各異也。故辰極常居其所，而北斗不與眾星西沒也。攝提、填星皆東行。日行一度，月行十三度，遲速任情，其無所繫著可知矣。若綴附天體，不得爾也。』」參見〔唐〕房玄齡等：《晉書·天文志》，中華書局，1974年：第279頁。

動之能源，即神。又說，地乃天之配偶。〔註54〕

天地是太極分而為之的兩儀。天數奇，但最能代表天的數是三，即參。地數偶，但最能代表地的數是二，即兩。與以往對天地的認識相比，張載《正蒙·參兩篇》釋天地的觀點有如下特點：1. 天地來自太虛之氣，而太虛無體。天大無外，地在天中。2. 參天兩地，三配天，兩配地；地數小於天數。3. 地表現為有形之物，天表現為無形之神。性、神、象屬天，物、形、質屬地。4. 日月星辰屬天象。

又，張載曾說：「由太虛，有天之名」〔註55〕，又曾說：「太虛者天之實也」〔註56〕，可見，天和太虛在外延、內涵上最接近。《張子語錄》記其言曰：「天地從虛中來」。這裡的「虛」指太虛，也可以說是太虛之虛性。在張載看來，性不僅是萬物之一源，也是「天地之祖」。顯然，作為天地之祖的「虛」和太極的外延相同。或者說，虛本自太極之元氣。太極主要是從時間維度關照宇宙之發源，而太虛則主要是從空間維度關照宇宙無限。儘管《正蒙·太和篇》云「天大無外」，但《正蒙·參兩篇》又云地乃天中「純陰凝聚」之氣。可見，天地是有方體的。從《正蒙·大心篇》的記載來看，天的內涵要比太虛豐富，太虛的外延則比天大。〔註57〕然而，張載又曾說天大無外。可見，天的外延最接近太虛。因此，天也就承載了太虛和太極「一物兩體」之性，即以參為性。

在張載的思想中，從外延角度考察，太極、太虛、氣三者的外延相同。太極從時間維度而言宇宙之根源。太虛則是從空間維度而言宇宙之無限。如，張載認為太虛無邊無際，無法驗證恒星、河漢是否「遷動於外」。〔註58〕張載所謂氣，乃是從宇宙基質的角度而言。即從微觀角度而言，太極、太虛、天地萬物都是一氣而已。至於氣與太虛，則相即不離，氣之總體即是太虛。正因

〔註54〕《張載集·正蒙·參兩篇》云：「地純陰凝聚於中，天浮陽運旋於外，此天地之常體也。……地，物也；天，神也。物無逾神之理，顧有地斯有天，若其配然爾。」參見《張載集·正蒙·參兩篇》，第11頁。

〔註55〕《張載集·正蒙》，第9頁。

〔註56〕《張載集·張子語錄》，第324頁。

〔註57〕《張載集·正蒙·大心篇》云：「天之明莫大於日，故有目接之，不知其幾萬里之高也；天之聲莫大於雷霆，故有耳屬之，莫知其幾萬里之遠也；天之不禦莫大於太虛，故必知廓之，莫究其極也。」參見《張載集·正蒙》，第25頁。

〔註58〕《正蒙·參兩篇》云：「愚謂在天而運者，惟七曜而已。恒星所以為晝夜者，直以地氣乘機左旋於中，故使恒星、河漢因北為南，日月因天隱見，太虛無體，則無以驗其遷動於外也。」參見《張載集·正蒙》，第11頁。

為太極、太虛、氣三者的外延相同，三者都有「一物二體」之性。可見，太虛不僅是「氣之本體」，也是「性之淵源」。〔註59〕

在張載的思想體系中，天與太極、氣的關係很明確。天與太虛的關係則比較複雜。從外延來看，天的外延要小於太虛。如，性者，「雖乾坤亦在其中」。這是說天地有方體。儘管天大無外，但天與地是有邊界的。從內涵上講，太虛為氣之本體，而天為浮陽之氣。儘管如此，在張載看來，天可以代表太虛。從外延上看，天加地等於太虛。而天大無外，地僅是天中「純陰凝聚」之氣。故天和太虛外延最接近。況且天地之中，天恒動，地則順天而動。天地合氣生萬物，天起著主導作用，而地起著配角的作用。天的清虛浮陽之氣也和太虛之氣內涵最為接近。這也是為何張載既講「由太虛，有天之名」，又講「太虛者天之實」。

因太極化生為天地，故太極的外延是天地外延之和。張載並未考察太極化生天地之後是否還存在，但太極之「一物兩體」之性則存在於太虛和氣中。或者說，太極生天地之後，還以太虛的「形式」存在。太極乃混沌未分之氣，而太虛為「氣之本體」、「氣體」，這裡所謂「體」，有本源、全體的含義。在張載之前，太虛的內涵主要指虛無的空間，而與作為宇宙基質的氣並無關聯。張載稱「太虛即氣」，主要反駁道家「無生有」「虛生氣」的觀點。張載曾說：「諸子淺妄，有有無之分」。〔註60〕可見，張載以太虛為天之實。張載關於太虛內涵的論述，多數情況下也適用於天的內涵。

《易傳》關於三才說的論述，如天地生萬物，具體的過程是「天始之，地成之」。天地不僅生成物萬物，萬物的生老病亡過程也由天地控制。人和萬物應當效法天地，具體的法則是男、君、父效法天之剛健，女、臣、子效法地之順從。人為萬物之靈長，人類的使命是參贊天地化育萬物。只有聖人才能夠知天道、識造化，效法天地，神道設教，帶領百姓完成人類的這一使命。由於在天地之間，天尊地卑，天主地從，三才關係也可以約化之為天人關係。

先秦儒家學者的著作中有很多關於三才的論述。張載關於三才說的論述散見於《正蒙》《橫渠易說》《語錄》等。對於《易傳》思想，除繼承之外，還

〔註59〕《張載集‧正蒙》曾說：「凡可狀，皆有也；凡有，皆象也；凡象，皆氣也。氣之性本虛而神，則神與性乃氣所固有，此鬼神所以體物而不可遺也。」參見《張載集‧正蒙》，第 63 頁。

〔註60〕《張載集‧橫渠易說》，第 200 頁。

有許多創造性的詮釋。關於三才說,《尚書》有所謂「惟天地萬物父母」、又有「三德說」之沉潛法地,高明法天。張載釋「大衍之數五十」時談到天地合氣而生萬物,而人得性自天,也就是「一太極兩儀」之三(天參),得形體自地,即「兩為體」。與《易傳》有異,張載認為天地並非直接化生萬物。而是乾坤首先正合生坎離,既而坎離合而生萬物。〔註61〕《易傳》則認為天地合和化生萬物。天地之間,唯日月最為著明。《繫辭傳》云:「陰陽之義配日月」。漢代以後,學者於乾坤二卦之外非常重視坎離二卦。例如,《易緯》以離日坎月替換《易傳》八大基本卦象中的離火坎水二象。《乾坤鑿度》認為易之一名有四義,其中一義即「本日月相銜」〔註62〕。又《乾鑿度》認為「乾坤者,陰陽之根本」,乾坤之外,離坎二卦最為重要。《易緯》曾有所謂「離為日,坎為月」,並且認為「日月之道」乃「陰陽之經」。〔註63〕又,《周易參同契》認為天地乃乾坤之象,坎離為乾坤二用。「取坎填離」是內丹學重要內容。宋初道家學者有「太極圖」傳佈甚廣。在《太極圖》中,萬物化生之前有「坎離框廓圖」。張載所謂「乾坤正合為坎離,坎離之數當六七,精為日月,粗為水火,坎離合而後萬物生」思想來源可能與此有關。

張載認為萬物有本諸天和本諸地的不同。在《正蒙·動物篇》中,張載談到動物與植物的差別,認為天地陰陽化生萬物雖有差異,但其生滅無非是氣之滋息遊散。天地萬物始則來自太虛,終則歸於太虛。其中,動物乃「有息者」,因為「根於天」而可以「不滯於用」;而植物乃無息者,因「不息者根於地」故「滯於方」。這是說動植物差異的根源是一者源自天,一者源自地。〔註64〕張

〔註61〕《橫渠易說·繫辭上》釋「大衍之數五十」曰:「參天兩地,此但天地之質也,通其數為五。乾坤正合為坎離,坎離之數當六七,精為日月,粗為水火,坎離合而後萬物生。得天地之最靈為人,故人亦參為性,兩為體,推其次序,數當八九。八九而下,土其終也,故土之為數終於地十。過此以往,萬億無窮,不越十終反一而已。」參見《張載集·橫渠易說》,第 194 頁。

〔註62〕林忠軍:《〈易緯〉導讀》,濟南:齊魯書社,2002 年:第 124 頁。

〔註63〕《乾鑿度》卷上在解釋經分上下篇之義時說:「乾坤者,陰陽之根本,萬物之祖宗也,為上篇始者,尊之也。離為日,坎為月,日月之道,陰陽之經,所以終始萬物,故以坎、離為終。」參見林忠軍:《〈易緯〉導讀》,濟南:齊魯書社,2002 年:第 83 頁。

〔註64〕《正蒙·動物篇》云:「動物本諸天,以呼吸為聚散之漸;植物本諸地,以陰陽升降為聚散之漸。物之初生,氣日至而滋息;物生既盈,氣日反而游散。至之謂神,以其伸也;反之為鬼,以其歸也。」參見《張載集·正蒙》,第 19 頁。

載推測人之呼吸，就是「剛柔相摩、乾坤闔闢」的體現。〔註65〕至於人的生死，在《橫渠易說》有所謂「生而不離、死而游散者謂魂，一成而不變者為魄」〔註66〕之說。這是說物有成毀、人有生死，而氣則不滅。生滅成毀不過是氣於太虛本體中的聚散而已。即所謂「形聚為物，形潰反原」。〔註67〕張載能夠獨立思考，合理綜合前代科學認識成果，把人和萬物的生滅建立在物質循環不滅理論之上，和現代科學知識非常接近。在《正蒙‧動物篇》中，張載以生之先後為天序，以物小大高下為天秩。天之生物的天秩、天序以天命的形式賦予萬物。可見天地生物之先後、小大之秩序是萬物和人類尊卑上下之禮制的來源。〔註68〕

三、以虛氣釋三才之道

（一）關於天人之辯

天人關係是中國學術史上歷代學者關心的重要哲學命題。道家之外的學者關於這一命題的解讀，基本上不出三才說的理論框架。三才說認為，人和萬物是天地合氣而生，而且天地時時刻刻製約著萬物的生存狀況。甚至，天地運數還能夠左右萬物之命運乃至人類社會之治亂。張載認為，聖人為後世留下的治世之道無不善，而天下仍然有治亂交替，是因為有天地之道以運數的形式左右著世間萬物運行。人類社會的「一治一亂」，如同天道之「一陰一陽」。〔註69〕如孟子有論天時地利人和、得道失道之語。〔註70〕荀子認為「天

〔註65〕《橫渠易說》云：「人之有息，蓋剛柔相摩、乾坤闔闢之象也。」參見《張載集‧橫渠易說》，第 203 頁。

〔註66〕《張載集‧橫渠易說》，第 185 頁。

〔註67〕《張載集‧橫渠易說》，第 184 頁。

〔註68〕《正蒙‧動物篇》又云：「生有先後，所以為天序；小大高下相併而相形焉，是謂天秩。天之生物也有序，物之既形也有秩。知序然後經正，知秩然後禮行。」參見《張載集‧正蒙》，第 19 頁。

〔註69〕《橫渠易說‧繫辭上》釋「鼓萬物而不與聖人同憂」曰：「『鼓萬物而不與聖人同憂』，聖人之於天下，法則無不善也。然古者治世多而後世不治，何也？人徒見文字所記，自唐虞以來論其治亂，殊不知唐虞以上幾治幾亂，須歸之運數，有大數，有小數，故孟子曰：『天下之生久矣，一治一亂。』」參見《張載集‧橫渠易說》，第 188～189 頁。

〔註70〕《孟子‧公孫丑下》載孟子之語：「天時不如地利，地利不如人和。……得道者多助，失道者寡助。寡助之至，親戚畔之；多助之至，天下順之。以天下之所順，攻親戚之所畔；故君子有不戰，戰必勝矣。」

行有常」，人應當「明於天人之分」而「不與天爭職」。以順天時、節地財、行人治為能與天地參。〔註71〕張載在總結了歷史上的天人關係說的基礎上提出了自己的觀點。

首先，張載認為天人有異。天無心無意，天之所行無非自然而然；人則有心志情感。故聖人應當仁以宏道。張載認為《繫辭上》所謂「鼓萬物而不與聖人同憂」，正是說明了天人之異。「天不能皆生善人」〔註72〕，正因為天之無心、無意、無志、無思慮。基於此，張載認為「人不可以混天」，從而批評老子的聖人觀。認為《老子》所謂「天地不仁」是正確的，所謂「聖人不仁」則是錯誤的。張載觀點更進一步認為，聖人不僅有仁，而且以不能仁為憂患。道家所謂聖人「與天同憂樂，垂法於後世」，不能和儒家聖人以仁宏道、參贊天地之化育相提並論。雖然都可以說是「聖人之事」，道家聖人「猶聖人之末流爾」。〔註73〕「思慮憂患以經世」正是儒家聖人觀的體現。否則，「天自治足矣」，聖人哪裏有存在的必要了。〔註74〕這是說，即使聖人也有「思慮憂患」的。聖人正因為思慮憂患天下蒼生，才努力去安邦治國平天下。這和荀子所謂「天有其時，地有其財，人有其治，夫是之謂能參」的觀點是一致的。

其次，張載認為天人雖有異，並非天人完全對立。從陰陽說的角度看，與天相對的是地。張載認為「天惟運動一氣」，與地以形的方式存在不同，天則以神的方式存在，能夠「不滯與方體」。即張載所謂「天則無心，神可以不詘」。神是運動之源，故曰天「鼓萬物而生，無心以恤物」。〔註75〕人則以天參為性，故人之神源自天而與天同。而人之形源自地而與地同。張載的這一觀點是天地合氣生人觀點的自然延伸。天人有異有同，人以效法天地之道，

〔註71〕《荀子·天論》云：「天行有常，不為堯存，不為桀亡。應之以治則吉，應之以亂則凶。……受時與治世同，而殃禍與治世異，不可以怨天，其道然也。故明於天人之分，則可謂至人矣。不為而成，不求而得，夫是之謂天職。如是者，雖深，其人不加慮焉；雖大，不加能焉；雖精，不加察焉：夫是之謂不與天爭職。天有其時，地有其財，人有其治，夫是之謂能參。」參見〔清〕王先謙撰，沈嘯寰、王星賢點校：《荀子集解》，北京：中華書局，1988年：第306～307頁。

〔註72〕張載認為善惡源自人初生所稟氣之清濁，稟氣清者善而稟氣濁者惡，修行工夫就是從變化氣質開始。善惡是後天人類社會的行為規範，當然不是先天的。這是張載善惡觀的歷史侷限性。

〔註73〕《張載集·橫渠易說》，第185頁。

〔註74〕《張載集·橫渠易說》，第188～189頁。

〔註75〕《張載集·橫渠易說》，第185頁。

參贊天地之化育為使命。張載認為能擔當這一使命的是聖人。即《繫辭傳》所謂「天地設位，聖人成能」。天地以生為德，並非直接就是仁，聖人效法天地生萬物之德才是所謂仁。故張載認為聖人乃「主天地之物」，以「智周乎萬物而道濟天下」的方式「經營」人生。〔註76〕

又次，張載認為天無心而人有心，故能夠「經營」。這是對孔子「人能弘道，非道弘人」觀點的繼承和發揚。張載認為天人異同，不僅體現在天無心而人有心，還體現在天人異能。所謂「天能謂性，人謀謂能」，即天之於萬物的功能作用體現為先天的、與生俱來的天命之性，性即天命之在人。人則有主觀能動性，即謀劃之能。張載認為「神化者，天之良能」，聖人可以「大而位天德」，從而「窮神知化」「參贊化育」。〔註77〕張載所謂化指陰陽氣化，所謂神指陰陽氣化之神妙不測。張載所謂「神化」，是指天地陰陽化育萬物的神秘難測的過程和功能。當然，人格神是不存在。張載還特別強調，《莊子》所謂「神人」是不存在的。

雖然天人異能，但是張載並不認為人只能聽天由命。他比較認同荀子的觀點。在《正蒙‧太和篇》中，張載提出「天與人，有交勝之理」。這一交勝之理，具體體現在「氣與志」的關係上。雖然「氣壹動志」，而發揚人謀之仁則「志壹動氣」，乃至「鳳凰來儀」。〔註78〕張載認為「志壹動氣」，使得「變化氣質」成為可能，而天下之治從此始。而天人交勝也可能向不好的方向發展。即，「世衰則天人交勝」致使「其道不一」。如氣勝志，則物慾橫流；唯有志勝氣，天理能存。〔註79〕當然，天人不須強分。張載曾說：「人謀之所經畫，亦莫非天理」。〔註80〕

（二）神道設教

儒者以五經設教，《易經》則為五經之首。《易傳》認為，只有聖人才能夠知天道，識造化，神道設教，帶領人們完成人類的使命。神道設教本意為聖人（統治者）鼓吹自己的統治來自天命，人間的統治秩序是上天、上帝的安排。以此讓天下百姓安於封建等級秩序，自覺地服從禮制刑法。這裡的道

〔註76〕《張載集‧橫渠易說》，第 185 頁。
〔註77〕《張載集‧橫渠易說》，第 219 頁。
〔註78〕《張載集‧正蒙》，第 9 頁。
〔註79〕《張載集‧橫渠易說》，第 226 頁。
〔註80〕《張載集‧橫渠易說》，第 232 頁。

是治理之義，並非指天道之道。張載認為，所謂神道設教之神指天（太虛之氣）神秘的、推動氣化流行的動能。聖人效法天地之道，故能「誠於此，動於彼」。所謂「誠於此，動於彼」就是「神之道」，就是聖人之教能誠故天下百姓願服。〔註81〕神道設教的目的就是率天下百姓效法天地之道，成就天地之德，完成人類使命（天命）。至於如何效法天地，張載認為就是「循天下之理」「得天下之理」，〔註82〕即張載所謂效天而崇智、法地而卑禮。崇智則務窮天下之理，卑禮則守禮不移。其釋「知崇禮卑，崇效天，卑法地」〔註83〕，曰：

> 崇既效天，卑必法地。
>
> 以知為德，以禮為業也。
>
> 知則務崇，禮則惟欲乎卑。
>
> 知極其高，故效天；禮著實處，故法地。

這裡「知」作名詞，通智。崇，高明也，乃天德。卑，低下順從，乃地德。三才說認為人稟天之神明和地之形質而成。又「知崇禮卑」與「德言盛，禮言恭」相類。結合《繫辭傳》所論，張載認為智與德相關。而人之靈明稟自天，故求智須效法天德，務求高明。而踐履禮制就是依據自己的社會腳色，積極承擔自己的社會責任。就是「廣業」，即廣大自己的功業。張載所謂「禮著實處」，是指踐履禮制見乎行跡。張載認為之所以「禮言恭」，是因為坤德之卑順。流行的觀點認為，在《易傳》中，形而上指無形之道，形而下指有形之器物。而張載釋形而上為無形體無形質的天、天道、天象、氣等，故云「知崇天也，形而上也」〔註84〕。所謂「晝夜之道」，即剛柔之道。在陰陽之道說流行前，先秦文獻中的剛柔之道、晝夜之道就是指天地之道。張載認為知之為淺，而踐之為實。「以禮性之」才算得上「己有」，才算真正有「德」。結合《繫辭傳》繼道為善、繼善成性之說，張載認為繼道即行善踐禮而仁，成道即窮理崇德而智。德日新，業富有，效天法地，知禮成性乃至仁智成聖。誠者，繼道成善也，故「潔淨」；明者，崇知高明，故「精微」。張載認為這就是《易》書之道，就是《易》教之「潔淨精微」〔註85〕。張載認為天道剛健，故曰「不

〔註81〕《正蒙·天道篇》云：「天不言而四時行，聖人神道設教而天下服。誠於此，動於彼，神之道與！」參見《張載集·正蒙》，第14頁。

〔註82〕《張載集·橫渠易說》，第191頁。

〔註83〕《張載集·橫渠易說》，第191頁。

〔註84〕《張載集·橫渠易說》，第191頁。

〔註85〕語出《禮記·經解》，參見〔清〕阮元校刻：《十三經注疏·禮記正義》，北京：

息」，效法天道當時時自勉，自強不息；天道成物，故曰誠，「誠者成也」。張載認為聖人象天法地，知禮以成性。所謂「成性存存」，猶窮理踐禮不息。所謂「道義之門」，道，導也。義，宜也。門，猶言路徑。所謂神道設教就是效法乾坤，故曰「天地設位而易行乎其中」。張載認為天地自然定位，聖人立乾坤以為《易》之門戶，就是神道設教。即以乾示人以陽、剛、仁，以坤示人以陰、柔、義。而六十四卦極陰陽剛柔之變動而示人以各種「時義」。以吉凶悔吝的鬼神之用，而教人積善閑邪。〔註86〕

　　總之，張載認為《周易》不僅是神道設教的經典，也是講窮理盡性至命的經典，六十四卦正是對天地合氣、陰陽交感化生萬物的符示。學《易》就是識造化，就是窮理。既識得造化，又行善實踐禮制，就是知性命。持之以恆，勉勉不息，直至盡性至命。立陰陽、剛柔、仁義之體，則男女老幼、夫婦父子、君臣上下各有效法的對象。人事悉備，行善有祥應，「疑慮而占」則有「將來之驗」。當然，在張載看來，神道設教是聖人之事。而平民百姓能「畏信於《易》」，也可以獲得神明祐助。〔註87〕

（三）聖人境界

　　先秦儒學聖賢並稱，聖言其德而賢言其能，非有高下之分。理學家貴德而賤能，不以賢為急。理學家認為「求為賢人而不求為聖人」是孔孟之後學者為學之弊端。張載於人生境界，常言學者、大人、聖人。學者至大人為一節，大人至聖人為一節。弄清楚張載所謂學者、大人、聖人之間的差別，也就弄清楚張載所謂聖人境界了。

　　　　中華書局，1980年：第1609頁。

〔註86〕《橫渠易說·繫辭上》釋「乾坤其《易》之縕邪！乾坤成列而易之乎其中矣，乾坤毀則無以見易，易不可見，則乾坤或幾乎息矣」曰：「乾坤其《易》之門邪！乾，陽物也；坤，陰物也；陰陽合德而剛柔有體，推而行之存乎通，所謂合德；確然隤然，所謂有體。乾於天為陽，於地為剛，於人為仁；坤於天則陰，於地則柔，於人則義。先立乾坤以為《易》之門戶，既定剛柔之體，極其變動以盡其時，至於六十四，此《易》之所以教人也。」按：張載言「易」，有指《易》之為書，則加書名號。有指易之謂道，故不加書名號。參見《張載集·橫渠易說》，第205頁。

〔註87〕《橫渠易說·繫辭下》釋「天地設位，聖人成能；人謀鬼謀，百姓與能」曰：「言《易》於人事終始悉備，行善事者，《易》有祥應之理。萌兆之事，而《易》具著見之器；疑慮而占，則《易》示將來之驗。有以見天地之間，成能者聖人而已。能畏信於《易》者，雖百姓之愚，能盡人鬼幽明之助。」參見《張載集·橫渠易說》，第232頁。

　　《周易》古經中並無聖人一詞，與小人對言的是大人、大君或君子。這主要是針對地位之尊卑而言，非必有道德高下之義。在《論語》也有「畏大人」一語。孔子所謂大人，推測當以尊貴而言，與《周易》古經中所謂大人意義相近。《論語》中常常以對舉君子小人之行以闡發君子之道，非必以尊卑而言，主要是以德行而言。而孔子所謂聖人，乃是德行極高、制禮作樂的王，又與後世不同。理學家所謂聖人，主要言德行比於天地，又非必以尊貴而言。

　　張載把為學之境界分為三個階段。學者至大人為一節，比如學者至顏子。由顏子至孔子為一節。此二節猶二關，「是至難進也」。即便至孔子境界，六經之學依然少不得。〔註88〕張載所謂「學者」，當與《論語》中孔子的話有關。即指「學而知之者」和「困而學之」的人。用張載的話說，學者就是「求聖人之學以備所行之事」的儒生。〔註89〕

　　張載所謂聖人境界乃儒家學者的理想人格。理學家的聖人典範是孔子，而孔子心目中的聖人典範是堯、舜、周公等。然而，張載所謂聖人尚有於一節上成聖的伯夷、柳下惠等，以及張載所謂「聖人之末流」的老子等。在釋《乾‧文言》時，張載詳述了他所謂的聖人境界〔註90〕。綜合張載的觀點，可以歸納為以下幾點：第一，與先秦德位兼重的聖人觀不同，張載重德輕位。張載認為《易傳》不言「帝王」而言「天德」，乃是位不足道。有其位未必「所性存」。又如，張載曾說王者之位有六，而「聖人之德」何六之有。這與孔子時代的聖人觀不同。孔子所謂「作者七人」之作者，與《禮記》所謂「作者為之聖」之作者，都是德位兼備的制禮作樂的聖王。第二，聖人的境界有層次之分，於一節也可成聖，如「如夷之清，惠之和」。又如，「所以接人者與聖同」的「禹、稷、皋陶輩」，「然須當皆謂之聖人」。低層次的聖人「又克己若禹」，「久則須至堯舜」。第二，學者至大人是一節，大人至聖人是一節。由學者到大人，可學而至，即可「思慮勉勉而至」。由大人至聖人，則「若天之不可階而升」。非「思慮勉勉而至」，要「德盛仁熟，自然而致」。第三，大人崇

〔註88〕《張載集‧經學理窟‧義理》云：「由學者至顏子一節，由顏子至仲尼一節。是至難進也，二節猶二關。然而得仲尼地位亦少《詩》《禮》不得。孔子謂學《詩》學《禮》，以言以立，不止謂學者，聖人既到後，直知須要此不可闕。不學《詩》直是無可道，除是穿鑿任己知。《詩》《禮》《易》《春秋》《書》，六經直是少一不得。」參見《張載集‧經學理窟》，第278頁。
〔註89〕參見《張載集‧橫渠易說》，第216頁。
〔註90〕參見《張載集‧橫渠易說》，第75～76頁。

德未至德盛，大心未至心化，知性未至成性，知神未至入神。聖人則窮神心化，德盛仁熟，神而位天德則成性，成性則從心皆天也。

　　張載站在儒家立場上闡述聖人觀的同時，也批評了佛道二教的聖人觀。《正蒙‧天道篇》有謂：

　　　　谷之神也有限，故不能通天下之聲；聖人之神惟天，故能周萬物而知。

　　　　聖人有感無隱，正猶天道之神。

　　　　世人知道之自然，未始識自然之為體爾。〔註91〕

程頤曾說「老氏『谷神不死』一章最佳」，〔註92〕稱許老氏言道體之善。張載則認為道家「谷之神也有限」，而稱許儒家所謂天之神。所謂「谷之神」指道家虛無之道。《老子》第六章載：「谷神不死，是謂玄牝。玄牝之門，是謂天地根。」這是以谷神指代生天生地的道。張載認為道家「谷之神」不同於儒家天之神。前者有限，後者「能周萬物而知」。道家言道恍惚不可捉摸，而太虛作為「自然之體」是真實存在的。又張載認為道家主張隱居而不用世，是不知本天道為用。至於對佛教，在《正蒙‧乾稱篇》中，張載對佛教因「未始見易」而「誠而惡明」給予嚴厲批評。張載認為佛教和儒家在「乃知道者所謂誠也」方面是一致的。而佛教卻失於「誠而惡明」。在《正蒙》中，張載曾說佛教學者不知易而不識造化，不識造化而不能知性命。因此，張載認為佛教不知性命故不能知聖人。至於「困而不學」的下民，只能「醉生夢死」了。〔註93〕

（四）人如何效法天地

　　《易傳》所謂聖人以效法天地為人生目標。他們生而知之，負載天命符瑞。理學家則認為學可以至聖。縱然未必能成為聖人，也可以在德行功業上接近聖人。張載的工夫路徑，即其所謂「天人合一」。即通過「因明致誠，因誠致明」，達到《中庸》所謂「誠則明矣，明則誠矣」的誠明境界。《中庸》所謂「自誠明」含有「生而知之」之義。張載結合《易傳》所謂「窮理盡性至於命」，釋「自誠明」為先盡性乃至窮理而明。也可以說是由明仁而達到智崇。《中庸》所謂「自明誠」，乃指由學達到智崇而明，明則見性之誠。即由智慧

〔註91〕參見《張載集‧橫渠易說》，第15頁。
〔註92〕參見《二程集‧程氏遺書》，第64頁。
〔註93〕參見《張載集‧正蒙》，第65頁。又見《張載集‧橫渠易說》，第183頁。

高超而明仁之為性。張載依據「窮理盡性至於命」之說，釋「自明誠」為窮理乃至見性。從而擯棄了先秦儒學「生之為性」的性命說和「生而知之」的認識論。

　　張載天人合一的修行論主要理論淵源是《中庸》和《易傳》。例如，《禮記・中庸》所謂：「自誠明謂之性，自明誠謂之教。誠則明矣，明則誠矣。」又如《易傳・繫辭》所謂「一陰一陽之謂道，繼之者善也，成之者性也。」《易傳・說卦傳》所謂：「昔者聖人之作易也，……和順於道德而理於義，窮理盡性以至於命。」張載釋《易傳・繫辭》所謂「成性存存，道義之門」，曰：

　　　　何以致不息？成性則不息。誠，成也，誠為能成性也，如仁人

　　孝子所以成其身。〔註94〕

張載所謂「不息」，即《中庸》所謂天道之「至誠無息」。所謂「博厚則高明」，正是天地之德，或天地之性。聖人「至誠無息」，乃至「博厚高明」，就是張載所謂「成性」，即成就天地之性。誠的本字為成。先秦文獻中，有時誠成互釋。「誠者物之終始，不誠無物」，也可以說是「成者物之終始，不成無物」。即萬物乃天始地成，沒有天地之合氣，就沒有萬物，即不成則無物。後世學者把誠視為一種心理狀態，使得《中庸》原文難於理解。而毋寧說誠是一種境界，即《中庸》所謂「成己仁也，成物知也」的仁智合一。言誠而不言成，言成則有成己之嫌。故曰「誠者非自成己而已也，所以成物也」。其中「誠者物之終始，不誠無物」「天地之大德曰生」，即天地以成物為德。這與《易傳》天始地資以成萬物的觀點是一致的。在這個意義上講，可謂「誠者，天之道也」。這也是張載釋誠為成的依據。無獨有偶，周敦頤在《通書》「誠上第一」章中也釋誠為成。結合《繫辭傳》《乾・文言》以及《乾・彖》《坤・彖》，周敦頤以乾元之成物之始為「誠之源」，又以乾貞之成物之正為「誠斯立」。又以乾之元亨為天地成物之始、養階段，周敦頤釋之為「誠之通」。以乾之利貞為天地成物之利用、收藏階段，周敦頤釋為「誠之復」。〔註95〕又以元為春生物，人效法元為仁；以貞為冬藏物，人效法貞為智。故《中庸》曰：「成己，仁也；

〔註94〕 參見《張載集・橫渠易說》，第 192 頁。

〔註95〕 《通書・誠上第一》云：「誠者，聖人之本。『大哉乾元，萬物資始』，誠之源也。『乾道變化，各正性命』，誠斯立焉。純粹至善者也。故曰：『一陰一陽之謂道，繼之者善也，成之者性也』。元、亨，誠之通；利、貞，誠之復。大哉易也，性命之源乎！」參見〔宋〕周敦頤著，陳克明點校：《周敦頤集》，北京：中華書局，1990 年：第 12 頁。

成物，知也。」正是在天地成物的意義上，《中庸》才得出「誠者天之道也」的結論。天地之成物，自然而然，功成而不居。聖人效法天地之高明博厚，而性天德，故曰「不勉而中，不思而得」，又曰「從容中道，聖人也」〔註96〕。

　　張載對「天人合一」的表述見於《正蒙・乾稱篇》。張載站在儒家天人合一的立場之上，認為二教學說與儒家學說二本殊歸。並批評釋教「誠而惡明」，是有體無用、體用殊絕之說。張載把儒家修養工夫學說歸結為「儒者則因明致誠，因誠致明，故天人合一。致學而可以成聖，得天而未始遺人。」〔註97〕張載所謂「得天」是指生而性之，所謂「未始遺人」指教學至聖的後天學養。關於「誠明」，《正蒙・誠明篇》有專門論述。強調「天人異用」「天人異知」不能達到天人合一，是未至「誠明」。《中庸》所謂「自誠明，謂之性」，其中誠者成也，性者生也。本指聖人「生而知之」，不待學、不待教即「明」。《中庸》所謂「自明誠，謂之教」，則是學而知之。《中庸》所謂「誠則明矣，明則誠矣」，強調無論生知、學知，成性的境界則相同的。《中庸》所謂誠明，即誠且明，或曰明且誠，是言聖人之境界。張載釋自誠明、自明誠則有異。他認為自誠明是先盡性而後窮理，自明誠是先窮理而後盡性，二者是兩種不同的成性至聖的路徑。〔註98〕

四、以有形／無形釋「形而上者謂之道，形而下者謂之器」

　　《繫辭傳》以形而上／形而下論道／器，後世學者都認為是《繫辭》以有形／無形辨道／器之異。然而，這並不符合《繫辭》原義。《繫辭》原文是講聖人神道設教的道術，並且強調乾坤二卦對於《周易》神道設教中的重要意義。即《周易》通過立象盡意、設卦盡情偽、繫辭盡言而立聖人之教，聖人通過變通盡利、鼓舞盡神而崇德廣業。而崇德廣業分別是對乾坤之道的法象。故曰「乾坤其《易》之蘊耶」，又曰「乾坤其《易》之門耶」。這段話在傳本《繫辭上》第十二章，其文曰：

〔註96〕〔清〕阮元校刻：《十三經注疏・禮記正義》，北京：中華書局，1980年：第1632～1633頁。

〔註97〕《正蒙・乾稱篇》云：「儒者則因明致誠，因誠致明，故天人合一。」參見《張載集・橫渠易說》，第65頁。

〔註98〕《張載集・張子語錄・語錄下》云：「須知自誠明與自明誠者有異。自誠明者，先盡性以至於窮理也，謂先自其性理會來，以至窮理；自明誠者，先窮理以至於盡性也，謂先從學問理會來，以推達於天性也。」參見《張載集・張子語錄》，第330頁。

乾坤其《易》之蘊耶？乾坤成列而《易》立乎其中矣！乾坤毀則無以見《易》。《易》不可見，則乾坤或幾乎息矣！是故形而上者謂之道，形而下者謂之器。化而裁之謂之變，推而行之謂之通，舉而措之天下之民謂之事業。

我們認為《繫辭》這段文字的原義是說聖人法象乾坤之道，成就高者（形而上者）為崇德之道，成就低者（形而下者）為廣業之術。聖人通過化裁、變通、措諸民而實現治國平天下。

首先，這裡的「形」與「化」「推」「舉」都是用作動詞。在先秦文獻中，形字用作動詞有「成形」「成而可見之於外」等含義。如《繫辭》所謂：「見乃謂之象，形乃謂之器。制而用之謂之法，利用出入、民咸用之謂之神。」這是說，天象雖無形而可見。聖人觀象制器，即「形乃謂之器」。又如《禮記·樂記》載：「人生而靜，天之性也；感於物而動，性之欲也。物至知知，然後好惡形焉。」〔註99〕又載：「樂必發於聲音，形於動靜，人之道也。聲音動靜，性術之變，盡於此矣。故人不耐無樂，樂不耐無形。形而不為道，不耐無亂。」〔註100〕又載：「夫民有血氣心知之性，而無哀樂喜怒之常，應感起物而動，然後心術形焉。」〔註101〕這裡的所謂「好惡形焉」「形於動靜」「心術形焉」都用作動詞，是「成而可見之於外」之義。根本與有形、無形無關。從現有的文獻看，以形而上／形而下論道、器之異始於東晉韓康伯的《繫辭注》。韓氏以形而上為形容道體，以形而下為形容器物。並未明言何為「形而上」，何為「形而下」。〔註102〕韓氏之注為唐孔穎達《周易正義》所接受，並明確所謂「形而上」即無形體，所謂「形而下」即有形體。孔穎達在《周易正義》卷首第一「論易之三名」中，以有、無分別指稱易理和易象。易理即道為無，為形而上；易象即器為有，為形而下。而孔穎達所謂有、無

〔註99〕〔清〕阮元校刻：《十三經注疏·禮記正義》，北京：中華書局，1980 年：第1529 頁。

〔註100〕〔清〕阮元校刻：《十三經注疏·禮記正義》，北京：中華書局，1980 年：第1544 頁。

〔註101〕〔清〕阮元校刻：《十三經注疏·禮記正義》，北京：中華書局，1980 年：第1535 頁。

〔註102〕韓康伯注《繫辭傳》「子曰『知幾其神乎？君子上交不諂，下交不瀆，其知幾乎』」，曰：「形而上者況之道，形而下者況之器。於道不冥而有求焉，未離乎諂也。於器不絕而有交焉，未免乎瀆也。能無諂、瀆，窮理者也。」參見劉玉建：《〈周易正義〉導讀》，齊魯書社，2005 年：第 414～415 頁。

即有形與無形。無言道體之無形；有言器用，器則有形可見。〔註103〕顯然，如果孔穎達的理解是正確的，《繫辭》何不直言「無（形）謂之道，有（形）謂之器」。孔穎達疏是以道家、玄學所謂「有生於無」「無先於有」解釋《繫辭》所謂「形而上」「形而下」。而道家、玄學之前的文獻，諸如《尚書》《周易》《禮記》，其中關於道的表述根本與「有生於無」的觀念無關。《繫辭》這裡所謂上下與有無、有形無形也扯不上關係。形，常常指地和地上有形體可見之物，在《易傳》中常常和無形而可見的天象對言。器指人為製造的工具，如《易傳》所謂觀象制器。有時，器也代指工具，如《論語》所謂「君子不器」之器。總之，形與器的內涵相差甚遠。然而，形既然在道器之間，應當既不屬於道，也不屬於器。為此，《周易正義》在疏理這段文字時，做了補充解釋，說明何以形在道器之間卻屬於器。孔穎達以「自形外已上」釋形而上，以「自形內而下」釋形而下。形和器含義不同，但都是有，道則是無。故「形雖處道器兩畔之際」，孔穎達認為「形在器，不在道」。〔註104〕孔穎達的解釋並沒有絕對的說服力，因為絕大多數有形之物並不可以為器用。玄學觀點和《繫辭傳》原義顯然不合。因為，許多無形的事物在形而上卻非道，又有許多有形的事物雖有形而非器。又如，在《禮記》中有若干道器對言的文字，與孔穎達論道器有別。而形字在此處顯然用作動詞，和有形無形無關。

　　其次，在儒家文獻《禮記》中，也有關於以上／下論道／器文字，可以幫助我們理解道器之異。如《禮記·學記》載：「玉不琢，不成器；人不學，

〔註103〕《周易正義》卷首第一「論易之三名」云：「是知易理，備包有無，而易象唯在於有者，蓋以聖人作《易》，本以垂教，教之所備，本備於有。故《繫辭》云『形而上者謂之道』，道即無也。『形而下者謂之器』，器即有也。故以無言之，存乎道體；以有言之，存乎器用；以變化言之，存乎其神；以生成言之，存乎其易；以真言之，存乎其性；以邪言之，存乎其情；以氣言之，存乎陰陽；以質言之，存乎爻象；以教言之，存乎精義；以人言之，存乎景行。此等是也。」參見劉玉建：《〈周易正義〉導讀》，齊魯書社，2005年：第89頁。

〔註104〕《周易正義》云：「『是故形而上者謂之道，形而下者謂之器』者，道是無體之名，形是有質之稱。凡有從無而生，形由道而立，是先道而後形，是道在形之上，形在道之下。故自形外已上者謂之道也，自形內而下者謂之器也。形雖處道器兩畔之際，形在器，不在道也。既有形質，可為器用，故云『形而下者謂之器』也。」參見劉玉建：《〈周易正義〉導讀》，齊魯書社，2005年：第393頁。

不知道。」〔註105〕顯然，玉是有形體之物，但並非器。這裡的道有道義、禮制、原則等義。道器關係可以表述為器物與使用器物的禮制的關係。進一步講，可以是禮制與制定禮制所依據的天地之道的關係。又如，《禮記・喪服小記》載：「陳器之道，多陳之而省納之可也；省陳之而盡納之可也。」〔註106〕顯然，這裡器指器物，而道指陳器之禮制度數、原則等。又如，《禮記・表記》載：「子曰：『仁之為器重，其為道遠，舉者莫能勝也，行者莫能致也，取數多者仁也。』」〔註107〕又如《禮記・檀弓下》載：「孔子謂：為明器者，知喪道矣，備物而不可用也。」〔註108〕這裡的道器之辨顯然沒有有無之辨的含義。但是，儒家思想中不乏重道德、義理輕功用、工具的觀念。即以道德、義理為上，以功用、工具為下。如《禮記・學記》載：「君子曰：大德不官，大道不器，大信不約，大時不齊。察於此四者，可以有志於學矣。」〔註109〕所謂「大德不官，大道不器」正是儒者重德輕位、尚道下器觀念表現。又如《禮記・樂記》載：「德者性之端也。樂者德之華也。金石絲竹，樂之器也。」〔註110〕這段話反映了儒者重德、性而輕華、器。又如《禮記・樂記》載：

> 樂者，非謂黃鐘、大呂、絃歌、干揚也，樂之末節也，故童者舞之。鋪筵席，陳尊俎，列籩豆，以升降為禮者，禮之末節也，故有司掌之。樂師辨乎聲詩，故北面而弦；宗祝辨乎宗廟之禮，故後尸；商祝辨乎喪禮，故後主人。是故德成而上，藝成而下；行成而先，事成而後。是故先王有上有下，有先有後，然後可以有制於天下也。〔註111〕

〔註105〕〔清〕阮元校刻：《十三經注疏・禮記正義》，北京：中華書局，1980 年：第 1521 頁。

〔註106〕〔清〕阮元校刻：《十三經注疏・禮記正義》，北京：中華書局，1980 年：第 1502 頁。

〔註107〕〔清〕阮元校刻：《十三經注疏・禮記正義》，北京：中華書局，1980 年：第 1639～1640 頁。

〔註108〕〔清〕阮元校刻：《十三經注疏・禮記正義》，北京：中華書局，1980 年：第 1303 頁。

〔註109〕〔清〕阮元校刻：《十三經注疏・禮記正義》，北京：中華書局，1980 年：第 1525 頁。

〔註110〕〔清〕阮元校刻：《十三經注疏・禮記正義》，北京：中華書局，1980 年：第 1536 頁。

〔註111〕〔清〕阮元校刻：《十三經注疏・禮記正義》，北京：中華書局，1980 年：第 1538 頁。

所謂「德成而上，藝成而下」，正是儒者尚德賤藝觀念的反映。同理，《繫辭》所謂「形而上者謂之道，形而下者謂之器」也是儒者尚道德賤器用觀念的真實反映。這一觀念為後世儒者所繼承。如《漢書·董仲舒傳》載：「夫仁人者，正其誼不謀其利，明其道不計其功。」可以說，董仲舒重道義而輕功利的觀念是對《禮記》重道德輕技藝、《易傳》尚道義輕器用觀念的繼承和發揚。反映在易學觀則是重義理而輕象數、重德義而輕吉凶。這一尚道義輕器用的觀念，也為以儒學正宗自居的理學家所推崇，反映在易學觀上則重義理而輕象數。

儘管玄學化的經學家對這一命題的解讀難免有過度詮釋之嫌，而韓康柏、孔穎達以玄學觀點釋這一命題，仍然為大多數理學家襲用或有所改造。例如，張載即以有形、無形釋形而上、形而下。但是，張載否認無生有的玄學觀點。而且，視無形的象、氣等也為形而上。即以形而上、形而下是對天地之有形無形的分判。張載的觀點是有文獻依據的。例如，《繫辭傳》常常乾天、坤地對言。如以象屬天，以形屬地；以闔戶言坤，以闢戶言乾等等。而「形而上者謂之道，形而下者謂之器」，無疑也是處在乾坤天地對言的語境中，即形而上言乾天，形而下言坤地。

張載釋「是故形而上者謂之道」，曰：「一陰一陽不可以形器拘，故謂之道。乾坤成列而下，皆易之器。」〔註112〕在《正蒙》中，張載以氣化釋道。顯然，這裡所謂「氣化」是依據《易傳》所謂「一陰一陽之謂道」而言，即太虛之氣一陰一陽之絪縕交合。氣是無形的，氣化萬物之過程也是無形的。氣一旦聚而成萬物，則有形體，也就是入而拘於有形體之器。僅從文辭角度看，《繫辭傳》這裡所謂「形」是處在道器之間的。張載基本上接受了孔穎達的觀點，以無形體為道，以有形體為器。不同的是，張載所謂道是一個動態概念，標示太虛之氣化育萬物的過程，而非玄學所謂無形之道體。

張載所謂氣化萬物非僅僅就物而言。聖人神道設教也是化，即張載所謂變化氣質。顯然，這是結合了《中庸》以天命言性，以率性言道，以修道言教的觀點。例如，張載以「如大德敦化是也」為形而上之道。而認為「形而下者謂之器」，即「有形跡者即器也」。所謂有形跡就是張載所謂「見於事實，即禮義是也」。這是說，學者窮理盡性，乃至變化氣質，崇德乃至成性是一個內在的、無形無跡的過程。故而教化之道也是形而上。而事功、踐行禮儀

〔註112〕此段文字，見《張載集·橫渠易說》，第206～207頁。

則涉乎具體的、外在的制度、器物，是有形跡的，是形而下。張載認為，這就是《繫辭傳》所謂可見、有跡之器。〔註113〕在《正蒙·至當篇》中，張載以智崇效天為形而上，以禮卑法地為形而下，以「知禮成性而道義出」釋「天地設位而易行」。〔註114〕這裡所謂知通智，追求窮理之智是對天德之效法，務求高明，故曰「崇」。所謂晝夜之道，是陰陽說尚未流行時期對天道的表述，也就是一陰一陽之道。顯然，張載認為這是一個形而上的過程。所謂「以禮性之」就是踐行禮儀，是效法地道之卑實。顯然，這是一個有形跡可見的過程。如此，形而上者就成為追求高明之智慧的代名詞。正是在這個意義上，得意、得名、得辭，正是窮理、識造化的過程，故曰「形而上」。〔註115〕至於《繫辭傳》所謂「聖人四道」，張載認為得辭、得象而變化之理得矣。〔註116〕又，《橫渠易說》釋乾健坤順之德時，認為太虛之氣無形而不可見。若無氣之變化之象則人無法知道氣的存在。氣有變化之象則可名之言之，即可「於不形中得以措辭」。因為「得象可狀」，從而得象、得辭而變化之理得矣，天道可知也。張載認為這就是《繫辭》「形而上者謂之道。」地道則是成形，耳目可以得之。若僅以「耳目所及求理」，則僅見有形跡之地道，形而上之天道則不可得。〔註117〕以天道言，氣有陰陽。氣之絪縕變化則有象，有象

〔註113〕張載釋形而上曰：「『形而上者』是無形體者，故形而上者謂之道也；『形而下者』是有形體者，故形而下者謂之器。無形跡者即道也，如大德敦化是也；有形跡者即器也，見於事實即禮義是也。」參見《張載集·橫渠易說》，第207頁。

〔註114〕《正蒙·至當篇》云：「知崇，天也，形而上也；通晝夜之道而知，其知崇矣。知及之而不以禮性之，非己有也；故知禮成性而道義出，如天地設位而易行。」參見《張載集·正蒙》，第37頁。

〔註115〕張載說：「形而上者，得意斯得名，得名斯得象；不得名，非得象者也。故語道至於不能象，則名言亡矣。」參見《張載集·正蒙·天道篇》，第15頁。

〔註116〕《橫渠易說》云：「學未至乎知德，語皆有病。形而上者得辭斯得象矣，故變化之理須存乎辭。言，所以顯變化也。『《易》有聖人之道四焉』，而曰『以言者尚其辭』。辭者，聖人之所重。」參見《張載集·橫渠易說》，第198頁。

〔註117〕《橫渠易說》云：「有變則有象，如乾健坤順，有此氣則有此象可得而言；若無則直無而已，謂之何而可？是無可得名。故形而上者，得辭斯得象，但於不形中得以措辭者，已是得象可狀也。今雷風有動之象，須得天為健，雖未嘗見，然而成象，故以天道言；及其法也則是傚也，傚著則是成形，成形則地道也。若以耳目所及求理，則安得盡！如言寂然湛然亦須有此象。有氣方有象，雖未形，不害象在其中。」參見《張載集·橫渠易說》，第231頁。

則可狀，雖無形而可以得名以措辭。以地道言，在地為成形，如禮儀制度之謂器物。法地則是踐行禮儀制度，涉乎形器有跡而效著。張載認為這就是《繫辭》所謂「形而下者謂之器」。可見，在張載看來，形上、形下正是天道、地道之根本區別。

五、以太和絪縕釋「一陰一陽之謂道」

《繫辭》所謂「一陰一陽之謂道，繼之者善也，成之者性也」，是《易傳》關於道、性、命、誠等範疇之間關係的重要命題。張載釋《繫辭傳》「繼善成性章」，可以歸納為以下幾點。首先，張載以「能繼繼體此而不已」「勉勉不息」釋《繫辭傳》所謂「繼」，這與繼的紹、述之本義不同。如《禮記・中庸》言孝者之所以孝，是「善繼人之志，善述人之事」〔註118〕。天地生人，人視天地如父母。故人應善繼天之生生之道，善述天之生生之德。張載的觀點可能與其以氣化過程言道有關，既然道是一個過程，繼道就不可能一蹴而就。張載又說：「善之猶言能繼此者也」。這是說非別有一個東西為善，繼道即善。其次，《繫辭傳》所謂見仁見智意為：道雖為一，人之見道各有所偏，故有所謂見仁見智。例如孔子重仁而老子重智。張載則以「仁者不已其仁」「知者不已其知」釋見仁見智。《繫辭傳》所謂仁者、智者都可謂聖人。張載則認為「必仁知會合乃為聖人」，而於一節上成性非大成性。又次，張載認為「百姓日用莫非在道」「飲食男女皆性也」，這與《易傳》等先秦文獻言道、言性不同。所謂「曲能有誠」等，本《中庸》之語。由此可見張載理學思想體系以《易》《庸》互詮為理路。

張載以氣化言道的觀點，主要文獻依據就是《繫辭傳》所謂「一陰一陽之謂道」這一命題。在先秦儒家文獻中，道從來就不是一個獨立的實體，萬物萬事各有其道。道本指路徑，借指運行方式等，引申為原則、規律等。道本是中性詞，可指為政方式，如所謂「三王之道」。也可指普通人的行為方式，所謂「盜亦有道」。所謂天道，就是天的運行方式或特點，如「天道曰員，地道曰方」〔註119〕。又如《莊子》以「無為而尊」言天道，以「有為而累」言

人道。」〔註120〕《中庸》以「誠」言天道，以「誠之」言人道等。〔註121〕「一陰一陽」正是對天之運行之道的真實寫照，即晝夜交替，寒暑推移，乃至消息盈虛等。顯然，張載以氣化釋道，即符合《易傳》的說法，又具有創新發展。在《正蒙・太和篇》中，張載描述了一陰一陽氣化之太和狀態，此氣之兩端絪縕相感之和諧狀態就是氣化之道的狀態。正是在這一意義上，張載說：「語道者知此，謂之知道。」又曰：「學《易》者見此，謂之見易」。〔註122〕

　　儒釋道三教文獻中都言道，而內涵不一。張載以氣化言道，並據此嚴屬批評了一些學者望文生義，把儒、佛、老莊言道「混然一塗」的做法。在《正蒙・太和篇》中，張載批評說，正是因為不悟「一陰一陽」之可以「範圍天地」、可以「通乎晝夜」的三極大中之道，才會混同三教之言道。在張載看來，釋氏語天道性命之言恍惚夢幻，而道家言道誤以為「有生於無」。〔註123〕張載所謂「儒、佛、老莊混然一塗」言道者，大概指與張載同時代略早的僧人智圓、契嵩等。智圓提出儒家中庸就是龍樹所謂中道。而契嵩作《中庸解》五篇，以闡明「儒釋之道一貫」名振朝野。而二程言道體也有儒、佛、老莊言道「混然一塗」的嫌疑，這也是許是程顥要將道「體貼」為理、把天道「體貼」為天理的動機之一吧〔註124〕。張載以一陰一陽言道體，顯然不同於道家以「有無雙遣」言道體，也不同於玄學以無言道體，也不同於程頤以天地萬物之所以然言道體，而是基於《易傳》言道體。在《正蒙・乾稱篇》中，張載總結了道與物的根本差別：道兼陰陽、晝夜、闔闢、屈伸之兩端，而物則滯於方體。又說，道、神、易其實一也，名稱不同罷了。〔註125〕

　　張載認為「《易》乃是性與天道」，因此對「一陰一陽之謂道，繼之者善也，成之者性也」這一命題的闡發，重點在於「繼善成性」。而天地本無心志，繼天地之志、述天地之事，無非就是效法天地之德、順應天地之道。即，順應天時而作，效法地理而成。從而參贊天地，化育萬物。《繫辭傳》所謂繼道為

〔註120〕〔清〕郭慶藩：王孝魚點校：《莊子集釋》，北京：中華書局，1961年：第401頁。
〔註121〕〔清〕阮元校刻：《十三經注疏・禮記正義》，北京：中華書局，1980年：第1632頁。
〔註122〕《張載集・正蒙・太和篇》，第7頁。
〔註123〕《張載集・正蒙・太和篇》，第8頁。
〔註124〕《程氏外書》載：「明道嘗曰：吾學雖有所受，天理二字卻是自家體貼出來。」參見《二程集・程氏外書卷第十二》，第402頁。
〔註125〕《張載集・正蒙・乾稱篇》，第65～66頁。

善，大概就是順天時而行則是善。如荀子所謂：「故養長時則六畜育，殺生時則草木殖，政令時則百姓一，賢良服。」〔註126〕《繫辭傳》所謂繼道成性，猶言「天命為性」。天地生萬物，成則天命即在萬物。此天命對於人和萬物而言就是性，即天命之在人和萬物就是性。即成乃謂之性，即誠者天之道也。《易傳》所謂聖人都是制禮做法的聖王，所謂成性就是生謂之性。但是，張載把這一命題創造性地詮釋為「繼善不息，直至成性至聖」的修養工夫。即誠之者人之道也。而張載成性至聖的修養工夫路徑，也可以表述為「存虛明，久至德；順變化，達時中；仁之至，義之盡也」。〔註127〕

六、以「有漸」「就約」相結合釋「窮理盡性以至於命」

　　至於「窮理盡性以至於命」之「命」，韓康伯注以「生之極」釋。顯然，韓康伯是以生為性，以窮理為窮性命之理。孔穎達疏以人所稟受之定分釋命，以壽命長短之極釋韓注「生之極」。孔疏又以為「命乃自然之至理」，故窮理即盡性至命。孔穎達也以生為性，以「自然之至理」釋命。〔註128〕張載釋「窮理盡性以至於命」為「窮理」「盡性」「至命」三事，與程頤反覆強調窮理盡性至於命為一事不同。張載反覆強調三者不能為一，曾說「知與至為道殊遠」。〔註129〕就是說「知性」「知命」是認識到天地賦予自己的人生使命，如「五十而知天命」。「至於命」是完成天地賦予自己的人生使命。現將張載主要觀點總結如下：

　　首先，張載以太虛為本體，而道、命、性等範疇都本之於太虛，言命則至於太虛之本源。天道即性，故思知人當先知天道。既能知天則能知人。正因為天道即性，故曰「能知天斯能知人」。「窮理盡性」以知天知人為內涵。在《正蒙》中，張載以「合虛與氣」釋性，故性有天命和氣質之分。天命之性源自太虛本體，氣質之性則源自氣稟。合理地解決了歷史上生之謂性、天命之謂性以及性善性惡的爭論。

　　其次，與程頤反覆強調窮理盡性至於命為一事不同，張載強調此三事不可謂一。認為窮理、盡性「當有漸」。之所以張載認為窮理當有漸，是因為，

〔註126〕　參見〔清〕王先謙撰，沈嘯寰、王星賢點校：《荀子集解》，中華書局，1988年：第165頁。
〔註127〕　《張載集・橫渠易說》，第188頁。
〔註128〕　劉玉建撰：《《周易正義》導讀》，濟南：齊魯書社，2005年：第432～433頁。
〔註129〕　《張載集・橫渠易說》，第234～235頁。

張載所謂理為萬物之先天文理、條理、等級次序等。天地也有其理，也就是古人常常說的天文地理。顯然，萬物之異，首先表現為物各有其理。窮理自然會有其次序，不可能一下子窮盡。而程頤以道釋理，萬理只是一理。又認為性、命、道、理本一，故有所謂「三事一時並了」之說。

又次，張載認為「剛柔緩急」之性來自天道之陰陽氣化。盡性之後，「剛柔緩急」之性則可以改變，也就是張載所謂「及盡性則皆忘之」。變化氣質是張載工夫論思想的一個重要內容。

又次，張載以識造化，知天、知天道為窮理。而佛教不識造化，只是體虛空之性。張載認為佛教無參贊化育之天用，故曰「釋氏無天用」。也就是說，佛教只盡性而不窮理，是誠而不明。在《正蒙》中，張載以窮理釋《中庸》所謂明，以盡性釋《中庸》所謂誠。

窮理是張載工夫論的重要內容。首先，理在張載易學中不是一個表示獨立實體的概念。張載所謂理，包括物理、事理、義理或性命之理（性理）。一物有一物之理，而萬物有萬理。窮物理是窮義理的基礎。張載認為「明庶物」即是明物理、事理，「察人倫」即明義理。明理而後「順理而行」。仁義之名無非是給順理而行的行為一個名目罷了。言下之意，那些為求虛名而行仁義之事的人並非真得明理順理。就如同春夏秋冬之名，實質上不過是陰陽順布而已。〔註130〕又，張載認為窮理就是學。學的目的就是要「強學以勝其氣習」。這裡所謂「學」，乃指後天的教育學習。這裡所謂「氣」，乃指善惡混雜的氣質。這裡所謂「習」則「胎胞中以至於嬰孩」有生之時養成的習氣。張載曾詳細論述性與三者之關係：性來自天道之生生之德。氣稟有清有濁，濁氣能夠遮蔽性之善。習之惡者能害氣，「氣之惡者」能病性。故應「強學以勝其氣習」，即可以去除去濁氣、惡習，使得善性得到彰顯。〔註131〕這就是張

〔註130〕《張載集‧張子語錄下》云：「明庶物，察人倫，庶物，庶事也，明庶物須要旁用；人倫，道之大原也。明察之言不甚異，明庶物，察人倫，皆窮理也。既知明理，但知順理而行而未嘗以為有意仁義，仁義之名，但人名其行耳，如天春夏秋冬何嘗有此名，亦人名之爾。」參見《張載集‧張子語錄》，第220頁。

〔註131〕《張載集‧張子語錄下》又曰：「大凡寬褊者是所稟之氣也，氣者自萬物散殊時各有所得之氣，習者自胎胞中以至於嬰孩時皆是習也。及其長而有所立，自所學者方謂之學，性則分明在外，故曰氣其一物爾。氣者在性學之間，性猶有氣之惡者為病，氣又有習以害之，此所以要鞭辟至於齊，強學以勝其氣習。」參見《張載集‧張子語錄》，第229～230頁。

子所謂變化氣質之說。只要立志於學，無論稟氣寬褊都可以明理，乃至窮理。張載關於變化氣質的思想源自孔孟儒學。是對孟子「居移氣，養移體」的引申發揮。張載認為心宏大又存謹敬，即所謂「寬而敬」。如此可以使得「心和則氣和，心正則氣正」。從而達到「心和而體正」。張載認為，「氣質美惡、貴賤夭壽」都是生而俱在的「定分」。為了不至於「氣壹則動志」，故需強學使得志壹而動氣。張載認為學而變化氣質，即拂去舊習。而學者當「使動作皆中禮」，直至「必學至於如天」則能成性至聖。〔註132〕張載認為孔子是學而知之者，是自明而誠的聖人，不是生而知之的聖人。孔子一生好學不輟，不恥下問，誨人不倦。曾問禮於老聃，學樂於萇弘。在張載心目中，學而知之的孔子才是儒家聖人的人格典範。現在看來有天命、符瑞的生而知之者，是傳說中的聖人。那不過是漢儒編造的神話而已。張載以孔子為聖人中的典範，於是才「希於明誠」，勉勉不退。《論語》所謂學習的內容是六經、六藝，如所謂「十五志於學」。張載從氣化論出發，認為一個人凡有所作為就是學，他人教育影響亦是學。即使不知學之人，「然人作之而已變以化於其教」也是學。張載主張學者學禮，認為這可以除去舊習世俗之氣。〔註133〕這是對孔子「不學禮，無以立」之說的繼承和發揚。

　　關於學以窮理，張載認為讀書是窮理的捷徑。張載本人非常重視書本知識的學習，對於天文學、曆法、聲律、醫學、史學乃至當時流行的推命之術也有所涉獵。認為常人讀史書不過是「對人恥有所不知」，是為人讀書，非為己讀書，是謂不可取。又說讀史書，「見得無可取則可放下」。張載又認為儒者讀醫書，「會得不過惠及骨肉間」。通點醫術無非是「延得頃刻之生」，至於道家所謂長生不老則無是理。至於「文集、文選之類」文學書籍，可以看一些，「無所取便可放下」。比較而言，張載更重儒家經典的學習，認為史書、文集可讀讀，釋典、道經不看也可以。惟於儒家經典，張載主張時時讀、反覆讀、

〔註132〕《張載集‧經學理窟‧氣質》解釋說：「居仁由義，自然心和而體正。更要約時，但拂去舊日所為，使動作皆中禮，則氣質自然全好。禮曰『心廣體胖』，心既弘大則自然舒泰而樂也。若心但能弘大，不謹敬則不立；若但能謹敬而心不弘大，則入於隘，須寬而敬。大抵有諸中者必形諸外，故君子心和則氣和，心正則氣正。……「今人所以多為氣所使而不得為賢者，蓋為不知學。古之人，在鄉閭之中，其師長朋友日相教訓，則自然賢者多。但學至於成性，則氣無由勝，孟子謂『氣壹則動志』，動猶言移易，若志壹亦能動氣，必學至於如天則能成性。」參見《張載集‧張子語錄》，第229～230頁。

〔註133〕參見《張載集‧張子語錄》，第230頁。

循環讀乃至「晝夜不息」。認為儒者應當「遊心經籍義理之間」「理會得六七年」，直到「自無可得看」。〔註134〕

對於儒家經典中的義理，更是主張「精義入神」。但是，張載認為儒家經典有純雜之分，應該分別對待。張載認為，孔孟之後周孔之道不傳，學者讀書不得不知。《論語》《孟子》最為可信，而「《詩》《書》無舛雜」。至於《禮》，張載認為「雜出諸儒」。顯然，這與時代久遠，名物制度早已損益變遷有關。張載認為「《中庸》《大學》出於聖門」，與《禮記》所記禮文不可同日而語。〔註135〕

孟子認為《尚書》所記內容不可盡信。張載也反覆強調，讀書貴在用心，心領神會乃至自出義理。並舉孟子讀書自出義理的例子予以證明。孟子言「所性」「四體不言而喻」「不成章不達」，都是孔子不曾言，而孟子心解而言之。張載認為「學不能推究事理」，只是未曾細心研讀。而要心解立說，就「不必字字相校」。〔註136〕至於六經，張載認為，即便是學如孔子、顏淵，也需時時學習。

於六經中，張載特別重視《周易》。認為非知易無以識造化，不識造化就談不上窮理。乾坤以象天地，三百八十四爻以符示天地之道。即識得易才識得造化，識得造化方可識得天道，識得天道才能言性命。而天道無非是陰陽寒暑、屈伸盈虛。那麼一物有一物之理，萬物有萬理，何時能窮盡？張載認為識造化就是要明白陰陽屈伸之理。明瞭寒暑屈伸，不越二端，就可以「從此就約」。

張載認為讀書只是窮理的其中一個途徑。而張載所謂「察人倫」，就是觀禮、學禮、持禮，因為禮能「滋養人德性」。持禮如同釋老二教之持戒，使學者有常業可守，可學、可行、可集義以養浩然之氣，直至「嚴正剛大」。上學下達以守禮，下學上達能成性。張載認為守禮集義就是孔子所謂「克己復禮」。〔註137〕

張載認為，只讀書算不得切己之學。只有識得義理而知幾，守禮徙義不止才能盡性至命。張載在談到成性至聖時，常常講「知禮成性」。這裡所謂「知」通智，即智慧，即明。所謂「禮」，就是踐行禮制，氣質潔靜。張載認為踐行

〔註134〕參見《張載集·經學理窟》，第278頁。
〔註135〕參見《張載集·經學理窟》，第277頁。
〔註136〕參見《張載集·經學理窟》，第323頁。
〔註137〕參見《張載集·經學理窟》，第279頁。

禮制不僅言行舉止要合於禮制，更重要的是完成禮制賦予人們的社會角色所應承擔責任和義務。正如所謂「知及之而不以禮性之」。這是說，知而不行算不得真知。張載認為能窮理，既能識幾。成聖之路就是見機而動，順理而行，「徙義」不止，直至窮神知化，盛德成性。〔註138〕張載認為經典所載和日常待人接物中的「義」各有精粗。能夠窮理而至於精義的層面，盡得人與物之性則是「入神」。張載所謂「一故神」，就是能夠把天下萬物通達於一物之中才是「精義入神」。〔註139〕《論語》曾載孔子自述為學之歷程，張載在《正蒙·三十篇》中將這段話解釋為孔子學以至聖的過程以及相應的人生境界。張載以「三十器於禮」釋「三十而立」。孔子本義為熟悉禮儀制度之後，可以從政了。立於朝堂之上，言行舉止不至於顯得唐突。張載所謂「三十器於禮」意為學禮、持禮見乎言談舉止，見於行跡為成器。張載認為「四十不惑」是窮理乃至精義致用，行禮而因時損益而不疑。命在先秦文獻中是一個源自天的先天必然性的範疇，知命是學之盡頭。張載則認為「知與至為道殊遠」，即知命和至命差別很大。知命相當於知道自己的人生使命，而至命則是完成自己的人生使命。事實上，孔子從未以聖人自居，孔子為學歷程與聖人境界並無多大關係。張載所謂聖人也不是先秦學者所謂聖人。顯然，張載的解釋未必符合《論語》原文之義。但是，張載把孔子的話完全義理化了。把孔子當作「聖之時者」的觀點來自孟子，張載則又進一步發揮了孟子的觀點。孟子所謂「聖之時者」，指孔子久速以時，出處以時。而張載以「時措而不疑」釋「不惑」，以《易傳》所謂「窮理盡性」釋《論語》所謂「知天命」，並辨「知」與「至」之不同。以「聲入心通」而「耳順」，為「盡人物之性」。張載把孔子所謂「從心所欲而不逾矩」，視為「與天同德」的聖人境界。認為《中庸》所謂「不思不勉，從容中道」正是對這一境界的描述。這又是以《易傳》思想來解釋《論語》了。張載把孔子學以至聖的過程，釋為「精義入神」而「窮神知化」，從而「化而裁之」至於「窮理盡性以至於命」的過程。張載以「與天地參」釋「勿意必固我」，以「從心如天」釋「不夢周公」，以「存順沒寧」釋「吾衰也久矣」。儘管這些解釋未必合於原文，但是，張載所發義理還是非常深刻

〔註138〕《正蒙·中正》云：「將窮理而不順理，將精義而不徙義，欲資深且習察，吾不知其智也。」參見《張載集·正蒙》，第29頁。

〔註139〕《張載集·張子語錄上》云：「義有精粗，窮理則至於精義，若精義盡性則即是入神。蓋為惟一故神。」又，「通天下為一物在己而已，惟是要精義入神。」參見《張載集·正蒙》，第217頁。

的。足見張載對《易傳》和孔子易學的創造性理解。

　　盡性是張載工夫論的重要環節。張載論性是對先秦儒家性論的創造性詮釋。在先秦文獻中，性和生常常可以互詮，生之謂性是一個常識。在《論語》中，性還算不上一個哲學範疇。孔子以性、習與遠、近對言，《繫辭傳》言善言性始於以一陰一陽論道。《說卦》始立「窮理盡性以至於命」的命題。《中庸》論「率性修道之教」，其中許多範疇和命題，或遠或近都源自《易傳》，並從聖人神道設教的角度加以總結。從生之謂性的角度看，性是先天稟賦。善惡是後天的社會價值判斷，先天稟賦自然無所謂善惡。從而也可以說，性可以善，可以不善。因此，在孟子之前幾乎看不到爭論性善性惡的言辭。但是，孟子從「天命之謂性」的角度出發，認為心有善端。而善與不善與人的稟賦無關，即與才無關。但是，孟子曾言「乃若其情」則人可以為善。因此，有學者分析相關文獻之後，提出孟子是性可善論者。不過，多數學者還是認同孟子為性善論者。而孟子所謂心之善端，就是人性稟自天德之元亨利貞。《易傳》《乾文言》元亨利貞之說，即是說人的仁義禮智是對元亨利貞的效法。

　　張載綜合儒家生之為性和天命之謂性的觀點，提出性可分為氣質之性和天地之性。氣質之性和天地之性或稱為氣稟之性和天命之性。張載所謂性，不是一個實體概念，而是一個標誌一物之固然、必然、所以然的先天規定性、傾向性。在人，也是人之為人的當然之則。天地有天地之性，萬物有萬物之性，一物有一物之性。萬物為天地所生，為天地所主宰。天地之所施予謂之命，萬物之所稟受謂之性。又張載以太虛為天之實，則萬物之性源自太虛。張載認為對於萬物，性先天固有。故而物有成毀，性則不滅。在《正蒙·太和篇》中，張載以其太虛即氣之說，創造性地詮釋了天、道、性、心等理學重要範疇。張載認為所謂性之「合虛與氣」之「虛」，即太虛。這是說性源於太虛，性之虛即太虛之虛。張載認為所謂性之「合虛與氣」之「氣」，即陰陰之氣。性的特徵是「一物兩體」，一物源自太虛，兩體即陰陽兩端。從這個意義上講，可謂「性者萬物之一源」。至於氣，張載認為就整體而言曰太虛，就其基質而言則是氣，故曰「太虛即氣」。張載認為言性、言虛不言氣，則流於空無而無用。言氣不言虛，則混淆才性而不見體。如此體用殊絕，非儒者之學。張載以「合性與知覺」為心，「大其心則能體天下之物」乃至「視天下無一物非我」。又曰「天之不禦莫大於太虛，故必知廓之」〔註140〕，大心乃至以心知太虛廓

〔註140〕參見《張載集·正蒙》，第 24 頁。

太虛。正所謂「誠則實也，太虛者天之實也。萬物取足於太虛，人亦出於太虛，太虛者心之實也。」〔註141〕在《正蒙・太和篇》中，張載以太虛為萬物之「吾體」，以天道為「吾常」。以「聚亦吾體，散亦吾體」論死而不亡。據此張載從易學角度出發，以「體用殊絕」批評二教之自然、懵懂之說。張載論生死、形性，立太虛即氣的命題。在張載看來，氣之散以太虛為體，氣之聚有象有常理。物有生死，氣與虛則常在。物與虛相資，即形與性相即。儒者即體虛空為性，更知本天道為用。關於天道、天命以及氣與性的關係，張載說，「天所性者通極於道」。這一說法源自《易傳・繫辭》以繼道言善、言性。張載認為「氣之昏明」猶言氣之清濁。氣稟之性分別有清濁善惡，清則善而濁則惡。張載認為天命之性則源於形而上之道，純善湛一，氣質之惡不足於蔽之。張載所謂「天所命者通極於性」，是說人的天命本於先天之必然之性，偶然的吉凶禍福不足於改變人的天命。張載所謂「性通乎氣之外」，是說性源於太虛，源於天參。張載所謂「命行乎氣之內」，是說性以天命的形式展開於個體生命活動之中。天命之性非別有一性在氣質之外。張載認為個體生命源自天命或太虛的先天必然性，天命之性就寓於氣質之性之中。從而，變化氣質，去惡去濁則天命之性即顯。張載認為氣是就基質而言，無所謂內外，萬物乃氣之客形，形則有內外。故就萬物個體而言，「性通乎氣之外」。換句話說，即萬物之性源自太虛。張載所謂「命行乎氣之內」，是說先天之必然性就體現在氣化流行之中。〔註142〕在《正蒙・誠明篇》中，張載首先論述了性與善的關係。認為善係於人之「善反不善反而已」，所謂「不善反」就是「過天地之化」。用今天的話講就是違背自然規律。而命之正否，係於人之「順與不順而已」。「行險以徼倖」，就是不順不正。張載認為天地之性源自太虛本體，無時無處不在，長存不滅。而氣質之性是人生成之後才有，不同於天地之性先天而在。張載認為知反本歸源，則天地之性存焉。氣質之性不能說不是性，君子不以之謂性而已。而人所稟之氣「本參和不偏」，善養反本「可盡性而天」。《易傳》所謂「成之者性」的過程，張載認為就是變化氣質、反本歸源的過程。〔註143〕

〔註141〕參見《張載集・張子語錄》，第 324 頁。

〔註142〕《正蒙・誠明篇》云：「天所性者通極於道，氣之昏明不足以蔽之；天所命者通極於性，遇之吉凶不足以戕之；不免乎蔽之戕之者，未之學也。性通乎氣之外，命行乎氣之內，氣無內外，假有形而言爾。故思知人不可不知天，盡其性然後能至於命。」參見《張載集・正蒙》，第 21 頁。

〔註143〕參見《張載集・正蒙》，第 20～23 頁。

比較李翱的性善情惡的復性說，張載的反本說更具有合理性，對後世理學家
的心性說影響深遠。

　　至於如何盡性，在《正蒙‧誠明篇》中，張載以「心能盡性」釋《論語》
中孔子所謂「人能弘道」。張載認為人的能動性在於心而非身，而性即道之
在人。又以「性不知檢其心」釋《論語》中孔子所謂「非道弘人」。張載以
「合性與知覺」言心，故程朱後學將張載「合性與知覺」言心概括為「心統
性情」。這是以知覺為情。因為知覺來自物交物，屬於氣之相感，即感官和
外物的相接。張載認為知覺可以給人以見聞之知。而德性所知為形而上的存
在，不萌於耳目感官有形跡之見聞。但是，耳目見聞之知卻有「啟之之要」
的作用。張載認為，欲盡性先盡心。人之生本無所謂心，但以聞見為心而小
卻心。盡心就是要大心。何以要大心？這是因為，世人常常因物為心，而為
聞見所蔽。〔註144〕張載認為若要不被聞見所蔽，就須要大心體物以盡心。
不以聞見梏其心，體物多則心弘，體物大則心大。大心至「其視天下無一物
非我」。因為「天大無外」，那麼，「有外之心」與天心相異，算不得盡心知
性知天。張載認為被聞見遮蔽的心，是成心，是私意。故曰：「成心忘然後
可與進於道。成心者，私意也。」〔註145〕成心忘，既是無我，「無我而後能
大」。張載認為體天下之物可謂大心，但仍算不得見性。視天下無一物非我，
則是以天心為心，才是盡心知性。

　　張載認為性和物不同，物有形象，性乃虛。認為人心常常被表面的現象
迷惑〔註146〕。要想不被聞見之知所蒙蔽，就當知心之源自。張載認為心本
自太虛，而「天之不禦莫大於太虛」，惟有盡心見性始能廓之。〔註147〕又，
張載認為，以虛為心就是無心，無心而見性，則是以性為心。張載認為天地
本無心，成萬物而已，故虛心體之則能至誠，「誠者成也」。天地本無心，化
育萬物而已，故參贊天地而能心化。誠，強調的是目的和境界；化，強調的
是工夫和過程。張載在《正蒙‧大心篇》中說，「化則無成心矣」。所謂無成

〔註144〕《張載集‧張子語錄下》云：「人本無心，因物為心，若只以聞見為心，但
　　　　恐小卻心。今盈天地之間者皆物也，如只據己之聞見，所接幾何，安能盡天
　　　　下之物？所以欲盡其心也。」參見《張載集》，第333頁。
〔註145〕參見《張載集‧正蒙‧大心篇》，第24頁。
〔註146〕《正蒙‧大心篇》曰：「由象識心，徇象喪心。知象者心，存象之心，亦象
　　　　而已，謂之心可乎？」參見《張載集‧正蒙‧大心篇》，第24頁。
〔註147〕《張載集‧正蒙‧大心篇》，第25頁。

心者，就是《易傳》所謂「與時偕行」，無造作之「時中」。故無心體天，乃至於心化。心化成性，則未易知，德盛仁熟，不期而至。張載認為成性則「從心皆天」。「從心皆天」即孔子所謂「從心所欲而不逾矩」，從而能夠與時偕行，時行則行，時止則止。

當然，在張載看來，大心盡性並不是空洞理論思維。大心盡性，也是一個行善積義的過程，一個踐禮的過程。《易傳・繫辭》認為，陰陽剛柔是天地之道，仁義禮智是人之性、人之道。人效法天地之道，就是效法天地生物成物。生物可謂仁者，成物可謂智者。生物就是繼善，成善是成性。繼善成性是聖人效法天地之道的最終成就。張載則從成就聖人人格的角度出發，認為體道不已就是善，即「仁者不已其仁，智者不已其智」。經過曲成變化、仁智會合，終成性至聖。張載認為性分純善之天地之性和善惡混的氣質之性。因此，繼善成性的過程也就是變化氣質之性返至天地之性的過程。即所謂善反則天地之性存焉。學者繼善不已，積義成性，則能達到聖人境界。也就是張載所謂「性諸道，命諸天」。〔註 148〕

第三節　程頤的易學思想

一、天地亦物的三才說

與張載不同，程頤對於天文地理等現代所謂自然科學知識並不感興趣。從時間維度看，對於易學中宇宙生成論——太極說——程頤沒有論及。從空間維度看，程頤否認人能夠認識天地之外的宇宙存在。認為天地無所謂內外，曾說：「言天地之外，便是不識天地也」。〔註 149〕就思維方式而言，程頤比較重視體用論，善於用本體論的思維方式論述其思想觀點。即比較重視世界存在之所以然。至於天地化生萬物方面的自然哲學則很少論及。即便偶有論及，觀點相對比較粗淺。

程頤比較重視治國之道，而對於自然知識和技術不感興趣，認為這些對

〔註 148〕《正蒙・誠明篇》云：「盡其性能盡人物之性，至於命者亦能至人物之命，莫不性諸道，命諸天。我體物未嘗遺，物體我知其不遺也。至於命，然後能成己成物，不失其道。」《張載集》，第 22 頁。

〔註 149〕《程氏遺書》卷第二下云：「天地安有內外？言天地之外，便是不識天地也。人之在天地，如魚在水，不知有水，直待出水，方知動不得。」參見《二程集・程氏遺書》卷第二下，第 42 頁。

於治理天下國家無多少用處。程頤曾評價邵雍之學問說：「要之亦難以治天下國家」。這是從學與術的角度立論。學問雖深，「然未必有術」，如屠龍之技無用武之地。〔註150〕《程氏粹言》載程頤評論王安石的學問，認為王安石分天道、人道論仁與聖，是「以天人為二，非道也」。並引楊雄「通天地而不通人曰伎」的話予以證明。《法言·君子》載：「通天地人曰儒，通天地而不通人曰伎」〔註151〕。李軌注以為儒者通三才之道，故「道術深奧」；巫覡之術通天地鬼神不通治道，只能算是「技藝」。就是說，僅「通天文地理」而不通人事治道的學術是智巧末技而已，非儒者所急。程頤認為學者雖不能通天文地理，「何害為儒」？〔註152〕可知程頤之學的側重是人間治道。從這一意義上講，程頤繼承了漢代象數易學關注治道和時政的學術旨趣。由於對於自然哲學不感興趣，程頤氣論、宇宙論顯得粗略不通。程頤曾說：「萬物之始，皆氣化。既形，然後以形相禪。有形化，形化長，則氣化漸消。」〔註153〕可見，程頤並沒有把氣和氣化作為普遍的存在。

　　至於三才說，程頤少有提起。〔註154〕在二程語錄中，甚至有認為天地本一物的說法。首先，程頤曾說，地只是「天中一物」而已，只是與雲氣相對而言。又說地「只是土」，而土「亦一物爾」。顯然，程頤視地為天中一物。這一說法可能受到張載太虛說的影響。張載從宣夜說的角度，認為地乃天中一物，地乃天之配偶。程頤甚至否認地之道的存在。曾說地之道以承天道為道。〔註155〕甚者，程頤認為，天地之分只是人心的區分而已。而天地人和萬物一樣，即「天地本一物」。〔註156〕這樣，先秦儒家文獻中天地，特別是天

〔註150〕《二程集·程氏遺書》卷第二下，第42頁。
〔註151〕〔漢〕楊雄著，〔晉〕李軌注：《法言》（諸子集成），上海：世界書局，1935年：第39頁。
〔註152〕《程氏粹言》記其言曰：或問：「介甫有言，盡人道謂之仁，盡天道謂之聖。」子曰：「言乎一事，必分為二，介甫之學也。道一也，未有盡人而不盡天者也。以天人為二，非道也。子雲謂通天地而不通人曰伎，亦猶是也。」或曰：乾天道也，坤地道也。論其體則天尊地卑，其道則無二也。豈有通天地而不通人？如止云，雖不能之，何害為儒？」參見《二程集·程氏粹言》，第1170頁。
〔註153〕《二程集·程氏遺書》，第79頁。
〔註154〕《周易程氏傳》釋乾卦時，曾說：「上古聖人始畫八卦，三才之道備矣。」釋《否》「否之匪人」，曰：「天地交而萬物生於中，然後三才備，人為最靈，故為萬物之首。凡生天地之中者，皆人道也。」
〔註155〕《二程集·程氏遺書》卷第二下，第55頁。
〔註156〕如《程氏遺書》載其言曰：「天地本一物，地亦天也。只是人為天地心，是

的超越性、主宰性被程頤取消了。而程頤把天的主宰性和超越性賦予給道或理。從這一意義上講，程頤繼承了道家的思維方式。程頤從理本論的角度出發，認為可感的經驗世界都是一物而已。天地萬物之間的區分只是人心的想像而已，非本質區別。本質的區別僅僅存在於理以及與之相對的物象之間。又，《程氏經說・易說・繫辭》載：「三極上中下也。極，中也。皆其時中也。三才以物言也，三極以位言也。」〔註157〕程頤置理（道）於天地之上，將儒家天之主宰義、本源義賦予理（道）。而認為天地萬物都是被理主宰的物象而已。比較而言，程頤比較重視人。首先，程頤對《易傳》所謂天地生萬物是認可的。並說人受天地之正氣而生，鳥獸、草木、夷狄得陰陽之偏而生。但是，程頤不同意古人所謂惟人為最靈：「天地之間，非獨人為至靈。」〔註158〕其次，程頤認為人和天地都是物，人在天地面前沒有必要自卑。〔註159〕程頤將天地的超越義、主宰義賦予給了理（道），人在失去超越義、主宰義的天地面前當然沒有必要自卑。

　　至於天地合氣化生萬物，程頤講的也很簡單。《程氏粹言》載其言曰：「物生者，氣聚也。物死者，氣散也。」〔註160〕又有所謂「元氣會則生聖賢」之語〔註161〕。表面上看，與張載的觀點一樣，事實上差別很大。張載認為氣是太虛固有、本有，只有聚散沒有生滅的。程頤認為人之氣生於真元之氣，又言天之氣自然生生不窮。至於真元之氣、天之氣從哪裏來，程頤認為是自然而生。可見，程頤之言既不能夠自圓其說，也沒有形成系統的觀點。張載的氣論不僅可自圓其說，而且接近現代科學知識。然而，程頤對張載的氣論卻提出批評。首先，程頤認為「天地之化，自然生生不窮」。至於氣源自哪裏，回歸哪裏不得而知。在程頤看來，萬物只是神秘地、自然地生生不窮。並以此批評氣之循環不滅之說。認為「方伸之氣」不可能來自「既返之氣」。程頤

　　　心之動，則分了天為上，地為下。兼三才而兩之，故六也。」參見《二程集・
　　　程氏遺書》卷第二下，第54頁。
〔註157〕《二程集・程氏經說》，第1207頁。
〔註158〕《二程集・程氏遺書》，第4頁。
〔註159〕《程氏遺書》載其言曰：「『天地之大德曰生』，『天地絪縕，萬物化醇』，『生
　　　之謂性』，萬物之生意最可觀，此元者善之長也，斯所謂仁也。人與天地一
　　　物也，而人特自小之，何耶？」參見《二程集・程氏遺書》，第120頁。
〔註160〕《二程集・程氏粹言》，第1268頁。
〔註161〕《二程集・程氏粹言》，第1270頁。

以人的呼吸為例予以論證，所謂「近取諸身」。又舉海水陽盛而涸，陰盛而生作為例證。至於何以氣自然生生不窮，程頤總是祭出萬能的理本論。認為氣有自然而生之理，即「往來屈伸只是理」。〔註162〕

程頤對氣化生萬物說法矛盾重重，又不能自圓其說。他將氣分為真元之氣和外氣，又沒有說明二者區分的標準。既說真元之氣不與外氣雜，又說「本一氣也」。他以水之涵養魚，比喻人之外氣與真元之氣的關係。即說真元之氣必需靠外氣養，這是說真元之氣離不開外氣。又說：「非假此氣以助真元也」。〔註163〕可見，程頤並沒有抒順氣與萬物之間的關係，也說不清楚萬物何以生、何以滅，萬物來自何處、歸於何處。只能籠統地說「理自然如此」。

離開了完善的氣論作為宇宙論的基礎，程頤的哲學思想中難免有許多神秘的、錯誤因素存在。對於理學中的諸多範疇之間的聯繫和區別無法解釋清楚。程頤只能以「其實一也」「理自然爾」搪塞。例如，程頤既認為神「不以生存，不以死亡」，又認為神與氣未嘗離。而程頤曾說人之氣由真元之氣自然而生，人之死氣散而消失。這是說氣是有生滅的。〔註164〕又如，程頤認為人死之後「魂氣既散」，用屍以祭祀時，「魂氣必求其類而依之」。生人至誠潔齊便能與先人魂氣相通，認為「以此求神，宜其饗之」。並且批評後人不知此道，不能行此祭祀之禮。〔註165〕又如，程頤曾認為人物之名字與人物之音義氣理相通，故而「聽聲之精者，便知人性」。又說：「善卜者知人姓名」。〔註166〕又如，對於「世間有鬼神馮依言語者」等等，程頤認為「蓋出自然之理」，抑或「理由此也」。〔註167〕

〔註162〕 《二程集・程氏遺書》，第 120 頁。

〔註163〕 《二程集・程氏遺書》，第 165～166 頁。

〔註164〕 《二程集・程氏粹言》，第 1261 頁。

〔註165〕 《二程集・程氏遺書》，第 7 頁。

〔註166〕 《程氏遺書》云：「凡物之名字，自與音義氣理相通，除其他有體質可以指論而得名者之外，如天之所以為天，天未名時，本亦無名，只是蒼蒼然也，何以便有此名？蓋出自然之理，音聲發於其象，遂有此名此字。如今之聽聲之精者，便知人性，善卜者知人姓名，理由此也。」參見《二程集・程氏遺書》，第 9 頁。

〔註167〕 《程氏遺書》載：「世間有鬼神馮依言語者，蓋屢見之。未可全不信，此亦有理。『莫見乎隱，莫顯乎微』而已。嘗以所求語劉絢，其後以其思索相示，但言與不是，元未嘗告之。近來求得稍親。」參見《二程集・程氏遺書》，第 16 頁。

二、三道惟一道的三才之道說

　　雖然《周易程氏傳》並無直接注解《說卦傳》，但是從理本論出發，程頤認為三道實一道，萬理實一理。並以此作為立論基礎，對《說卦傳》所謂三才天地人各有其道的說法進行了批評。對於王安石所謂盡天道、盡人道有著仁與聖之不同，程頤以「道一也」作為論據予以反駁。程頤認為知道則無所謂知天道、知人道。程頤認為人性、物性是一性，盡己之性則已經盡他人之性、萬物之性。所謂「天地人只一道」「天地人只一理」，一通則百通。程頤曾說：「如後人解《易》，言乾天道也，坤地道也，便是亂說。」〔註168〕看來，程頤不承認《說卦傳》所謂三才各有其道是孔子所作。而是認為這是後人解《易》的亂經說法。

　　顯然，程頤如此言道，已經超出了先秦儒家文獻言道的含義。然而，先秦儒家文獻處處都不以道為獨立於天地之上的實體。程頤不得不時時彌縫自己言道和先秦文獻言道之間的差異。程頤認為道「密」而不可見，以隱微的形式寓於天地萬物之中。道本為一，因其在天稱天道，在地稱地道，在人稱人道。〔註169〕這是說道的內涵本一，僅僅現於天謂之天道，現於人謂之人道。表面上看似乎與先秦儒家言道區別不大。事實上，程頤所謂道是獨立的、唯一精神實體。天道不能稱之為天之道。而先秦所謂道則不是獨立實體。天道和天之道的含義完全一樣。如釋乾卦卦辭「元亨利貞」，程頤認為天言其形體，道言其實質。〔註170〕因此，在天之主宰、超越意義上、形而上意義上，程頤並不嚴格區分天、天道、天理，乃至不嚴格區分天與道、理。程頤認為《周易》言天角度不同，含義也不一樣。有時從理的角度言天，有時從形而上的角度言天。道既然是一，那麼就無所謂天道、地道。程頤不僅常常以天道釋天，也以地道釋地。又籠統地釋道為天地之道。雖言地道，又說地道只是承天道而已。即地道本非獨立之道，因為，地本身也是天中一物而已。〔註171〕

〔註168〕《二程集・程氏遺書》，第 182 頁。
〔註169〕《二程集・程氏遺書》，第 282 頁。
〔註170〕程頤釋《乾》「元亨利貞」，曰：「乾，天也。天者天之形體，乾者天之性情。乾，健也，健而無息之謂乾。夫天，專言之則道也，天且弗違是也；分而言之，則以形體謂之天，以主宰謂之帝，以功用謂之鬼神，以妙用謂之神，以性情謂之乾。乾者萬物之始，故為天，為陽，為父，為君。」《二程集・周易程氏傳》，第 695 頁。
〔註171〕《二程集・程氏遺書》，第 55 頁。

　　雖然程頤主張三道實一道，萬理實一理，但在先秦儒家文獻言道的具體語境中，還是不得不區分天道、人道、地道等。例如，《周易》經傳言乾坤之道具有陰陽相對的意味。如從道一的觀點出發，則乾坤之道當沒有差異。這顯然與經文不符合。而程頤則分乾道為言「聖人道理」，而坤道則是言「賢人道理」。〔註172〕當然，這在程頤理學體系之中是能夠自圓其說的。即程頤所謂「理一分殊」說：道理雖為一，然而聖人、賢人之分不同，相應也有了聖人道理、賢人道理之分。又如，程頤認為忠與恕為道不同。曾說：「忠者天理，恕者人道」。又說：「忠者體，恕者用」。程頤認為忠者言其體，恕者言其用。這是分天理（道）為體，人道（事）為用。〔註173〕

　　體用論是程頤言道的主要思維方式。就道體之自然而言，則道是天地萬物之所以然，是天地萬物之主宰。道下貫於天地萬物，可視為道體之用。從一定意義上講，前者是道家言道之方式，後者是道家之外學者言道的方式。而程頤則把這兩種言道方式結合起來，用以提高儒家言天道性心等理學範疇的理論高度。《易傳》言人道則有乾道、坤道之分：乾道為夫道、父道、君道等，坤道為婦道、母道、臣道等。又有君子之道、小人之道之分：君子之道法陽，小人之道法陰。《周易程氏傳》釋經亦順從經文原義。此外，古人常常有天人之辨，自然也有天道、人道之辨。程頤也常常以人道言人倫、人事。如，程頤以誠為天之道，為體。以敬為人事之本，為用。〔註174〕程頤曾說：「人道莫如敬」〔註175〕，又曰：「只為知母而不知父，禽獸道也。祭禰而不及祖，非人道也。」〔註176〕又曰：「人道只在忠信」〔註177〕等。可見，程頤言地道、言人道，非從道體上而言，這又與先秦儒家文獻言道的方式並無本質的區別。

　　《易傳》言三才之道，以天道為主，地道順承天道，人道效法天地之道。

〔註172〕《程氏遺書》記其言曰：「乾是聖人道理，坤是賢人道理。」參見《二程集·程氏遺書》，第79頁。

〔註173〕《程氏遺書》記其言曰：「以己及物，仁也。推己及物，恕也。達道不遠是也。忠恕一以貫之。忠者天理，恕者人道。忠者无妄，恕者所以行乎忠也。忠者體，恕者用，大本達道也。此與『達道不遠』異者，動以天爾。」參見《二程集·程氏遺書》，第124頁。

〔註174〕《程氏遺書》云：「誠者天之道，敬者人事之本。敬者用也。敬則誠。」參見《二程集·程氏遺書》，第127頁。

〔註175〕《二程集·程氏遺書》，第66頁。

〔註176〕《二程集·程氏遺書》，第167頁。

〔註177〕《二程集·程氏遺書》，第127頁。

程頤置道於天地之上，道的主宰義、超越義加強了。然而，《易傳》所謂天道、地道的豐富內涵則被消弱了。如釋《乾‧象》〔註178〕，在《易傳》看來，天運行不息故乾德鍵，君子效法天德故自強不息。程頤則云：「非聖人莫能體」，降低了天之陽剛之德，即自強不息的適用範圍。又如釋《坤‧象》〔註179〕：地本來廣闊安靜，故《易傳》云君子效法坤道而厚德載物。坤道本來與乾道正相對，代表陰柔之德。程頤亦云：「非聖人孰能體之」。程頤認為只有聖人才能達到天地之道的境界，故云非聖人孰能體之。這與《易傳》所闡發的君子之道的含義相差甚遠。

三、以理本論釋「形而上者謂之道，形而下者謂之器」

　　《繫辭傳》以形而上、形而下論道器，後世學者都認為是辨道器之異。然而，從《繫辭傳》原文看，並無辨道、器差別意思。從現有的文獻看，以形而上、形而下論道器之異始於東晉韓康伯的《繫辭注》。〔註180〕韓氏以形而上為形容道體，以形而下為形容器物。但是，並未明言何為「形而上」，何為「形而下」。韓氏之注被唐孔穎達《周易正義》所接受，並明確所謂「形而上」即無形體，所謂「形而下」即有形體。孔穎達在《周易正義》卷首第一「論易之三名」中，以有、無分別指稱易理和易象。易理即道為無，為形而上；易象即器為有，為形而下。而孔穎達所謂有、無即有形與無形。無，言道體之無形；有，言器用，器則有形可見。〔註181〕形，常常用來概括地和地上有形體可見之物，在《易傳》中常常與無形而可見的天象對言。器指人為製造的工

〔註178〕《二程集‧周易程氏傳》，第698頁。

〔註179〕《二程集‧周易程氏傳》，第708頁。

〔註180〕韓康伯注《繫辭傳》「子曰『知幾其神乎？君子上交不諂，下交不瀆，其知幾乎』」，曰：「形而上者況之道，形而下者況之器。於道不冥而有求焉，未離乎諂也。於器不絕而有交焉，未免乎瀆也。能無諂、瀆，窮理者也。」參見劉玉建：《〈周易正義〉導讀》，齊魯書社，2005年：第414～415頁。

〔註181〕《周易正義》卷首第一「論易之三名」云：「是知易理，備包有無，而易象唯在於有者，蓋以聖人作《易》，本以垂教，教之所備，本備於有。故《繫辭》云『形而上者謂之道』，道即無也。『形而下者謂之器』，器即有也。故以無言之，存乎道體；以有言之，存乎器用；以變化言之，存乎其神；以生成言之，存乎其易；以真言之，存乎其性；以邪言之，存乎其情；以氣言之，存乎陰陽；以質言之，存乎爻象；以教言之，存乎精義；以人言之，存乎景行。此等是也。」參見劉玉建：《〈周易正義〉導讀》，齊魯書社，2005年：第89頁。

具，如《易傳》所謂觀象制器。有時，器也代指工具，如《論語》所謂「君子不器」之器。總之，形與器的內涵相差甚遠。然而，形既然在道器之間，應當既不屬於道，也不屬於器。為此，《周易正義》有疏這段文字時，做了補充解釋，說明何以形在道器之間卻屬於器。孔穎達以「自形外已上」釋形而上，以「自形內而下」釋形而下。形和器含義不同，但都是有，道則是無。故「形雖處道器兩畔之際」，孔穎達認為「形在器，不在道」。〔註182〕孔穎達的解釋並沒有絕對的說服力，因為絕大多數有形之物並不可以為器用。玄學觀點和《繫辭傳》原義顯然不合。因為，許多無形的事物在形而上卻非道，又有許多有形的事物雖有形而非器。又如，在《禮記》中有若干道器對言的文字和孔穎達論道器有別。而形字在此處顯然用作動詞，和有形無形無關。

韓、孔以玄學觀點釋這一命題，為大多數學者接受。例如，張載即以有形、無形釋形而上、形而下。但是，張載否認無生有的玄學觀點。而且，視無形的象、氣等也為形而上。即以形而上、形而下是對天地及其附屬物之有形無形的分判。張載的觀點是有文獻依據的。例如，《繫辭傳》常常乾天、坤地對言。如以象屬天，以形屬地；以闔戶言坤，以闢戶言乾等等。而「形而上者謂之道，形而下者謂之器」，無疑也是處在乾天坤地對言的語境中，即形而上言乾天，形而下言坤地。

程頤則吸收了玄學觀點，以形而上釋道體，以形而下釋道體之外的一切可感的事物，諸如無形的天象、氣，以及氣之陰陽之性、陰陽之功等。〔註183〕程頤又常常用形而上代指道體。《程氏外書》卷一載：「實是實非能辨，則循實是。天下之事歸於一是，是乃理也。循此理乃可進學至形而上者也。」〔註184〕程頤所謂形而上並非僅指無形之物，所謂形而下也非專指器具。如程頤以天為形而下之物。〔註185〕又以陰陽為氣，為形而下，為可感之物象。以「所以

〔註182〕《周易正義》云：「『是故形而上者謂之道，形而下者謂之器』者，道是無體之名，形是有質之稱。凡有從無而生，形由道而立，是先道而後形，是道在形之上，形在道之下。故自形外已上者謂之道也，自形內而下者謂之器也。形雖處道器兩畔之際，形在器，不在道也。既有形質，可為器用，故云『形而下者謂之器』也。」參見劉玉建：《〈周易正義〉導讀》，齊魯書社，2005年：第393頁。
〔註183〕《周易程氏傳》釋《坤‧象》有所謂「形而上曰天地之道，形而下曰陰陽之功」。
〔註184〕《二程集‧程氏外書》，第351頁。
〔註185〕《程氏遺書》云：「『形而上者謂之道，形而下者謂之器』，若如或者以清虛一大為天道，則（一作此）乃以器言而非道也。」參見《二程集‧程氏遺書》，第118頁。

陰陽者」為道，為形而上，為密藏之道。〔註186〕而密是道，是體，是用之源。〔註187〕程頤以「密」為「用之源」的說法可能受韓康伯的影響。韓康伯釋《繫辭》所謂「退藏於密」曰「猶藏諸用也」。〔註188〕

　　程頤言道體受莊子影響比較大。道雖然是獨立、超越萬物、支配萬物的實體，但是，道不在萬物之外。從這意義上講，程頤說：「器亦道，道亦器」。〔註189〕又，《程氏遺書》載：「灑埽應對便是形而上者，理無大小故也。故君子只在慎獨。」〔註190〕通過對《繫辭傳》所謂「形而上者謂之道，形而下者謂之器」的創造性詮釋，程頤終於得出《周易程氏傳·易傳序》所謂「至微者理也，至著者象也。體用一源，顯微無間」的著名命題。

四、以「所以陰陽者道也」釋「一陰一陽之謂道」

　　對於《易傳·繫辭》所謂「一陰一陽之謂道，繼之者善也，成之者性也」這一命題的闡發，是理學家構築「性與天道」之學的重要內容。「一陰一陽」之天道是三才之道的核心，剛柔地道順從天道，仁義人道效法天地之道。《易傳》認為繼此天道即是善，成此天道即是性。這就是儒家學者常常講的「繼善成性說」。這一命題與「天命之謂性」一起構成理學家構築天道性命學說的主要思想來源。然而，隨著漢易資料的散失，漢儒對於這一命題的闡發已經不可見。而《周易正義》《周易集解》所保留的主要是玄學化觀點。玄學化的經學以老莊道家貴無、重自然為釋經旨歸。既不合於儒家義理，又不合於《繫

〔註186〕程氏曾說：「離了陰陽更無道，所以陰陽者是道也。陰陽，氣也。氣是形而下者，道是形而上者。形而上者則是密也。絪縕，陰陽之感。」參見《二程集·程氏遺書》，第161頁。

〔註187〕程氏曾說：「『退藏於密』，密是用之源，聖人之妙處。」參見《二程集·程氏遺書》，第157頁。

〔註188〕程頤所謂「密」即《繫辭傳》所謂「聖人以此洗心，退藏於密，吉凶與民同患。」孔穎達《周易正義》載韓康伯注云：「言其道深微，萬物日用而不能知其原，故曰『退藏於密』，猶藏諸用也。」

〔註189〕程氏曾說：「『忠信所以進德』，『終日乾乾』，君子當終日對越在天也。蓋上天之載，無聲無臭，其體則謂之易，其理則謂之道，其用則謂之神，其命於人則謂之性，率性則謂之道，修道則謂之教。孟子去其中又發揮出浩然之氣，可謂盡矣（一作性）。故說神『如在其上，如在其左右』，大小大事而只曰『誠之不可揜如此夫』。微上微下，不過如此。形而上為道，形而下為器，須著如此說。器亦道，道亦器，但得道在，不係今與後，己與人。」參見《二程集·程氏遺書》，第4頁。

〔註190〕《二程集·程氏遺書》，第139頁。

辭傳》原文。例如孔穎達《周易正義》，主要保留了東晉韓康伯對此一命題的
講解。韓康伯認為道是無體而不可象，只能在天地萬物之大化流行中顯示道
的功用。即所謂「必有之用極，而無之功顯」。韓氏釋「一陰一陽」之「一」
為道，為無。釋「一陰一陽」為「在陰為無陰」「在陽為無陽」。認為陰以無
生，陽以無成。〔註191〕韓康伯所謂道已非儒家文獻所謂道，與老莊道家所謂
道也有差異。而是玄學家有無之辨之後，以無言道體之道。孔穎達基本上接
受了韓康伯的觀點，並且明確所謂「一陰一陽」就是「無陰無陽」。《周易正
義》孔穎達疏進一步闡發了韓氏的觀點。孔穎達明確「一陰一陽」乃「無陰無
陽」，即「無陰無陽」是「自然無所營為」。認為太虛之為無，「不可分別，唯
一而已」，故稱「無」為「一」。〔註192〕孔穎達釋「繼善成性」，以「生物開通」
釋道，以「順理養物」釋「繼善」。以「成就此道」釋「成之者性也」。〔註193〕
對於以玄學觀點釋此命題，程頤曾予以批評。〔註194〕至於一陰一陽，程頤分
別從動態和靜態兩方面進行論述。所謂「萬物莫不有對」，是從靜態講，一陰
一陽就是說事物都有陰有陽。從人事方面來講就是有善有惡。若從動態上講，
則是「陽長則陰消」，既而「陽削陰長」；就人事方面而言，即「善增則惡減」，
既而「惡增而善減」。〔註195〕所謂道，也就是程頤所謂「天地萬物之理」。所
謂一陰一陽，也就是程頤所謂「無獨必有對」。對於道家言道體自然，程頤也
是接受的。程頤所謂「一陰一陽」之「自然而然」，也就是「非有安排」之義。
〔註196〕又程頤認為一陰一陽之消息變化是一個連續不斷的過程，並無絕對界
限。〔註197〕程頤的解釋符合《易傳》所謂剛柔往來、消息盈虛之說。天道無
非是日月往來，晝夜交替，四時順布，寒暑推移。所謂「繼之者善也，成之者
性也」，即應天時而動就是善。而成之在人，猶天命之謂性。

　　程氏言道體，則以道為萬物之所以然。並認為「之謂道」與「謂之道」含

〔註191〕劉玉建：《〈周易正義〉導讀》，濟南：齊魯書社，2005 年：第 373 頁。
〔註192〕劉玉建：《〈周易正義〉導讀》，濟南：齊魯書社，2005 年：第 373 頁。
〔註193〕劉玉建：《〈周易正義〉導讀》，濟南：齊魯書社，2005 年：第 373～374 頁。
〔註194〕程氏曾說：「自孔子贊《易》之後，更無人會讀《易》。先儒不見於書者有則
　　　　不可知，見於書者皆未盡。如王輔嗣、韓康伯只以莊老解之，是何道理？某
　　　　於《易傳》殺曾下工夫，如學者見問，盡有可商量。書則未欲出之也。」參
　　　　見《二程集·程氏外書》，第 374 頁。
〔註195〕《二程集·程氏遺書》，第 123 頁。
〔註196〕《二程集·程氏遺書》，第 121 頁。
〔註197〕《二程集·程氏經說》，第 1209 頁。

義不同。《程氏外書》記程顥之言曰：「如形而上者謂之道，不可移『謂』字在『之』字下。此孔子文章。」〔註198〕程頤認為道體自然，有非人為安排之義。道體是超越於一切名言之上的，並無具體的內涵。而言「一陰一陽」「盈虛消息」「屈伸消長」已是入於道體之用。程頤解釋此一命題，認為道是一；而陰陽是氣，是二。以一陰一陽是道則非，所以一陰一陽之理才是道。〔註199〕程頤明確道非一陰一陽，而是一陰一陽之所以然。這是置道於一陰一陽之上，與《易傳》原文顯然不合。但是，這是程頤理（道）一本論思想體系所要求的。程頤在和學生交流過程中，反覆強調這一點。類似的話又見《程氏遺書》卷第一：

　　　　道非陰陽也，所以一陰一陽，道也。如一闔一闢謂之變。〔註200〕

至於「繼善成性」，程氏以繼善為道體之用。這與玄學家的觀點是一樣的。即以「出道則有用」釋「繼之者善」。並且，程頤還引用《乾文言》所謂「元者善之長」釋繼道而善。以《乾文言》所謂「各正性命」釋「成之者性」。所謂「各正性命」，也就是仁者見仁、智者見智之義。〔註201〕在《易傳》中，儒家上下尊卑、貴賤主從等人倫之道是對天地之道的法象。顯然，在《易傳》的「法象說」中，人和萬物依然匍匐在天神、天命的主宰之下。後世學者常常從體用論的角度言道體和道體之用，人的主體地位顯然有所提高。在程頤看來，一陰一陽、一闔一闢和儒家上下尊卑、貴賤主從等人倫之道都是道體之用。這與張載以一陰一陽、一闔一闢本身為道體，以儒家上下尊卑、貴賤主從等人倫之道為道體之用的觀點不同。

五、「三事一時並了」的「窮理盡性以至於命」說

　　《說卦傳》所謂「窮理盡性以至於命」，揭示了《易傳》釋經的宗旨，也是程頤易學的宗旨。程頤站在理本論的立場上，認為理、性、命為一。因此，「窮理盡性以至於命」就約化為窮理或盡理。

〔註198〕　《二程集・程氏外書》，第 362 頁。
〔註199〕　《二程集・程氏遺書》，第 160 頁。
〔註200〕　《二程集・程氏遺書》，第 67 頁。
〔註201〕　《程氏遺書》云：「『一陰一陽之謂道』，自然之道也。『繼之者善也』，出道則有用，『元者善之長』也。『成之者』卻只是性，『各正性命』者也。故曰：『仁者見之謂之仁，知者見之謂之知，百姓日用而不知，故君子之道鮮矣。』如此，則亦無始，亦無終，亦無因甚有，亦無因甚無，亦無有處有，亦無無處無。」參見《二程集・程氏遺書》，第 135 頁。

從體用論角度而言，程頤認為天地萬物和人都是物而已。物有萬，是可感的。天地萬物之所以為天地萬物的原因和依據是道，道是在萬物之中的「密」而不可感知的一。程頤認為從不同的角度言道，從而有不同的名稱。對於和道外延相同的範疇，程頤常常言「其實一也」。例如，言道、理、性、命、神、帝、心等。先秦儒家文獻中，最高的主宰者是三才之天。天道、天理、天命、天神、天帝、天心等都是從不同的角度言天。這些範疇因為天的主宰性而具有了相對於其他範疇的超越義。而程氏理學最高的主宰者類似於道家所謂「四大」之道。道家以無言道，程頤以密言道。程頤所謂「密」與道家所謂「無」並無實質區別。然而，程頤以密言道，無疑有規避道家所謂「無生有」的嫌疑。道家認為道與天、地、人雖並而為域中四大，然而道在三才之上，主宰三才。但是，道不在三才之外而在三才之中。程頤認同道家言道的話語模式。這樣，程頤以道（理）釋儒家文獻中的最高主宰（天）時，難免出現矛盾。儒家文獻中諸如天、道、理、性、命、神等範疇，具有不同內涵這是無法否認的。因此，程頤立窮理、盡性、至命三事為一的命題，學者不能不沒有疑問。二程語錄中就記載了大量關於這一命題的問答、討論。程氏的回答分兩種情況：或者簡單地說「其實一也」，或者認為這些名目不同的範疇只是分而言之而已。程頤總是先分述這些範疇言道體的各種角度，最後歸結為「其實一也」。例如，邵伯溫曾問，孟子所謂心、性、天是否為一。程頤明確回答是一。邵伯溫的疑問代表了大多數儒家學者的疑問。畢竟在先秦文獻之中他們都是不同的概念，這是常識。而程頤的回答打破了這一常識，故而才有反覆的問答。程頤也不否認這些概念在文字含義上的差別，而是認為這些名言都是從不同的角度對道體的描述。如，程頤認為性是從物的稟受角度言道體，心是從道體之在人處言道體等。〔註202〕因為理、性、命「三者未嘗有異」，故窮理、盡性、知命三者也不異而為一事。有時，程頤也從體用論的角度言這些概念。以天道為體，以天命為用。如言天道，「以其用而言之」則是天命。又曾說：「命者造化之謂」。這與張載以道以易言造化不同。〔註203〕

〔註202〕《程氏遺書》云：伯溫又問：「孟子言心、性、天，只是一理否？」曰：「然。自理言之謂之天，自稟受言之謂之性，自存諸人言之謂之心。」參見《二程集・程氏遺書》，第297～298頁。

〔註203〕《程氏遺書》云：「理也，性也，命也，三者未嘗有異。窮理則盡性，盡性則知天命矣。天命猶天道也，以其用而言之則謂之命，命者造化之謂也。」參見《二程集・程氏遺書》，第274頁。

　　對《中庸》以誠言天道，《易傳》以一陰一陽言天道，儒家學者也常常有疑問。程頤也從「其實一也」的角度回答。即，程頤認為誠乃「自性言之」，道乃「自理言之」。程頤也曾言：「自理言之謂之天」〔註204〕。對於儒家文獻中的天地鬼神，程頤也認為「其實一也」。天以形體言，帝以主宰言，神以至妙言，神鬼以功用言，乾以情性言。這些名言概念之不同，僅僅是命名的角度有異而已。即，程頤所謂「所自而名之者異也」。又程頤言天，曰：「專言之則道也」。〔註205〕從這段文字的行文語境來看，專與分對言。「專言之」就是總而言之。可見，程頤認為道體統攝著天、帝、鬼神、性情等。程頤認為易、道、理、性、命等概念是從不同的角度言天。例如，易，以其體言；道，以其理言；性，以其命在人而言；神，以「其用無窮」而言。〔註206〕這樣，在程頤看來，天、道、性、心實質上都是一理而已。《中庸》所謂誠，孟子所謂「思誠」，《繫辭傳》所謂「精義入神」「窮神知化」，與《說卦》所謂「窮理盡性以至於命」都可以說是盡天理、窮理而已。如此來說，「即事盡天理，便是易也」。〔註207〕類似的話又見《程氏粹言》〔註208〕。

　　至於如何窮理，程頤認為主要途徑有讀書以講明義理，讀史以辨別是非，應接事物以辨其當否等。當然，窮理也就是《大學》所謂格物致知。從理一角度而言，物理、性理並無本質差別。因此，程頤所謂窮理主要內容是窮性理，但是也不排除物理。〔註209〕古人所謂天文地理、物理等與現代社會所謂自然科學知識、技術概念相似。程頤認為這些對於儒者而言無足輕重，對於儒者

〔註204〕《程氏粹言》載：「或問：何謂誠？何謂道乎？子曰：自性言之，為誠；自理言之，為道。其實一也。」參見《二程集・程氏粹言》，第1182頁。
〔註205〕《程氏粹言》載：「或問天、帝之異。子曰：以形體謂之天，以主宰謂之帝，以至妙謂之神，以功用謂之神鬼，以情性謂之乾，其實一而已。所自而名之者異也。夫天，專言之則道也。」參見《二程集・程氏粹言》，第1225頁。
〔註206〕《程氏粹言》載：「子曰：上天之載，無聲無臭之可聞，其體則謂之易，其理則謂之道，其命在人則謂之性，其用無窮，則謂之神，一而已矣。」參見《二程集・程氏粹言》，第1253頁。
〔註207〕《程氏遺書》云：「易是個甚？易又不只是這一部書，是易之道也。不要將易又是一個事，即事盡天理，便是易也。」參見《二程集・程氏遺書》，第31頁。
〔註208〕《程氏粹言》載：「盡天理，斯謂之易。」參見《二程集・程氏粹言》，第1207頁。
〔註209〕《程氏遺書》云：「窮理亦多端，或讀書，講明義理，或論古今人物，別其是非，或應接事物而處其當，皆窮理也。」參見《二程集・程氏遺書》，第188頁。

修身齊家治國平天下而言僅是術數末技而已。〔註210〕

　　至於修養工夫，程頤常常講持敬和存誠。敬則是敬此一理，誠則是誠此一理。〔註211〕至於誠與敬的關係，程頤以誠為體、為「主一」之一，是主敬要達到的目的。並且強調敬為「有意在」，而不同於二教空無之靜、之止。〔註212〕又《程氏粹言》記其言曰：「誠則無不敬。未至於誠，則敬然後誠。」〔註213〕《中庸》之外，程頤言誠、言敬的理論又源自《周易》經傳。從易學的角度講，程頤認為誠與敬的關係就是乾道與坤道的關係，也就是聖人之道和賢人之道的關係。程頤論誠，源自《乾文言》對乾卦九二爻辭的講解，即「閑邪存其誠」。論敬，源自《坤文言》對坤卦六二爻辭的講解，即「敬以直內，義以方外」。而程頤認為乾坤之道又分出聖人道理與賢人道理之不同。也可以說是聖人境界和賢人境界的不同。〔註214〕類似的分法又見程頤對《論語》所謂「忠恕之道」的講解。因為《乾文言》講「忠信所以進德」，程頤即以忠乃天道、天理而為體，而以與忠相對的恕以用言。〔註215〕因為程頤以天道為體，地道、人道僅是承順效法天道而已，可以視為天道之用。〔註216〕從忠體恕用的角度出發，則「恕者所以行乎忠也」。〔註217〕從而，敬而至誠、強恕而忠，就是程頤所謂賢而入聖的工夫。

〔註210〕《程氏粹言》記其言曰：「或問：『介甫有言，盡人道謂之仁，盡天道謂之聖。』子曰：『言乎一事，必分為二，介甫之學也。道一也，未有盡人而不盡天者也。以天人為二，非道也。子雲謂「通天地而不通人曰伎」，亦猶是也。』或曰：乾天道也，坤地道也。論其體則天尊地卑，其道則無二也。豈有通天地而不通人？如止云，雖不能之，何害為儒？」參見《二程集・程氏粹言》，第1170頁。

〔註211〕程頤說：「如天理底意思，誠只是誠此者也，敬只是敬此者也，非是別有一個誠，更有一個敬也。」參見《二程集・程氏遺書》，第31頁。

〔註212〕程頤說：「主一者謂之敬。一者謂之誠。主則有意在。」參見《二程集・程氏遺書》，第315頁。

〔註213〕《二程集・程氏粹言》，第1170頁。

〔註214〕程頤曾說：「乾是聖人道理，坤是賢人道理。」參見《二程集・程氏遺書》，第79頁。

〔註215〕《程氏遺書》：「『忠信所以進德，修辭立其誠所以居業』者，乾道也。『敬以直內，義以方外』者，坤道也。」參見《二程集・程氏遺書》，第133頁。

〔註216〕《程氏遺書》云：「忠者天理，恕者人道。忠者无妄，恕者所以行乎忠也。忠者體，恕者用，大本達道也。」參見《二程集・程氏遺書》，第8頁。

〔註217〕《程氏遺書》云：「忠者无妄，恕者所以行乎忠也。忠者體，恕者用，大本達道也。」參見《二程集・程氏遺書》，第124頁。

第四節　張載與程頤易學思想比較

　　張載和程頤都是著名的理學家，他們的理學思想構成了宋明理學的主要內容。張載和程頤研究易學的目的正是為構築理學思想體系做準備。他們的理學範疇和命題基本上都是從易學中來。我們認為，《周易》古經的立論基礎是三才說，而《易傳》主要思想是闡述三才之道。張載和程頤易學思想異同主要體現在二人對三才天地人和三才之道陰陽、剛柔、仁義等易學範疇，以及對「形而上者謂之道，形而下者謂之器」「一陰一陽之謂道」「窮理盡性至於命」等易學命題的創造性闡發上。

一、天地之外是否可知

　　張載認為天無形而地有形，天動在地外，地靜在天之中。地有限而天大無外。天地本自太虛，而天的外延和內涵與太虛接近。太虛即氣，故不存在絕對的虛空。太虛之氣具有一物兩體之性，故而陰陽氤氳生化萬物。萬物得性於天而得形於地。程頤則認為人生天地之中，猶魚之在水。程頤否認人可以認識天地之外，至於先天地之太極，從未提及。

　　張載在綜合了《易傳》太極說、《黃帝內經》等經典中的陰陽說、元氣說，在深入考察了天文學宣夜說等自然科學知識的基礎上，提出「太虛即氣」的命題。「太極」是《易傳》宇宙生成論的最高範疇。《易傳》所謂「太極─兩儀─四象─八卦」的揲蓍成卦的筮法，正是先民對宇宙生成論的樸素表達。《橫渠易說》釋「大衍之數」曰：「凡三五乘天地之數，總四十有五，並參天兩地自然之數五，共五十。虛太極之一，故為四十有九。」〔註218〕可見，張載認為太極表現為數字時是一。這和《繫辭傳》以太極為一相同。張載認為太極雖然混沌為一，但含有一分而為二的可能性。正因為太極是「一物而兩體」，所以太極分而為兩儀，兩儀才各有「一物兩體」之性。所以，天地合和化生的萬物也就有了「一物兩體」之性。這也是天地萬物能夠陰陽感通神化的原因。張載釋《繫辭傳》「參天兩地而倚數」章，提出了氣具有太極之性，即「一物兩體」。正因為氣具有「一物兩體」之性，所以才能有兩端之感通、神化的功能。以一物兩體釋太極和氣，說明張載認同漢儒的太極元氣說。只是張載所謂太極，是從宏觀整體而言；所謂氣，則是從微觀基質而言。而兩

〔註218〕《張載集·橫渠易說》，第 196 頁。

者「一物兩體」之特性則是相同的。與《易傳》和漢唐經學不同，張載只是侷限於解釋《繫辭傳》文字而不得不提到太極。事實上，張載更強調天地來自太虛。太極是個宇宙論概念，具有時空屬性。太極生天地之後，太極本身就消失了。而張載所謂太虛是一個本體論概念。太虛之氣聚而生天地萬物，天地萬物散而為太虛之氣，而太虛和氣都是永恆存在的。

程頤對天地之外、天地之前並不感興趣。甚至認為人不可能認識天地之外的存在。因此，很少提及太極。與張載對道、理的理解基本上繼承了傳統儒家的思想觀點相類似，程頤的氣論基本上繼承了漢儒的元氣說而沒有創新。《程氏粹言》載其言曰：「物生者，氣聚也。物死者，氣散也。」〔註219〕又有所謂「元氣會則生聖賢」之語〔註220〕。張載認為氣是太虛固有，本有，氣只有聚散沒有生滅。程頤認為氣自然而生。天之氣自然而生，人之氣生於真元，真元自能生氣。外氣涵養真元。儘管張載、二程、邵雍常常在一起探討學問，但是邵雍、張載去世之時，程頤的學問尚處在形成過程中。因此，很少看到邵雍、張載評論二程學說的言語。相反，程頤對邵雍、張載的學說常常有評論。特別是對張載的學說，常常從理本論的立場出發，或褒揚或批評。程頤曾批評氣之循環不滅之說。認為「方伸之氣」不可能來自「既返之氣」。他將氣分為真元之氣和外氣，認為真元之氣不與外氣雜。既說真元之氣靠外氣養，又認為真元之氣離不開外氣。其實是沒有捋順氣與萬物之間的關係，也無法詳細解釋萬物何以生、何以滅，來自何處、歸於何處，只能籠統地說「理自然如此」。

儒家的天命信仰認為，天對萬物的主宰以天命的形式在萬物始生時賦予萬物，即「天命謂之性」。萬物生成之後，天命和天時是主宰萬物運行的主要因素。而在道家四大說的視域中，天僅僅是「蒼蒼之形」、日月星辰所繫處。張載認為這是「不識天」的表現。張載釋乾卦時曾說：「雖乾坤亦在其中」。即言天地只說到了天地之形體，言乾坤則說到了健順之性，而性源自「一物兩體」之太極。張載認為：「天地以虛為德，至善者虛也。虛者天地之祖，天地從虛中來。」〔註221〕顯然張載所謂「虛」是指生天地之太極。張載又以一物兩體釋太極，這樣氣及其聚散生成的天地萬物，都具有一物兩體之性。一物

〔註219〕《二程集‧程氏粹言》，第 1268 頁。
〔註220〕《二程集‧程氏粹言》，第 1270 頁。
〔註221〕《張載集‧張子語錄》，第 326 頁。

兩體之性源自太虛，太虛又是天之實。這樣一物兩體之性作為先天的必然性，作為支配天地萬物超越性又賦予給天。就易學來講，張載並未直接解釋三才說，但其易學思想體系基本上符合三才說的理論框架。張載所謂太虛相當於今人所謂宇宙，是氣的整體。地為純陰之氣，凝聚於天之中；天為浮陽之氣，運旋於地之外。地有形質，小而在天之氣中。天之陽氣無形無際，和太虛的外延和內涵最接近。天的存在體現在運物、交感之神和順行有常之理，與太虛清虛湛一、健順兩體之性最接近。從而先秦文獻中天的超越義、主宰義借助太虛範疇復又得以挺立。因此，張載認為天的實質就是太虛。天地萬物都是太虛之氣的客感、客形，終究要回歸太虛本體。

程頤從理本論出發，常常以理與天地萬物對言。而張載常常以太虛與天地萬物對言。程頤認為，張載所謂太虛實際上就是理。從而對張載關於太虛的論述常常提出質疑。如，《程氏遺書》載：

> 又語及太虛，曰：「亦無太虛」。遂指虛曰：「皆是理，安得謂之虛？天下無實於理者。」〔註222〕

> 或謂許大太虛。先生謂：「此語便不是，這裡論甚大與小？」〔註223〕

張載從太虛即氣出發，將道、理視為描述太虛之氣的次級範疇。程頤偶而也言及太虛，而以太虛為道（理）。而道理自然不存在大小的空間問題。《程頤粹言》載：

> 離陰陽則無道。陰陽，氣也，形而下也。道，太虛也，形而上也。〔註224〕

> 張子曰：太虛至清，清則無礙，無礙故神。反清則濁，濁則有礙，礙則形窒矣。子曰：神氣相極，周而無餘，謂氣外有神，神外有氣，是兩之也。清者為神，濁者何獨非神乎？〔註225〕

張載以清濁對言天地之不同，程頤也以清濁對言太虛之氣與太虛之氣凝聚而成的萬物（地亦物）之不同。但是，在張載看來，神則屬於天，屬於太虛。故有所謂清者為神而濁者非神。程頤則認為神是理神妙的作用，寓於萬物的大

〔註222〕《二程集·程氏粹言》，第66頁。
〔註223〕《二程集·程氏粹言》，第66頁。
〔註224〕《二程集·程氏粹言》，第1180頁。
〔註225〕《二程集·程氏粹言》，第1256頁。

化流行之中，清濁之物都有神。

二、一陰一陽是否是道

張載認為一陰一陽即是道，而程頤則認為一陰一陽非道，一陰一陽之所以然方是道。張載和程頤都認為道是形而上的存在，但是，張載以無形釋形而上。氣、氣化的過程（即一陰一陽）、變化氣質、大心成性等都是形而上的存在。在張載看來，道是從屬於太虛的，從屬於天的。程頤則認為只有道（理）是形而上的存在。用現代漢語來說，道是獨一的、最高的、抽象的精神實體。

張載以氣化釋道是依據《易傳》所謂「一陰一陽之謂道」，所謂道就是標示氣一陰一陽之絪縕交合的過程。靜態的氣是無形的，動態的氣化萬物之過程也是無形的。氣一旦聚而成萬物，則有形體，也就是入而拘於有形體之器。張載以無形體為道，以有形體為器。不同的是，張載所謂道是一個標示動態的概念，標示太虛之氣陰陽和合化育萬物的過程。這一過程的特性是一陰一陽，或者說，氣化的規則、方式是一陰一陽。就如同人是萬物之一物，卻有男女兩體的陰陽之別，陰陽和合就有了變化。張載所謂氣化萬物非僅僅就物而言，聖人神道設教也是化，即變化氣質。張載以智崇效天為形而上，以禮卑法地為形而下。以天道言，氣有陰陽，絪縕而生變化，有變化則有象，有象則可狀。天道雖無形，待人踐行效法天地之道的禮儀制度，則涉乎制度、形器有跡而效著，地道成矣。形上、形下也是天道、地道之根本區別。

張載認為「《易》乃是性與天道」，因此對這一命題的闡發，重點在於「繼善成性」。《繫辭傳》所謂繼道成性，猶言「天命為性」。天地生萬物，成則天命即在萬物而謂之性。《易傳》所謂聖人都是制禮做法的聖王，所謂成性就是生謂之性。但是，張載把這一命題創造性地詮釋為「繼善不息，直至成性至聖」的修養工夫。至於「窮理盡性以至於命」，張載以太虛為本體，而道、命、性等範疇都本之於太虛，言命則至於太虛之本源。張載以「合虛與氣」釋性，故性有天命和氣質之分。天命之性源自太虛，氣質之性則源自氣稟。合理地解決了歷史上生之謂性、天命之謂性以及性善性惡的爭論。與程頤反覆強調窮理盡性至於命為一事不同，張載強調窮理、盡性「當有漸」。因為萬物各有其理，窮理自然會有其次序。「剛柔緩急」之性來自天道之陰陽氣化，而變化氣質是張載工夫論思想的一個重要內容。張載所謂理，包括物理、事理、義理或性命之理（性理）。認為「明庶物」即是明物理、事理，「察人倫」即明義

理。明理而後「順理而行」。仁義之名無非是給順理而行的行為一個名目罷了。

程頤從理本論出發，認為三道實一道，萬理實一理。並以此作為立論基礎，對《說卦傳》所謂三才天地人各有其道的說法進行了批評。程頤認為知道則無所謂知天道、知人道。程頤言道已經超出了儒家文獻言道的含義，不得不時時彌縫自己言道和先秦儒家文獻言道之間的差異。程頤所謂道是獨立的、唯一的精神實體。天道不能稱之為天之道。體用論是程頤言道的主要思維方式。就道體之自然而言，則道是天地萬物之所以然，是天地萬物之主宰。道下貫於天地萬物，可視為道體之用。《易傳》言三才之道，以天道為主，地道順承天道，人道效法天地之道。程頤置道於天地之上，道的主宰義、超越義加強了。然而，《易傳》所謂天道、地道的豐富內涵則被消弱了。

《繫辭傳》以形而上、形而下論道器，後世學者都認為是辨道器之異。程頤則吸收了玄學觀點，以形而上釋道體，以形而下釋道體之外的一切可感的事物。程頤也常常用形而上代指道體，所謂形而上並非指無形之物，所謂形而下也非專指器具。程頤以天為形而下之物，又以陰陽為氣，為形而下，為可感之物象。以「所以陰陽者」為道，為形而上。程頤言道體，受莊子影響比較大，認為道雖然是獨立、超越萬物、支配萬物的精神實體，但是道不在萬物之外。

程氏言道體，則以道為萬物之所以然。認為道是一，而陰陽是氣，是二。以一陰一陽是道則非，所以一陰一陽之理才是道。這是置道於一陰一陽之上，和《易傳》原文顯然不合。至於「繼善成性」，程氏以繼善為道體之用，這和玄學家的解釋觀點一樣。即以「出道則有用」釋「繼之者善」。「窮理盡性以至於命」揭示了《易傳》釋經的宗旨。程頤站在理本論的立場上，認為理、性、命為一。因此，「窮理盡性以至於命」就約化為窮理或盡理。從物的角度而言，程頤認為天地萬物和人都是物而已。對於和道外延相同的範疇，程頤常常言「其實一也」。例如，言道、理、性、命、神、帝、心等。程頤總是先分述這些範疇言道體的各種角度，最後歸結為「其實一也」。程頤也不否認這些概念在文字含義上的差別，程頤認為這些都是從不同的角度對道體的描述。

三、天人合一與天人本一

在《禮記・中庸》中，儒家學者將誠明或明誠作為人生的最高境界。《中庸》所謂自誠而明，相當於說聖人生而具有仁德，繼而無師自通而明理。自

明而誠，則是學者通過教與學，窮理而覺悟仁之為性，繼而成就仁德。《中庸》又以誠者為天道（生而知之），以誠之者為人道（學而知之）。孔子從來沒有以聖人自居，自認為是學而知之者。張載則認為孔子是學而知之的聖人典範。張載最早提出「天人合一」這一命題。所謂「天」是生而性之，所謂「人」是學而明之；所謂天人合一是說，儒家之學是既追求天道，又不廢人道，是天人不二，誠明合一。張載認為儒家學說講誠明合一，天人合一，不同於佛教學說。佛教學說是誠而惡明，得天而遺人，識道體之誠而棄道體之用。如《正蒙・乾稱篇》載：

> 釋氏語實際，乃知道者所謂誠也，天德也。其語到實際，則以人生為幻妄，以有為為疣贅，以世界為陰濁。遂厭而不有，遺而弗存。就使得之，乃誠而惡明者也。儒者則因明致誠，因誠致明，故天人合一，致學而可以成聖，得天而未始遺人，《易》所謂「不遺」、「不流」、「不過」者也。〔註226〕

顯然這裡所謂天所謂人並非指狹義上的天和人，而是指成聖工夫的兩種途徑。儒家學者兩者不廢，而佛教學者則是有誠無明。

張載在「太虛即氣」這一命題的基礎上，創造性地闡發了儒家天、道、性、心等範疇以及易學中的三大經典命題。張載以有形／無形釋《易傳》所謂形而上／形而下。以氣化萬物，包括變化氣質之無形過程為道，這是綜合了《易傳》所謂「一陰一陽之謂道」「形而上者謂之道，形而下者謂之器」和《中庸》所謂「天命之謂性，率性之謂道，修道之謂教」等命題得出深刻結論。而張載所謂「知禮成性」的工夫，也是總結《易傳》所謂聖人效法天地之道而得出的命題。智崇效天之高明，德隆不見行跡，故為形而上也；禮卑法地之實在，業廣見之於形器制度，故為形而下也。張載以「由窮理而盡性」釋《中庸》所謂「自明誠」，以「由盡性而窮理」釋《中庸》所謂「自誠明」，從而提出了「天人合一」修行路徑和聖人境界。

張載認為天人有異。天無心無意，自然而然。人則有心志情感，聖人仁以宏道。天人有異並非天人完全對立，和天相對的是地。「天惟運動一氣」，與地以形的方式存在不同，天則以神的方式存在，能夠「不滯與方體」。人則以天參為性，故人之神源自天而與天同。而人之形源自地，與地同。天人有異有同，人以效法天地之道，參贊天地之化育為使命。張載認為天無心，而

〔註226〕《張載集・正蒙》，第65頁。

人有心故能夠「經營」，這是對孔子「人能弘道，非道弘人」的觀點的繼承和發揚。張載認為天人異同不僅體現在天無心而人有心，還體現在天人異能。所謂「天能謂性，人謀謂能」，即天能體現在性，即天命之在人。人則有謀劃之能。雖然天人異能，但是並非只能聽天由命。在《正蒙・太和篇》中，張載提出「天與人，有交勝之理」。體現在「氣與志」的關係上，即「氣壹之動志」，「志壹動氣」。這使得「變化氣質」成為可能，而天下之治從此始。張載認為《周易》是講窮理盡性至命之書，學《易》就是識造化，就是窮理。既識得造化，又行善實踐禮，就是知性命。持之以恆，勉勉不息，直至盡性至命。在張載看來，神道設教是聖人之事。而平民百姓能「畏信於《易》」，也可以獲得神明祐助。

於人生境界，張載常言學者、大人、聖人各有不同。學者至大人為一節，大人至聖人為一節。學者至大人為一節，比如學者至顏子。由顏子至孔子為一節。此二節猶二關，「是至難進也」。張載所謂「學者」，即指「學而知之者」和「困而學之」的人。理學家的聖人典範是孔子，然而張載所謂聖人尚有於一節上成聖的伯夷、柳下惠等，又有聖人之末流之老子等。張載重德輕位，認為《易傳》不言「帝王」而言「天德」，乃是位不足道。有其位未必「所性存」。由學者到大人，可學而至，即可「思慮勉勉而至」。由大人至聖人，則「若天之不可階而升」。非「思慮勉勉而至」，要「德盛仁熟，自然而致」。張載站在儒家的立場上闡述聖人觀，同時也批評了佛道二教的聖人觀。認為道家「谷之神」不同於儒家天之神。前者有限，後者「能周萬物而知」。認為道家主張隱居而不用世，是不知本天道為用。至於對佛教的批評，認為佛教和儒家在「乃知道者所謂誠也」方面是一致的。卻失於「誠而惡明」，不知易而不識造化。不識造化，不能參贊化育，焉能稱聖人。

張載的工夫路徑，即其所謂「天人合一」。即通過「因明致誠，因誠致明」達到《中庸》所謂「誠則明矣，明則誠矣」的誠明境界。《中庸》所謂「自誠明」就是「生而知之」之義。張載結合《易傳》所謂「窮理盡性至於命」，釋「自誠明」為先盡性乃至窮理而明。也可以說是有明仁而達到崇智。《中庸》所謂「自明誠」，乃指由學達到崇智而明，明則見性之誠。即由智慧高超而明仁之為性。張載依據「窮理盡性至於命」之說，釋「自明誠」為窮理乃至見性。從而擯棄了先秦儒學「生之為性」的性命說和「生而知之」的聖人觀。張

載對天人合一的表述見於《正蒙·乾稱篇》〔註227〕。站在儒家天人合一的立場之上，張載認為二教學說與儒家學說「二本殊歸」。批評佛教「誠而惡明」，是有體無用的「體用殊絕」之說。並把儒家學說歸結為「儒者則因明致誠，因誠致明，故天人合一，致學而可以成聖，得天而未始遺人」。張載認為「自誠明，謂之性」，其中誠者成也，性者生也。本指聖人「生而知之」，不待教即「明」。所謂「自明誠，謂之教」則是學而知之。「誠則明矣，明則誠矣」，強調無論生知、學知，成性的境界則相同。張載釋自誠明、自明誠則有異。誠明，即誠且明，或曰明且誠，是言聖人之境界。而自誠明、自明誠，則是兩種不同成性至聖路徑。

　　與張載不同，程頤從理本論立場出發，認為與理相比，天地人都是可感的物象。《程氏遺書》載：「天人本無二，不必言合。」〔註228〕三才說認為天地合氣生人。因此，張載認為人得性自天，得形自地。而氣質之性、見聞之知可能遮蔽人的天命之性。因此，張載的變化氣質說認為，人當大心無我，以天心為心，以天德、天性為德、為性，從而與天為一。程頤則認為人與天地萬物皆得性於理，天人之性本一，天道人道本一。如《程氏遺書》記其言曰：「《中庸》言誠便是神」。又曰：「天人無間斷」。〔註229〕天人之形有異，天人之行有異是顯而易見得。張載從《說卦傳》三才各有其道出發，強調天人之道有異有同，「天能為性，人謀為能」。又說，「天人不須強分，《易》言天道，則與人事一滾論之。」〔註230〕程頤則強調天人之道本一，天人之分各異。〔註231〕這就是所謂「理一分殊說」。類似的話又曰：「道未始有天人之別，但在天則為天道，在地則為地道，在人則為人道。」〔註232〕張載言天地萬物的統一性乃在於太虛一物兩體之性，程頤言天地萬物之性乃本之於理一。對於張載所謂「天人合一」的修養工夫，程頤評論道：

　　　　問：「橫渠言『由明以至誠，由誠以至明』，此言恐過當。」

〔註227〕《正蒙·乾稱篇》云：「儒者則因明致誠，因誠致明，故天人合一。」
〔註228〕《二程集·程氏遺書》，第81頁。
〔註229〕《二程集·程氏遺書》，第119頁。
〔註230〕《張載集·橫渠易說》，第232頁。
〔註231〕《程氏遺書》載：「『贊天地之化育』，自人而言之，從盡其性至盡物之性，然後可以贊天地之化育，可以與天地參矣。言人盡性所造如此。若只是至誠，更不須論。所謂『人者天地之心』，及『天聰明自我民聰明』，止謂只是一理，而天人所為，各自有分。」參見《二程集·程氏遺書》，第158頁。
〔註232〕《二程集·程氏遺書》，第282頁。

　　曰：「『由明以至誠』，此句卻是。『由誠以至明』，則不然，誠即明
　　也。孟子曰：『我知言，我善養吾浩然之氣。』只『我知言』一句
　　已盡。橫渠之言不能無失，類若此。若《西銘》一篇，誰說得到
　　此？今以管窺天，固是見北斗，別處雖不得見，然見北斗，不可
　　謂不是也。」〔註233〕

可見，張載與程頤對於《中庸》論誠的不同觀點，可以概括為誠則明與誠即
明的不同。這種不同源於二人言性、言道不同。因此，二人講窮理盡性也就
自然存在著差異。

四、窮理盡性至命是三事抑或一事

　　在先秦文獻中，理是一個普通的範疇。常常用來標示天地萬物的特性。
天理的含義乃是天地萬物先天存在的特性，自然而然的特性。張載主要繼承
了先秦文獻中理的這一內涵。而程頤則對先秦文獻中理這一範疇，做了創造
性的詮釋。把天理等同於天道，又把天道、天理等同於道，等同於理。在程頤
的話語系統中，理繼承了天的主宰性和超越性。這是二人言窮理盡性不同的
根源所在。

　　張載綜合先秦儒家文獻所謂生之為性和天命之謂性的觀點，將性可分為
氣質之性和天地之性，或稱為氣稟之性和天命之性。至於如何盡性，在《正
蒙‧誠明篇》中，張載以「心能盡性」釋《論語》中孔子所謂「人能弘道」。
張載認為，欲盡性先盡心。盡心即要大心，不以聞見梏其心，體物多則心弘，
體物大則心大。能體天下之物可謂大心，但仍算不得見性。視天下無一物非
我，則是以天心為心，才是盡心知性。張載認為，以虛為心就是無心，無心而
見性，以性為心。在張載看來，大心盡性並不是空洞理論思維。大心盡性，也
是一個行善積義的過程，一個踐禮的過程。《易傳‧繫辭》認為，陰陽剛柔是
天地之道，仁義禮智是人性、人道。人效法天地之道，就是效法天地生物成
物。生物可謂仁者，成物可謂智者。生物就是繼善，成善是成性。繼善成性是
聖人效法天地之道的最終成就。張載則從成就聖人人格的角度解釋，認為體
道不已就是善，即仁者不已其仁，智者不已其智。經過曲成變化，仁智會合，
終成性至聖。張載認為性分純善之天地之性和善惡混的氣質之性。因此，繼
善成性的過程也就是變化氣質之性，返至天地之性的過程，即所謂「善反之

〔註233〕《二程集‧程氏遺書》，第308頁。

則天地之性存焉」〔註234〕。學者繼善不已，積義成性，則能達到聖人境界，即所謂「性諸道，命諸天」。〔註235〕

　　至於如何窮理，程頤認為主要途徑有讀書以講明義理，讀史以辨別是非，應接事物以辨其當否等。程頤所謂窮理主要內容是窮性理，但是也不排除物理。古人所謂天文地理、物理等與現代社會所謂自然科學知識、技術概念相似。程頤認為這些對於儒者而言，對於治道而言僅是術數末技而已。至於修養工夫，程頤常常講持敬和存誠。敬則是敬此一理，誠則是誠此一理。至於誠與敬的關係，程頤以誠為體、為「主一」之一，是主敬要達到的目的。從易學的角度講，程頤認為誠與敬的關係就是乾道與坤道的關係，也就是聖人之道和賢人之道的關係。程頤論誠，源自《乾文言》對乾卦九二爻辭的講解，即「閑邪存其誠」。論敬，源自《坤文言》對坤卦六二爻辭的講解，即「敬以直內，義以方外」。而乾坤之道又分出聖人道理與賢人道理之不同。從而，敬而至誠、強恕而忠，就是賢而入聖的工夫。

　　張載認為學可以變化氣質，「氣質美惡、貴賤夭壽」都是生而俱在的「定分」。為了不至於「氣壹則動志」，故需強學使得「志壹而動氣」。張載認為孔子是學而知之者，是自明而誠的聖人，不是生而知之的聖人。張載認為讀書是窮理的捷徑。張載本人非常重視書本知識的學習，對於天文學、曆法、聲律、醫學、史學乃至推命都有所涉獵。於六經中，張載特別重視《周易》。認為非知易無以識造化，不識造化就談不上窮理。識造化就是要明白陰陽屈伸之理。明瞭寒暑屈伸，不越二端，就可以「從此就約」。張載認為，只讀書算不得切己之學，只有識得義理而知幾，守禮徙義不止才能盡性至命。張載在談到成性至聖時，常常講「知禮成性」。把孔子學以至聖的過程，釋為「精義入神」而「窮神知化」，從而「化而裁之」至於「窮理盡性以至於命」的過程。

　　程頤則借鑒老子四大說和莊子形容道體的思維模式，將先秦儒家文獻中天的超越性、主宰性賦予給道（天道），把儒家倫理綱常的實際內涵賦予給理（天理），並通過道理互文、連用，把道的超越性、主宰性和儒家天理之倫理

〔註234〕參見《張載集》，第23頁。
〔註235〕《正蒙‧誠明篇》有所謂「盡其性能盡人物之性，至於命者亦能至人物之命，莫不性諸道，命諸天。我體物未嘗遺，物體我知其不遺也。至於命，然後能成己成物，不失其道。」《張載集》，第22頁。

綱常的實際內涵相結合，實現了理本論對道家道本論的成功改造。這樣，先秦儒家神聖的、經驗的天被替換為理學家神秘的、抽象的理。張載也常常談到道、理等範疇，而張載基本上繼承了先秦儒家文獻關於道、理的表述並有所改造。在傳統儒家思想視域中，道、理都不是獨立的範疇，如《易傳》《禮記》對道、理的理解，而是從屬於其他範疇。在張載看來，天理即天之理，而萬物各有其理。顯然，這與道家言道不同，與程頤言言道（理）不同。張載有時也道理對言，可能是受到程頤道理對言的影響。《正蒙·大易篇》曾載：「陽偏體眾陰，眾陰共事一陽，理也。是故二君共一民，一民事二君，上與下皆小人之道也；一君而體二民，二民而宗一君，上與下皆君子之道也。」〔註236〕雖然，張載也常常以超越意義上使用道、理範疇，但是從未把道、理置於天地之上。既沒有把道、理視為天地萬物的根源，也沒有把道、理作為支配天地萬物的異己力量。

　　程頤則以道（理）為形而上的「密」，以天地萬物為有形可感的物。天地無非是物之大者，也是形而下的存在。程頤所謂「至微者理也，至著者象也。體用一源，顯微無間」的命題，就是理與物體用關係的真實寫照。從而，程頤批評《易傳》所謂三才各有其道而闡發天道、地道、人道本一道；批評天地萬物各有其理而闡發萬理本一理。在程頤看來，道、理、性、命、心等範疇名異實同。故而《易傳》所謂「窮理盡性至於命」三事可一時並了。並引用《孟子》所謂「盡其心者，知其性也。知其性，則知天矣」予以證明。張載則認為「知與至為道殊遠，盡性然後至於命，不可謂一；不窮理盡性即是戕賊，不可至於命。」為了與二教學者以處柔守靜、止觀雙修的工夫相抗禮，程頤依據《易傳·文言》的相關命題，提出了持敬致誠的主一工夫論。所主之一就是理，即所謂敬是敬此一理，誠是誠此一理。而程頤所謂自明誠、自誠明的主要內容分別對應於是學禮、踐禮。如所謂「孔子之道，發而為行，如鄉黨之所載者，自誠而明也。由鄉黨之所載而學之，以至於孔子者，自明而誠也。及其至焉，一也。」〔註237〕

　　如果說張載的窮理盡性說是窮物理多之後「從此就約」，程頤的窮理盡性說則是「只明人理」「便是約處」。而且，程頤所謂「明人理」就是「敬而已

〔註236〕《張載集·正蒙》，第49頁。

〔註237〕《二程集·程氏遺書》，第323頁。

矣」〔註238〕。《易傳》以元亨利貞為卦之四德，聖人效法此四德而曰仁義禮智。《中庸》則以誠言仁，以明言智，以誠明言聖人境界。張載以學以窮理為通嚮明的工夫之路，以行善盡性為通向誠的工夫之路。誠明、明誠相當於仁而且智的聖人境界。張載以成釋誠，強調誠的實際行動，即行仁積善。程頤以真實無妄釋誠，持敬以致誠的工夫路徑則是強調主觀心理狀態。也就是所謂除卻「習心」，「開闊得心胸」。程頤雖然注重主觀心態，但是強調「合內外之道」。心之善端有諸內，發而見諸外，其實為一。人之仁義禮智本於天之元亨利貞，故曰「天人無間」。〔註239〕

〔註238〕 《程氏遺書》記明道之言曰：「學者不必遠求，近取諸身，只明人理，敬而已矣，便是約處。易之乾卦言聖人之事，坤卦言賢人之學，惟言『敬以直內，義以方外，敬義立而德不孤』。至於聖人，亦止如是，更無別途。穿鑿繫累，自非道理。故有道有理，天人一也，更不分別。浩然之氣，乃吾氣也，養而不害，則塞乎天地；一為私心所蔽，則欲然而餒，卻甚小也。『思無邪』，『無不敬』，只此二句，循而行之，安得有差？有差者，皆由不敬不正也。」參見《二程集·程氏遺書》，第119頁。

〔註239〕 程氏曾說：「觀天理，亦須放開意思，開闊得心胸，便可見，打揲了習心兩漏三漏子。今如此混然說做一體，猶二本，那堪更二本三本！今雖知『可欲之為善』，亦須實有諸己，便可言誠，誠便合內外之道。今看得不一，只是心生。除了身只是理，便說合天人。合天人，已是為不知者引而致之。天人無間。」參見《二程集·程氏遺書》，第33頁。

第五章 張載、程頤的易學特點及其對儒家後學的影響

第一節 張載易學的特點及其對儒家後學的影響

張載和程頤治易都反對當時的圖書派易學，不提倡象數易學。都繼承了王弼解易思路，又不滿玄學以老莊解《易》，力圖恢復先秦儒家《易傳》解易傳統。對卦爻辭的解釋，二人都不排斥取象說，對漢易中的釋易體例也有所借鑒。程頤側重闡發《易傳》所闡發君臣進退之道；張載側重提升《易傳》所闡發的君子修身立德之道。張載和程頤二人解易體例承王注，重孔疏，囊括《易傳》爻位的「乘」「承」「比」「應」，尤重「中」「正」「時」「位」，亦取卦變說、升降說、卦氣說等。張載尤重《繫辭》，程頤尤重《序卦》。張載以「太虛」為最高範疇，發揮傳統陰陽氣變學說，糾偏「貴無」，排斥「幻空」，為孔顏之樂尋找宇宙論根據。程頤把先秦文獻中理的概念提升為易學的最高範疇（程頤並不區分理、天理、道、天道、道理等概念），主張「有理則有氣」「有理而後有象」「數為氣之用」等，成功地為儒家人生觀、統價值觀構築了本體論依據。

張載的易學思想主要集中體現在《橫渠易說》和《正蒙》的相關篇目中。從文本形式上看，作為諸經說中最重要、也是最主要部分的《橫渠易說》，當是張載治易學過程中，研究《周易》經傳所做的劄記式的心得體會。張載在世時，從未提及該書。張載去世後，弟子和二程及其弟子也從未提及該書。

因此，我們推測傳本《橫渠易說》，並非張載計劃要寫作的著作。包括《橫渠易說》在內的「諸經說」，可以說是張載為寫作《正蒙》而準備的資料而已。可能是朱子後學看到張載「諸經說」中「易說」內容豐富，思想深刻，才單獨刊行，從而才有今本《橫渠易說》。正因如此，潘雨廷《讀易提要》推測：「且此書似門人裒集，未解處甚多，又繁簡失當，略有重複。張子未能親手訂成全《易》之說」。其實，《四庫提要》作者也早就注意到這一點。〔註1〕《正蒙》是張載生前完成的著作，是「諸經說」的精華萃取。而「易說」則是其中分量最大、思想性最高的部分。其中《大易篇》可以說是《橫渠易說》的精華所在。而《太和篇》《參兩篇》《神化篇》《天道篇》《乾稱篇》之篇名都與易學中重要範疇直接相關。其他諸篇中，也有滲透著易學思想的內容。

從釋經文本體裁和格式看，《橫渠易說》算是所謂注釋體中的「說」體。作為文體，說屬於議論文。作為釋經體裁，說體重在闡發經文蘊含的微言大義，而非以講解文字音義為主。《漢書·藝文志》中可見不少以「說」體釋經著作，惜已失傳。馮浩菲據《墨子·經說》與《韓非子》的《內儲說》《外儲說》推斷：「可知此體在漢代以上以說解經籍原文的意蘊為主要內容。從宋代起，由於疑古創新成為一種風尚，說體大行，並且在說解經籍原文的意蘊時以辨正舊注的誤說為標的，即加強了考辨的性質。」並認為《橫渠易說》屬於「全載所解原文，選擇說解」這一類。〔註2〕這一說法，基本上符合傳本《橫渠易說》體裁。實際上，《橫渠易說》只是張載閱讀、教授《周易》的劄記而已。張載並非有計劃要撰寫一部注釋《周易》著作。至於《正蒙》則是語錄體，《正蒙·蘇昞序》有詳細的說明。〔註3〕

從內容上看，張載釋《易》最重乾坤二卦，注解也最為詳細，對其他六十二卦都有解釋，部分卦爻辭或有未釋，且詳略不一。至於《易傳》，張載釋《文言傳》《繫辭傳》最為詳盡。且不以文字訓詁為主，往往有大段發揮己意的文字，思想價值最高。釋《說卦》差詳，釋《序卦》《雜卦傳》內容最少。《橫渠易說》對《繫辭傳》的注釋最多，所發義理亦是最多且精深。

〔註1〕《四庫提要》有所謂：「是書較程《傳》為簡，往往經文數十句中一無所說。末卷更不復全載經文，載其有說者而已。」參見〔清〕永瑢等：《四庫全書總目》卷二《經部·易類二》，北京：中華書局，1997年：第6頁。

〔註2〕參見馮浩菲：《中國古籍整理體式研究》，北京：高等教育出版社，2003年：第151～152頁。

〔註3〕《張載集·蘇昞序》，第3頁。

這與張載對《繫辭傳》重要性的認識有關。張載曾反覆強調《繫辭傳》對於治易的重要性。〔註4〕至於《正蒙》中與易學相關的內容，可視之為《橫渠易說》的精華萃取。臺灣學者胡元玲對《橫渠易說》與《正蒙》在文獻上做過很詳細的分析。指出《正蒙》約有 100 餘條 4000 餘字與《橫渠易說》相同，約佔了《正蒙》內容四分之一。其中主要分布在《大易篇》《神化篇》《天道篇》《至當篇》《乾稱篇》《太和篇》等，《三十篇》《動物篇》《作者篇》《有德篇》《誠明篇》《參兩篇》《中正篇》也有部分內容相同。〔註5〕顯然，在「諸經說」中，《橫渠易說》的文字和思想是《正蒙》最主要的、最重要的源頭。

　　就釋經風格而言，孔子認為《易》有「古之遺言」而主張觀其德義。張載治《易》亦沿襲《易傳》這一風格，釋經體例多本於《易傳》。《周易程氏傳》在形式上模仿王弼《周易注》，於《繫辭傳》恰恰沒有注釋。王弼上承《易傳》義理易學，曾總結歸納《易傳》釋經體例，諸如一爻為主說等不同於漢易中象數體例。對於王弼《周易注》《周易略例》釋經的諸多說法，張載也有所吸取。但是，在對卦爻辭的具體解釋上卻有所不同。張載在釋三陰三陽卦之諸爻辭時，也採用諸如卦變說等以闡發卦爻辭的義理。這種承接方式主要是通過孔疏而接受了漢易的某些傳統。而與程頤講乾坤卦變不同。程氏乾坤卦變說則是依據《易傳》諸多觀點，比如以乾坤生六子卦，八卦重而生六十四卦，對漢易卦變說進行了創造性的改進。張載所謂象、卦象與程頤所謂才、卦才相類似，都是指卦畫之結構和形象。基於對古經神道設教的認識，張載所謂「占非卜筮之謂」，意為占並不是簡單的求神問卜，而是通過設卦、觀象、繫辭以明盈虛消息、屈伸進退之道。張載從而把《周易》視為窮理知化、崇德廣業的君子修行之書。

　　張載以「虛氣相即」的太虛本體論釋天道性心等儒學重要範疇，融會《孟子》《中庸》的心性論，初步完成了對漢唐儒學隔離天人之弊的修正。張載常

〔註4〕張載曾說：「欲觀《易》先當玩辭，蓋所以說易象也。不先盡《繫辭》，則其觀於《易》也，或遠、或近、或太艱難。不知《繫辭》而求《易》，正猶不知《禮》而學《春秋》也。《繫辭》所以論《易》之道，既知易之道，則易象在其中，故觀《易》必由《繫辭》。《繫辭》獨說九卦之德者，蓋九卦為德，切於人事。」參見《張載集·橫渠易說·佚文》，第 242 頁。

〔註5〕胡元玲：《張載易學與道學——以〈橫渠易說〉及〈正蒙〉為主之探討》，臺北：臺灣學生書局，2004 年：第 37～56 頁。

以幽／明、聚／散、出／入、形／不形等描述萬物的存在狀態，用氣的聚散解釋《易傳》所謂幽明。至於氣化之動力，張載中提出了「一物兩體」的命題。由於有對立面的相互依存，才有氣化動力之神。這就賦予了太虛之氣以能動性。由此張載回答了易學中的一些理論問題。「有氣方有象」之象，是與形密切相關的一個概念。他釋《繫辭傳》曰：「有變則有象，如乾健坤順」。接著又說，「有氣方有象，雖未形，不害象在其中」。可見，二氣相感必然有象顯示出來。雖無形，及其成為天象，便可以天道稱之；陰氣常順，效法陽氣而動，及其成為地形，則以地道稱之。這與程頤所說的「有理而後有象」、世界統一於理的觀點不同。張載所謂「天道」，主要指陰陽二氣變易的過程。所謂「太和」是指二氣和合絪縕之狀態。可見，張載所謂「道」是就二氣變化、生成萬物而言。與程頤易學將所以陰陽之理視為形而上的道，有著根本差別。

至於天與人、天道與人道，張載認為人有意識、有思慮、有憂樂，而天或天道是一種自然的客觀存在。基於此種天人之分，他認為天地不仁而聖人當仁。「天道即性」是張載以「虛氣相即」釋天的自然延伸，與以陰陽二氣變易的過程釋道是一致的。張載以「參」論證人性與天道的統一性，認為天以「參」為性。「參」則指「一物兩體」的對立統一，「一物兩體」也即太虛本體之本質屬性。

張載繼承了《繫辭下》所謂「窮神知化，德之盛也」的思想。其所謂「神」，主要是指太虛之氣運動變化能動因素。而其所謂「化」，即是太虛之氣感通變化。在具體的道德實踐中如何做到「窮神知化」呢？張載認為「窮神」是窮盡其神，與神化合一的境界，而「入神」則是「窮神」的鋪墊階段。其基本內涵就是精研事物的義理，掌握變化的法則，達致人事的應用。在他看來，具備人倫、物理的知識，做到思勉而行、利用安身，這只是大人君子所達到的境界。而聖人的境界則是不思而得，不勉而中。張載認為達到和保持這種境界的工夫即是「存神」。

張載認為「窮理」必須從「識造化」開始。所謂「造化」，即氣化萬物之道。認為窮理、盡性、至命是一個相互關聯而遞進的過程。在具體步驟上，張載認為應「先窮理而後盡性」。但在「窮理」的具體過程中，卻存在著「見物多，窮理多」的認知方式。「窮理盡性」在本質上是追求一種價值理性，旨在變化氣質。可見，張載所謂「窮理盡性」在理論歸宿方面與其「窮神知化」說並無二致。

　　張載認為《中庸》所謂「自明誠」，就是《繫辭傳》所謂「窮理盡性」。認為孔子也是學而知之者，並且以孔子為榜樣。這在《正蒙·誠明篇》和《張子語錄》中都有論述。基於此，張載認為「窮理」能夠不懵於聞見小知而使人達到「明」的心智狀態，「盡性」能夠增進德性之知而使人達到「誠」之心靈境界；由不懵於聞見小知之「明」至德盛自至之「誠」，是先窮理而後盡性；由成己而仁、成物而知之「誠」而「明」，是先盡性而後窮理。張載把「窮理」「盡性」「至於命」作為三個階段，遭到二程非難。二程從性即理、命即理的理本論出發，認為可以「三事一時並了」。而張載堅持「盡性然後至於命，不可謂一」。張載、程頤二人在工夫論上的差異，有類於禪宗南北兩派之間的頓漸之別，有類於朱子理學與陸王心學工夫論之間的差異。事實上，由於根器不同，每個人適用的工夫路徑自然有所不同，漸覺和頓悟各有利弊，談不上高下與對錯。一個篤實，一個高明；一個重視經驗實踐，一個重視理論思辯；一個適合大眾學子，一個適合少數俊才。

　　張載《橫渠易說》與程頤《周易程氏傳》，常常被後世理學家們並稱為儒家易學著作的代表。除了張載弟子外，程頤、朱震、朱熹、楊萬里、王夫之等人都曾受到張載易學影響。仁宗嘉祐二年（1057），張載至汴京舉進士，在宰相文彥博支持下，講《易》于相國寺。可見張載此時易學造詣之高，朝野聞名。而程頤此時年方二十四歲。二程年輕時便與張載開始探討易學問題，可以說是相互都有啟發。例如，張載所謂「過中之戒」，程頤也曾提到。程頤對「時義」、對理範疇的重視可能影響的張載。二程語錄言及張載的文字遠遠多于邵雍、周敦頤。程頤對張載之學既有批評又有借鑒。張載和程頤都主張義理易學，在易學觀、易學思想等方面大同小異。呂大臨撰有《易章句》，對張載、二程的易學思想都有所繼承。〔註6〕又如李復《潏水集》，劉學智教授認為：「李復以義理與象數兼顧來解《易》，大概承繼了其師張載重於易理的解易方法，同時又大膽地吸收了周敦頤、邵雍等人的象數學派的成果，形成了自己獨特的風格。」〔註7〕朱震撰有《漢上易傳》，其在《進易表》中自稱已

〔註6〕度正《跋呂與叔易章句》中說：「今觀《易章句》，其間亦有與橫渠異而與伊川同者，然皆其一卦一爻之間小有差異，而非其大義所在，大抵同耳。」參見〔宋〕度正：《跋呂與叔易章句》，載宋呂大臨等著《藍田呂氏遺著輯校》，陳俊民輯校，北京：中華書局，1993年：第626頁。
〔註7〕劉學智：《關學思想史》，西安：西北大學出版社，2014年：第169～173頁。

學「以《易傳》(《周易程氏傳》)為宗,和會雍、載之論」云云。〔註8〕朱熹
受周敦頤、邵雍、程氏易學影響較大,對張載易學的一些範疇和命題都有批
評借鑒。《周易》的卦爻辭本之於歷史上的卜筮記錄,具有一定的史料價值。
後世學者釋易,特別是義理易學,常常引用相關史料增強說服力。張載常常
引孔子及其弟子、孟子等人言論事蹟論證德性修養之道。對後世學者引史證
《易》具有示範作用。相對而言,王夫之對張載思想最為推崇,對張載思想
繼承最多。由宋至清,時有易學著作提到張載,如明馬理《周易贊義》、〔註9〕
清李光地《周易折衷》〔註10〕等。

　　張載弟子對張載的評價甚高。范育《正蒙序》認為,張載「與堯舜孔孟
合德」,其學說融會了六經、《語》《孟》中的聖人道德性命之說。其心解自立
義理之學,能夠「本末上下貫乎一道」,而且「排邪說,歸至理」不遺餘力。
呂大臨《橫渠先生形狀》強調張載之學是「自得之者」,是獨立思索而成就的
一家之言。其致力於「窮神化,一天人,立大本,斥異學」,完全出自淳儒之
不得已而為之,非為辯而辯的好辯者。在思想上,張載的弟子多繼承了其氣
學、禮學以及心性說等。同時,重視經世傳道和社會改良的實踐。二程與張
載多有學術切磋往來,對張載及其思想有批評也有贊同。二程後學則對張載
誤解和批評較多,言語之間充滿了門戶之見而非理論爭鳴。張載解《文言傳》
《繫辭傳》甚詳,所發義理甚精。朱熹於易學觀、易學思想方面也有取之於
張載易學的,如「理一分殊」說、「心統性情」說、窮理盡性說等。明代王陽
明晚年將張載的「太虛」引入其「良知」學說中。〔註11〕明代羅欽順、王廷
相比較重視張載的陰陽氣化學說,而不認同張載的性二分說。明末的王夫之
通過注釋《正蒙》,重新詮釋張載思想,建構了一套完整的氣本論哲學體系。
王夫之是理學家中最推崇張載的一位,認為張子之學有「聖人復起,未能有

〔註 8〕〔宋〕朱震《朱震集》,王婷、王心田編輯點校,長沙:嶽麓書社,2007 年:
　　　　第 2 頁。
〔註 9〕〔明〕馬理:《馬理集》,許寧、朱曉紅點校整理,西安:西北大學出版社,
　　　　2014 年。相關研究可參考許寧《馬理理學思想初探》一文,《北大中國文化研
　　　　究》,2012 年:第 177~198 頁。
〔註10〕〔清〕李光地編纂:《周易折衷》,劉大鈞整理,成都:巴蜀書社,1998 年。
〔註11〕陽明嘗謂:「良知之虛,便是天之太虛;良知之無,便是太虛之無形。」參見
　　　　〔明〕王守仁:《王陽明全集》卷三《傳習錄下》,吳光等主編,上海:上海
　　　　古籍出版社,2011 年:第 121 頁。

易焉者」之言。〔註12〕王夫之在「一物兩體」釋太極、「辭變象占」四道不廢、「易為君子謀」、以道德修養釋易、以禮釋易等方面繼承了張載易學的觀點。又如，以太極釋張載所謂太和，以「天下唯器」釋張載所謂天下唯氣，以才、性釋張載所謂氣質之性、天命之性等，這些都是對張載之學創造性地發揮。清代的戴震對理學家多有批評，但十分推崇張載，對於以氣化言道等命題非常推崇。〔註13〕張載的著作和學說主要是借助於程朱學派傳佈後世。張載去世後，關學的直系傳承中斷。學術史上，真正直接研究張載並建構其自己理論體系的是王夫之。但因為地緣關係，金元以來關中地區的學者依舊多對張載之學有所尊崇，林樂昌教授稱之為「學承」。〔註14〕從學術史角度看，較早論及張載的是朱熹的《伊洛淵源錄》。此後有明代黃宗羲的《宋元學案》和馮從吾的《關學編》等。近代以來，出現了多部學術史、哲學史類著作，多涉及張載哲學思想的研究。其中，以馮友蘭、張岱年的唯物主義「氣本論」及牟宗三的「太虛神體」論、唐君毅的「形上氣本論」影響較大。

第二節　程頤易學的特點及其對儒家後學的影響

　　程頤易學研究大概始於受學周敦頤之時。在太學時，又受胡瑗易學薰陶。嘉祐初年，在京師與張載論《易》，受到高度的讚揚。至大觀元年病卒，研究易學，撰寫、傳授《周易程氏傳》前後共約六十年時間。可見，其於易學用功時間之長、工夫之深。程頤進士未第，沒有真正走入仕途。成年後大部分時間隨侍其父，協助料理公私事務以及講學授徒。《周易程氏傳》是程頤在長期研究《周易》經傳的基礎上撰寫而成。元符二年，程頤六十六歲，《周易程氏傳·易傳序》成。而《周易程氏傳》成書時間當在元祐八年（1093）至元符二年（1099）之間。成書後，經過了一個長時間的修改過程，程頤並未輕易傳授

〔註12〕王夫之認為「張子之學，上承孔孟之志，下救來茲之失，如皎日麗天，無幽不燭，聖人復起，未能有易焉者。」〔明〕王夫之：《張子正蒙注·序論》，夏劍欽編校，《船山全書》單行本之十一，長沙：嶽麓書社，2010年：第11頁。

〔註13〕戴震曾說：「獨張子之說，可以分別錄之，如言『由氣化，有道之名』，言『化，天道』，言『推行有漸為化，合一不測為神』，此數語者，聖人復起，無以易也。」參見〔清〕戴震：《孟子字義疏證》卷上，北京：中華書局，1982年：第17～18頁。

〔註14〕張載之後，關學主要興盛於明清兩代，其中以呂柟、馮從吾、李顒等為主要代表人物。參見劉學智：《關學思想史》，西安：西北大學出版社，2015年。

學生。然而，書未傳不等於學未傳。和學生講論的過程，也是程氏易學傳授的過程。特別是程氏易學思想，很多觀點主要體現在和學生問答交談的語錄之中。而在《周易程氏傳》中，受釋經體例限制而無法全面展開論述其易學思想。例如，二程對玄學易、漢唐易學的評論是構成程氏易學的重要內容，這些評論主要是在和學生的問答交流中完成的。

從文本形式上看，《周易程氏傳》所用古經版本是王弼《周易注》本。類於王弼注，《周易程氏傳》也未注《繫辭傳》《說卦傳》《雜卦傳》等。在具體的釋經實踐中，從釋經文本體裁和格式看，《周易程氏傳》可謂注釋體中的「傳」體。傳作為釋經文體，出現最早。比如，孔子《易傳》，《春秋》三傳。傳有「傳述經義」之義。後世常常作為釋經文體的統稱。程頤釋經，對於古經卦爻辭和解釋卦爻辭的《彖傳》、《象傳》，逐字逐句隨文注解。略解文辭，說義理極為詳盡。所發義理，以《論》《孟》《學》《庸》為主。常常引用儒家經典中的文字和事蹟，輔助闡發《周易》經傳義理。並且常常引用歷史故事增強的說服力，可謂後世以史論《易》之先聲。

從內容方面看，《周易程氏傳》釋經，首先分割《序卦》至於卦名之下，如同《詩經》之《小序》，以述說成卦之義。正如程氏所謂「不先明義理，不可治經」。講明一卦義理之後，依次講解卦辭、《彖傳》、《大象傳》、爻辭及其《小象傳》。至於《繫辭傳》及以下三傳，則沒有專門注解。《繫辭傳》內容雜有義理、象數，程頤釋經過程中，對《繫辭傳》講義理的部分時有引用。又著有《易說·繫辭解》講解部分《繫辭傳》內容。而《說卦》內容幾乎全涉象數，程頤曾經批評過其中的內容。在《周易程氏傳·易傳序》中，程頤曾感歎前儒失意傳言，不滿於後學誦言忘味。可見，程頤釋《易》目的很明確，就是要上承孔子《易傳》，彰顯聖人之道。程頤肯定了王弼《周易注》繼承了《易傳》義理易學的釋經風格，又不滿王弼以老莊思想為旨歸。而作為官方經學，唐孔穎達《周易正義》用王弼《周易注》，是雜用玄言。這是以淳儒自居的理學家所不能容忍的。可見，程頤作《周易程氏傳》的主觀目的就是替代王弼《周易注》。從《周易程氏傳》對後世的影響看，程頤的這一目的已經達到。除《周易程氏傳》之外，二程語錄中也有大量內容涉及易學，可以輔助瞭解二程易學思想。

就釋經風格而言，《周易程氏傳》雖在形式上類似王弼《周易注》，而所發義理無不是儒家倫理綱常。尚君子剛明而抑小人柔暗，至於夫婦、父子、君臣、上下之義無不涉及，猶以君臣進退之道為重。從這個意義講，《周易程

氏傳》所闡發的易學可謂帝王之學。沿襲了漢唐經學關注時政操作的傳統，只不過是用理學的倫理道德說教代替了今文經學的災異譴告。雖是帝王之學，但絕非老子欲擒故縱的守柔處弱之術，絕非法家君王的操控權術，而是君明臣忠的王道政治。程頤常常以伊尹、周公、孔明之類的歷史人物的德行操守為理想人格。如程頤《上仁宗皇帝書》曾載：「所不私其身應時而作者，諸葛亮及臣是也」〔註15〕。顯然，這是以孔明自許。又《周易程氏傳》所載：「古之人有行之者，伊尹、周公、孔明是也。皆德及於民，而民隨之。其得民之隨，所以成其君之功，致其國之安。其至誠存乎中，是有孚也；其所施為無不中道，在道也；唯其明哲，故能如是以明也，復何過咎之有？是以下信而上不疑，位極而無逼上之嫌，勢重而無專強之過。非聖人大賢，則不能也。」〔註16〕可見，《周易程氏傳》承載著程頤的人生理想和政治抱負。程頤常常引歷史上的君臣故事，輔助講明義理。這一風格對後世易學影響深遠。從繼承關係上說，程頤的釋經體例主要本於《易傳》。表面上和王弼釋經體例相仿，然而程頤實際上是有所借鑒並加以改造，絕非照搬。程頤繼承了王弼掃象說的易學觀，排拒漢易陰陽災變之言。至於卦變說，也是根據《易傳》相關文字加以改造後才應用。

　　就易學思想而言，程頤對《周易》經傳的三才說、三才之道說的詮釋可謂是顛覆性的。先秦儒家超越性的、主宰性的信仰之天，隨著今文經學的讖緯迷信一道被文化精英拋棄。代之而起的是玄學、佛學所謂以空、無為特徵的道體。與張載引入太虛範疇重構先秦儒家天命信仰之超越性、主宰性不同，程頤借鑒道家言道體的言說模式，把先秦儒家信仰之天的超越性、主宰性賦予給理或天理，而視可感萬物為顯著之象，乃至天地也是象之大者而已。程頤認為天地萬物之理就是《繫辭傳》所謂「密」，與玄學家言道體之「無」不同。規避了儒家學者對於無生有之質疑。理不僅是以「密」的形式藏之於萬物，而且是萬物之所以然的先天必然性，也是人之為人的先天之應然。理不在天地萬物之外，就在天地萬物發用流行之中。程氏所言之理，不僅是氣象萬千的可感世界的根本之所在，也是人間尊卑貴賤秩序、人之命運和價值的根本之所在。而陰陽盈虛、動靜屈伸、交感變化乃至人間的尊卑上下、一治一亂都是理本體發用流行的具體體現。天地萬物之化生的每一個細節，乃至

〔註15〕《二程集・程氏文集》，第511頁。
〔註16〕《二程集・周易程氏傳》，第786～787頁。

人類暫時不可理解的神秘現象，至如揲蓍成卦、推命觀象何以能夠占斷吉凶悔吝等，也只是一個「理」字在起作用。經過魏晉玄學有無之辨後，道的超越性、道體的自然性，已經為多數學者普遍接受。如果說名教本於自然、越名教而任自然還存在著以名教和自然為二的觀念，那麼名教即自然就是以名教和自然為一。儒家經典《禮記》中已經有禮制本於天理的觀念，但是視禮制與天理為二。在程頤看來，道體自然也就是天理自然，名教禮制是天理本體的發用流行，是一本而分體用。從這一意義上講，程頤是接過了玄學「名教即自然」的話題，闡發「名教即天理」。

在程頤看來，《易傳》所謂天地人三才都是物象而已，而儒家所主張的人倫綱常、君臣夫婦之道的權威性原本來自三才之天。如何彌縫理本論和天命論之間的錯位是程頤易學的理論課題，也是程氏易學所要完成的使命。對此程頤借鑒道家言道體的思維模式，置道於天之上。將儒家文獻中天的超越性、主宰性賦予給道。如程頤釋乾卦之時，通過所謂「專言」「分言」，成功地實現了這一轉換。顯然，道的內涵不僅涵蓋形體之天，而且涵蓋主宰之帝、妙用之神、性情之乾。而程頤所謂道，也就是理。在理本論的視域中，天地人都是物象而已，並無實質差別。《程氏遺書》載其言曰：「天地本一物，地亦天也」。程頤甚至認為只是人心之動，分天上而地下。〔註17〕這與佛教所謂萬法唯識的說法形式上有類似之處。而與《易傳》以三才之道立說相差甚遠。從思想角度而言，程頤易學可謂傳道甚於傳經。程氏認為《易傳》分天道、地道「便是亂說」〔註18〕。這與《繫辭傳》《說卦傳》所謂三才各有其道的說法顯然不合。這也許就是程頤不注《繫辭傳》《說卦》的原因之一。

至於《易傳》所謂「窮神知化」「窮理盡性」「精義入神」等，程頤認為無非「盡天理而已」。因為「通貫只一理」〔註19〕，故「盡天理便是易」〔註20〕。正因為程頤認為三才只是一物，萬理只是一理，《易傳》所謂「窮理盡性至於命」就是盡天理而已。對此，程頤在與弟子講論之時反覆強調「窮理盡性至命，只是一事。縱窮理便盡性，縱盡性便至命」。《程氏遺書》載有張載和程氏就此命題的討論：程氏認為「三事一時並了」，張載認為「失於太快」。〔註21〕

〔註17〕 《二程集·程氏遺書》，第 54 頁。

〔註18〕 《二程集·程氏遺書》，第 182～183 頁。

〔註19〕 《二程集·程氏遺書》，第 152 頁。

〔註20〕 《二程集·程氏遺書》，第 152 頁。

〔註21〕 《程氏遺書》云：「二程解『窮理盡性以至於命』：『只窮理便是至於命。』」子

　　程頤以理為易學諸範疇之本，認為研《易》始於觀象玩辭，終於因象明理。認為盡得天理，可謂善易者不占。在《周易程氏傳》中，程頤用理本論觀點對《周易》經傳進行了全新的解釋，對諸多易學範疇進行了顛覆常識式的詮釋。程頤認為，理作為超越性範疇，是天地萬物以及與之相關的才、氣、象、數、陰陽、剛柔等的本原。《周易程氏傳》所構築關於自然、社會以及人生的思想體系，乃至治學、明經、修身等為學、為人之道，對理學進一步發展起著不可忽視的作用。更為重要的是，程頤不遺餘力的講經傳道、授徒著述，培養了眾多弟子，使得理學薪火得以相傳，不至於淹沒在歷史洪流之中。《周易程氏傳》成書之後，迅速流行，取代了王弼《周易注》。南宋以降，隨著程朱理學主導主流意識形態，程氏易學思想和理學思想對於儒家後學產生了巨大的影響。程頤去世後，諸多弟子及後學非常注重對其《周易程氏傳》的研習。如郭忠孝、郭雍、楊時、游酢、項安世、李光、楊萬里、李衡、方聞一、鄭汝諧、王申子等，他們的易學取向多本諸《周易程氏傳》。朱熹易學在象數方面多繼承了邵雍的觀點。但是，朱熹易學象數、義理兼宗。在太極說、二氣五行說、論誠等方面繼承周敦頤易學的觀點。朱熹重視象數、卜筮決疑與邵雍、張載易學比較接近。而對於《周易》經傳義理則繼承了程氏易學。諸如以理釋天、辨道器形上形下、辨道之與陰陽、辨理氣先後、不明義理不可以釋經、區分三聖易學等方面繼承了程氏易學。《周易本義》釋卦爻辭，常常稱「《程傳》備矣」，足見朱熹對程氏易學發揮儒家義理之說的認同。朱熹完全接受了程頤理本論思想，《周易本義》引程氏易學的內容遍及全書。《朱子語類》論及程氏易學者比比皆是，遠遠多於論及周敦頤、張載、邵雍三家易學的內容。《周易程氏傳》從元代開始被列為科舉必讀書目，其中的哲學思想構成了中國封建社會後期主流意識形態的主要內容。《周易程氏傳》不僅是程頤理學思想的主要載體，也是程朱學派的理學經典著作之一，與《四書集注》一同構成了理學基本文獻。自南宋理宗時，《周易程氏傳》就曾經列入官書。明永樂年間胡廣等人撰《周易大全》即合《周易程氏傳》與《周易本義》而成。清康熙御纂《周易折衷》也以程朱易學文本為主要內容，足見其影響之深遠。

厚謂：『亦是失於太快，此義盡有次序。須是窮理，便能盡得己之性，則推類又盡人之性；既盡得人之性，須是並萬物之性一齊盡得，如此然後至於天道也。其間煞有事，豈有當下理會了？學者須是窮理為先，如此則方有學。今言知命與至於命，盡有近遠，豈可以知便謂之至也？』參見《二程集·程氏遺書》，第115頁。

參考文獻

一、典籍類

1.〔秦〕呂不韋等撰,〔漢〕高郵注,呂氏春秋〔M〕,上海:上海書店出社,1966。

2.〔漢〕趙君卿注,〔北周〕甄鸞重述,周髀算經〔M〕,北京:文物出版社,1980。

3.〔漢〕班固,漢書〔M〕,北京:中華書局,1962。

4.〔漢〕司馬遷,史記〔M〕,北京:中華書局,1982。

5.〔漢〕許慎著,〔清〕段玉裁注,許惟賢整理,說文解字注〔M〕,南京:鳳凰出版社,2007。

6.〔漢〕楊雄著,〔晉〕李軌注,法言(諸子集成)〔M〕,上海:世界書局,1935。

7.〔北齊〕魏收撰,魏書〔M〕,北京:中華書局,1974。

8.〔晉〕陳壽撰,陳乃乾校點,三國志〔M〕,北京:中華書局,1959。

9.〔後晉〕劉昫等,舊唐書〔M〕,北京:中華書局,1975。

10.〔魏〕何晏撰,皇侃義疏,沈抱秋、謝雨東點校,論語集解義疏〔M〕,上海:商務印書館,1912。

11.〔魏〕王弼著,樓宇烈校釋,王弼集校釋〔M〕,北京:中華書局,1980。

12.〔唐〕房玄齡等撰,晉書〔M〕,中華書局,1974 年。

13.〔唐〕韓愈,韓愈文集匯校箋注〔M〕,北京:中華書局,2010。

14.〔唐〕李翱，李翱集〔M〕，蘭州：甘肅人民出版社，1992。

15.〔唐〕孔穎達，周易正義〔M〕，北京：中華書局，1980。

16.〔唐〕李鼎祚，周易集解〔M〕，北京：中華書局，1985。

17.〔宋〕歐陽修著，李逸安點校，歐陽修全集〔M〕，北京：中華書局，2001。

18.〔宋〕陳振孫撰，徐小蠻、顧美華點校，直齋書錄解題〔M〕，上海：上海古籍出版社，1987。

19.〔宋〕張載，章錫琛點校，張載集〔M〕，北京：中華書局，1978。

20.〔宋〕程顥，程頤，二程集〔M〕，北京：中華書局，1981。

21.〔宋〕張載，張子全書〔M〕，林樂昌編校，西安：西北大學出版社，2015。

22.〔宋〕胡瑗著，〔宋〕倪天隱編，周易口義〔M〕，影印摛藻堂四庫全書薈要本。

23.〔宋〕蘇軾，東坡易傳〔M〕，上海：上海古籍出版社，1990。

24.〔宋〕朱震，漢上易傳〔M〕，上海：上海古籍出版社，1990。

25.〔宋〕周敦頤，周敦頤集〔M〕，北京：中華書局，2009。

26.〔宋〕楊萬里，誠齋易傳〔M〕，上海：上海古籍出版社，1990。

27.〔宋〕朱熹，周易本義〔M〕，北京：中華書局，2009。

28.〔宋〕郭雍，郭氏傳家易說〔M〕，北京：中華書局，1985。

29.〔宋〕晁公武著，張猛校證，郡齋讀書志校證〔M〕，上海：上海古籍出版社，1990。

30.〔宋〕呂祖謙著，黃靈庚、吳戰壘編，呂祖謙全集〔M〕，杭州：浙江古籍出版社，2008。

31.〔宋〕釋智圓，閒居編〔M〕，新纂續藏經第 56 冊。

32.〔宋〕契嵩，鐔津文集（卷八）〔0687a06〕，大正新修大藏經第 52 冊，No.2115。

33.〔宋〕劉牧，易數鈎隱圖〔M〕，上海：上海古籍出版社，1989。

34.〔宋〕李覯，李覯集〔M〕，北京：中華書局，1981。

35.〔宋〕歐陽修，歐陽修全集〔M〕，北京：中華書局，2001。

36.〔宋〕邵雍，邵雍集〔M〕，北京：中華書局，2010。

37.〔宋〕邵雍著，皇極經世〔M〕，郭彧整理，北京：中華書局，2010。

38.〔宋〕范仲淹著，李勇先、王蓉貴校點，范仲淹全集〔M〕，成都：四川

大學出版社，2002。

39.〔宋〕石介著，陳植鍔點校，徂徠石先生文集〔M〕，北京：中華書局，1984。

40.〔宋〕李燾，續資治通鑒長編〔M〕，北京：中華書局，1993。

41.〔宋〕楊仲良，皇宋通鑒長編紀事本末〔M〕，哈爾濱：黑龍江人民出版社，2006。

42.〔宋〕邵伯溫撰，李劍雄、劉德權點校，邵氏聞見錄〔M〕，北京：中華書局，1983。

43.〔宋〕楊時，楊時集〔M〕，福州：福建人民出版社，1993。

44.〔宋〕黎靖德編，朱子語類〔M〕，北京：中華書局，1994。

45.〔宋〕朱熹，四書章句集注〔M〕，北京：中華書局，1983。

46.〔宋〕邵伯溫，邵氏聞見錄〔M〕，北京：中華書局，1983。

47.〔元〕脫脫等，宋史〔M〕，北京：中華書局，1985。

48.〔元〕馬端臨撰，文獻通考〔M〕，北京：中華書局，1983。

49.〔明〕馮從吾，關學編卷〔M〕，北京：中華書局1987。

50.〔明〕王守仁著，吳光等主編，王陽明全集〔M〕，上海：上海古籍出版社，2011。

51.〔明〕馬理著，許寧、朱曉紅點校整理，馬理集〔M〕，西安：西北大學出版社，2014。

52.〔清〕王夫之，船山全書（第一卷）〔M〕，長沙：嶽麓書社，1996。

53.〔清〕王夫之，周易外傳〔M〕，北京：中華書局，1977。

54.〔清〕焦循，孟子正義〔M〕，北京：中華書局，1987。

55.〔清〕李光地，周易折衷（第3版）〔M〕，成都：巴蜀書社，2008。

56.〔清〕畢沅，續資治通鑒〔M〕，北京：中華書局，1957。

57.〔清〕王夫之，張子正蒙注〔M〕，北京：中華書局，1975。

58.〔清〕紀昀，欽定四庫全書總目〔M〕，北京：中華書局，1997。

59.〔清〕戴震，孟子字義疏證〔M〕，北京：中華書局，1982。

60.〔清〕王聘珍撰，王文錦點校，大戴禮記解詁〔M〕，北京：中華書局，1991。

61.〔清〕郭慶藩撰，王孝魚點校，莊子集釋〔M〕，北京：中華書局，1961。

62. 〔清〕王先謙撰，沈嘯寰、王星賢點校，荀子集解〔M〕，北京：中華書局，1988。

63. 〔清〕黃宗羲等，宋元學案〔M〕，北京：中華書局，1986。

64. 〔清〕黃宗羲，明儒學案〔M〕，北京：中華書局，1986。

65. 〔清〕畢沅，續資治通鑒〔M〕，北京：中華書局，1957。

66. 〔清〕阮元校刻，十三經注疏〔M〕，北京：中華書局，1980。

二、專著類

1. 張岱年，張載：十一世紀中國唯物主義哲學家〔M〕，武漢：湖北人民出版社，1956。

2. 張岱年，張岱年文集〔M〕，北京：清華大學出版社，1989。

3. 湯用彤著，湯用彤學術論文集〔M〕，北京：中華書局，1983。

4. 韋政通，中國思想史〔M〕，上海：上海書店出版社，2003。

5. 勞思光，新編中國哲學史〔M〕，桂林：廣西師範大學出版社，2004。

6. 楊朝明、宋立林主編，《孔子家語》通解〔M〕，濟南：齊魯書社，2009。

7. 陳俊民，張載哲學思想及關學學派〔M〕，北京：人民出版社出版，1986。

8. 姜國柱，張載的哲學思想〔M〕，瀋陽：遼寧人民出版社，1982。

9. 程宜山，張載哲學的系統分析〔M〕，上海：學林出版社，1989。

10. 龔傑，張載評傳〔M〕，南京：南京大學出版社，1996。

11. 黎翔鳳撰，梁運華整理，《管子》校注〔M〕，北京：中華書局，2004。

12. 馬王堆漢墓帛書整理小組編，馬王堆漢墓帛書〔M〕，北京：文物出版社，1976。

13. 徐元誥撰，國語集解〔M〕，王樹民、沈長雲點校，北京：中華書局，2002。

14. 李零，郭店楚簡校讀記〔M〕，北京：中國人民大學出版社，2007。

15. 王本興編，甲骨文字典〔M〕，北京：北京工藝美術出版社出版，2010。

16. 楊伯峻編，春秋左傳注〔M〕，北京：中華書局，1990（2）。

17. 朱傑人等主編，朱子全書·四書集注〔M〕，上海：上海古籍出版社，2002。

18. 湯用彤，魏晉玄學論稿〔M〕，上海：上海古籍出版社，2001。

19. 陳來，宋明理學〔M〕，北京：生活·讀書·新知三聯書店，2011。

20. 黃懷信、張懋鎔、田旭東撰，遺周書彙校集注〔M〕，上海：上海古籍出

版社，1995。

21. 林樂昌，張載理學與文獻探索〔M〕，北京：人民出版社，2016。

22. 劉大鈞，《周易》概論〔M〕，濟南：齊魯書社，1988（2）。

23. 林樂昌，《正蒙》合校集釋〔M〕，北京：中華書局，2012。

24. 於浩編，宋明理學家譜（一）〔M〕，北京：北京圖書館出版社，2006。

25. 姜廣輝主編，中國經學思想史〔M〕，北京：中國社會科學出版社，2010。

26. 章偉文，易學歷史哲學研究〔M〕，北京：中國社會科學出版社，2012。

27. 姜海軍，程頤易學思想研究——思想史視野下的經學詮釋〔M〕，北京：北京師範大學出社，2010。

28. 陳來，宋明理學〔M〕，北京：生活·讀書·新知三聯書店，2011。

29. 陝西省哲學學會編，氣化之道——張載哲學新論〔M〕，西安：陝西人民教育出版社，1991。

30. 河南社科院哲學所主編，二程思想研究文集〔M〕，鄭州：河南人民出版社，1986。

31. 蒙培元，理學範疇系統〔M〕，北京：人民出版社，1989。

32. 程樹德撰，程俊英、蔣見元點校，《論語集釋》〔M〕，北京：中華書局，1990。

33. 劉學智，儒道哲學闡釋〔M〕，北京：中華書局，2002。

34. 張豈之、劉學智主編，中國學術思想編（宋元卷）〔M〕，西安：陝西師範大學出版社，2006。

35. 胡元玲，張載易學與道學——以橫渠易說及正蒙為主之探討〔M〕，臺北：臺灣學生書局，2004。

36. 於浩，宋明理學家年譜（一）〔M〕，北京：北京圖書館出版社，2004。

37. 丁為祥，虛氣相即——張載哲學體系及其定位〔M〕，北京：人民出版社，2000。

38. 趙吉惠、劉學智主編，張載關學與南冥學研究〔C〕，北京：北京社會科學文獻出版社，2004。

39. 馮浩菲，中國古籍整理體式研究〔M〕，北京：高等教育出版社，2003。

40. 劉學智、徐興海，中國學術思想編·魏晉南北朝卷〔M〕，西安：陝西師範大學出版社，2006。

41. 潘富恩、徐餘慶，程顥程頤理學思想研究〔M〕，上海：復旦大學出版社，1988。

42. 龐萬里，二程哲學體系〔M〕，北京：北京航空航天大學出版社，1992。

43. 盧連章，程顥程頤評傳〔M〕，南京：南京大學出版社，2001。

44. 蔡方鹿，程顥程頤與中國文化〔M〕，貴州：貴州人民出版社，1996。

45. 丁原明，《橫渠易說》導讀〔M〕，濟南：齊魯書社，2004。

46. 梁韋弦，《程氏易傳》導讀〔M〕，濟南：齊魯書社，2003。

47. 劉玉建，《周易正義》導讀〔M〕，濟南：齊魯書社，2005。

48. 蕭漢明，《周易本義》導讀〔M〕，濟南：齊魯書社，2003。

49. 林忠軍，《易緯》導讀〔M〕，濟南：齊魯書社，2002。

50. 張舜徽，鄭學叢著〔M〕，濟南：齊魯書社，1984。

51. 姜海軍，程頤易學思想研究——思想史視野下的經學詮釋〔M〕，北京：北京師範大學出版社，2010。

52. 潘雨庭，讀易提要〔M〕，上海：上海古籍出版社，2006。

53. 朱伯崑，易學哲學史〔M〕，北京：崑崙出版社，2005。

54. 余敦康，易學今昔〔M〕，桂林：廣西師範大學出版社，2005。

55. 余敦康，內聖外王的貫通——北宋易學的現代解讀〔M〕，北京：學林出版社，1997。

56. 余敦康，漢宋易學解讀〔M〕，北京：華夏出版社，2006。

57. 陳遠寧，中國古代易學發展第三個圓圈的終結：王船山易學思想研究〔M〕，長沙：湖南大學出版社，2002。

58. 廖名春，帛書《周易》論集〔M〕，上海：上海古籍出版社，2008。

59. 高懷民，先秦易學史〔M〕，桂林：廣西師範大學出版社，2007。

60. 高懷民，兩漢易學史〔M〕，桂林：廣西師範大學出版社，2007。

61. 高懷民，宋元明易學史〔M〕，桂林：廣西師範大學出版社，2007。

62. 梁韋弦，《易學考論》導讀〔M〕，濟南：齊魯書社，2003。

63. 劉大鈞，象數易學研究〔M〕，濟南：齊魯書社，1996。

64. 林忠軍，象數易學發展史〔M〕，濟南：齊魯書社，1994。

65. 王鐵，宋代易學〔M〕，上海：上海古籍出版社，2005。

66. 鄭萬耕，易學源流〔M〕，瀋陽：瀋陽出版社，1998。

67. 廖名春、康學偉、梁韋弦，《周易》研究史〔M〕，長沙：湖南出版社，1991。

68. 向世陵，易學與理學〔M〕，長春：長春出版社，2011。

69. 牟宗三，心體與性體（三卷）〔M〕，上海：上海古籍出版社，1999。

70. 李存山，中國氣論探源與發微〔M〕，北京：中國社會科學出版社，1990。

71. 楊儒賓，儒學的氣論與工夫論〔M〕，上海：華東師範大學出版社，2008。

72. 姜廣輝，理學與中國文化〔M〕，上海：上海人民出版社，1994。

73. 楊柱才，道學宗主——周敦頤哲學思想研究〔M〕，北京：人民出版社，2004。

74. 侯外廬、邱漢生、張豈之，宋明理學史（第二版）〔M〕，北京：人民出版社，1997。

75. 張立文，宋明理學研究〔M〕，北京：中國人民大學出版社，1985。

76. 陳來，宋明理學（第二版）〔M〕，上海：華東師範大學出版社，2004。

77. 劉學智，關學思想史〔M〕，西安：西北大學出版社，2015。

78. 劉學智、徐興海，中國學術思想編·魏晉南北朝卷〔M〕，西安：陝西師範大學出版社，2006。

79. 崔大華，儒學引論〔M〕，北京：人民出版社，2001。

80. 向世陵，理氣性心之間——宋明理學的分系與四系〔M〕，北京：人民出版社，2008。

81. 侯外廬等，中國思想通史〔M〕，北京：北京：人民出版社，1959。

82. 唐君毅，中國哲學原論·原教篇〔M〕，北京：中國社會科學出版社，2005。

83. 潘富恩，程顥程頤理學研究〔M〕，上海：復旦大學出版社，1988。

84. 程鷹，伊洛學派及其教育思想〔M〕，北京：教育科學出版社，1993。

85. 張立文，朱熹思想研究〔M〕，北京：中國人民大學出版社，1987。

86. 蔡方鹿，中國經學與宋明理學研究〔M〕，北京：人民出版社，2011。

87. 徐遠和，洛學源流〔M〕，濟南：齊魯書社，1987。

88. 唐君毅，中國哲學原論（原道篇上）〔M〕，北京：中國社會科學出版社，2006。

89. 馮友蘭，中國哲學史〔M〕，上海：華東師範大學出版社，2000。

90. 張岱年，中國哲學史大綱〔M〕，北京：中國社會科學出版社，1982。

91. 蔡仁厚，宋明理學（北宋篇，南宋篇）〔M〕，長春：吉林出版集團有限責任公司，2009。

92. 許維遹撰，梁運華，呂氏春秋集釋〔M〕，北京：中華書局，2009。

93. 喻博文，正蒙注譯〔M〕，蘭州：蘭州大學出版社，1990。

94. 王素，唐寫本論語鄭氏注及其研究〔M〕，北京：文物出版社，1991。

95. 楊立華，氣本與神化——張載哲學述論〔M〕，北京：北京大學出版社，2008。

96. 陳俊民輯校，藍田呂氏遺著輯校〔M〕，北京：中華書局，1993。

97. 楊伯峻，列子集釋（新編諸子集成）〔M〕，北京：中華書局，1979。

98. 韓非子校注組，《韓非子校注》〔M〕，南京：江蘇人民出版社，1982。

三、期刊論文類

1. 陝西省文物管理委員會，長安張家坡村西周遺址的重要發現〔J〕，文物參考資料，1956（30）。

2. 中國科學院考古研究所，洋西發掘報告〔J〕，北京：文物出版社，1963。

3. 李學勤，安陽小屯以外出土的有字甲骨〔J〕，文物參考資料，1956（11）。

4. 吉林大學古文字學術研討會紀要〔J〕，古文字研究第一輯，北京：中華書局，1979。

5. 汪寧生，八卦起源〔J〕，北京：考古，1976（4）。

6. 劉大鈞，「卦氣」溯源〔J〕，北京：中國社會科學，2000（5）。

7. 林樂昌，論張載對道家思想資源的借鑒與融通〔J〕，北京：哲學研究，2013（2）。

8. 林樂昌，論張載的生態倫理觀念及其天道論基礎——兼論張載生態倫理觀的現代意義〔J〕，濟南：孔子研究，2013（2）。

9. 張善文，宋代易學中的「援史證易」派〔J〕，福建師範大學學報（哲學社會科學版），1992（3）。

10. 郝蘇彤，《周易程氏傳》研究的回顧與展望〔J〕，衡水：衡水學院學報，2017（4）。

11. 朱漢民，論程頤易學對王弼之學的繼承〔J〕，濟南：齊魯學刊，2010（1）。

12. 蔡方鹿，程頤易學的特點及其在中國易學史上的地位〔J〕，濟南：周易

研究，1994（1）。

13. 張克賓，因象以明理：論程頤易學的「卦才」說〔J〕，北京：中國哲學史，2015（1）。

14. 楊東，王弼易與伊川易之比較——關於《周易》的體例與原則〔J〕，濟南：周易研究，2004（5）。

15. 林樂昌，20世紀張載哲學研究的主要趨向反思〔J〕，北京：哲學研究，2004（12）。

16. 阜陽漢簡簡介〔J〕，北京：文物，1983（2）。

17. 林樂昌，張載的學術歷程及其關學思想〔J〕，南昌：地方文化研究，2015（1）。

18. 金春峰，《周易程氏傳》思想研究〔J〕，中州學刊，1984（4）。

19. 姜國柱，「關學」與「洛學」〔J〕，北京：哲學研究，1982（9）。

20. 姜國柱，洛學的產生及其思想淵源〔J〕，鄭州：中州學刊，1984（2）。

21. 陳俊民，張載《正蒙》邏輯範疇結構論〔J〕，西安：陝西師範大學學報，1984（3）。

22. 程宜山，關於張載的「德性所知」與「誠明所知」〔J〕，北京：哲學研究，1955（4）。

23. 李錦全，從洛學與關學的比較看二程思想的地位〔J〕，北京：哲學研究，1988（2）。

24. 邵顯俠，論張載的「知禮成性」說〔J〕，北京：哲學研究，1959（4）。

25. 李存山，「先識造化」與「先識仁」——從關學與洛學的異同看中國傳統哲學的特質及其轉型〔J〕，西安：人文雜誌，1989（5）。

26. 李景林，二程心性論之異同與儒學精神〔J〕，鄭州：中州學刊，1991（3）。

27. 劉學智，關於張載哲學研究的幾點思考〔J〕，北京：哲學研究，1991（12）。

28. 康中乾，論張載「氣」範疇的邏輯矛盾——兼論關學衰落的理論根源〔J〕，西安：人文雜誌，1992（2）。

29. 余敦康，張載哲學探索的主題及其出入佛老的原因〔J〕，北京：中國哲學史，1996（1）。

30. 常裕、孫堯奎，張載心性理論對張伯端內丹學說的影響〔J〕，太原：山西大學學報（哲學社會科學版），1999（3）。

31. 屠承先，張載的本體工夫思想及其影響〔J〕，杭州：浙江大學學報，1999（5）。

32. 湯勤福，太虛非氣：張載「太虛」與「氣」之關係新說〔J〕，天津：南開學報（哲學社會科學版），2000（3）。

33. 林樂昌，張載對儒家人性論的重構〔J〕，北京：哲學研究，2000（5）。

34. 屠承先，程顥、程頤本體工夫思想之比較〔J〕，杭州：浙江大學學報（人文社會科學版），2000（5）。

35. 丁為祥，張載虛氣觀解讀〔J〕，北京：中國哲學史，2001（2）。

36. 林樂昌，張載答范育書三通與關學學風之特質〔J〕，北京：中國哲學史，2002（1）。

37. 丁為祥，張載太虛三解〔J〕，濟南：孔子研究，2002（6）。

38. 成中英、楊柱才，二程本體哲學的根源與架構〔J〕，南昌：南昌大學學報，2003（1）。

39. 盧連章，論程頤理學思想的傳承〔J〕，洛陽：洛陽大學學報 2003（1）。

40. 李承貴，認知與誤讀——宋代儒士佛教思想論略〔J〕，現代哲學 2003（3）。

41. 林樂昌，張載佚書孟子說輯考〔J〕，北京：中國哲學史，2003（4）。

42. 林樂昌，張載，「心統性情」說的基本意涵和歷史定位〔J〕，北京：哲學研究 2003（12）。

43. 林樂昌，張載成性論及其哲理基礎研究〔J〕，北京：中國哲學史，2005（1）。

44. 楊立華，張載哲學中的感與性〔J〕，北京：中國哲學史，2005（2）。

45. 向世陵，張載「合兩」成性義釋〔J〕，北京：哲學研究，2005（2）。

46. 湯一介，論「天人合一」〔J〕，北京：中國哲學史，2005（2）。

47. 徐洪興，「太虛無形，氣之本體」——略論張載的宇宙本體論及其成因和意〔J〕，上海：復旦學報，2005（3）。

48. 林樂昌，張載理觀探微〔J〕，北京：中國哲學史，2005（8）。

49. 李祥俊，仁學本體論的建構——北宋諸儒仁論特質闡釋〔J〕，北京：中國哲學史，2006（3）。

50. 金春峰，中國哲學之與「兩個世界」〔J〕，長沙：湖南大學學報（哲學社會科學版），2006（3）。

51. 葉文英，張載「性」論四題〔J〕，南昌：江西社會科學，2006（3）。

52. 徐洪興，論二程思想之異同〔J〕，上海：復旦學報（社會科學版）2006（5）。

53. 王新春，仁與天理通而為一視域的程顥易學〔J〕，濟南：周易研究，2006（6）。

54. 姜錫東，北宋五子的理學體系問題〔J〕，北京：文史哲，2007（5）。

55. 林樂昌，張載禮學論綱〔J〕，北京：哲學研究，2007（12）。

56. 林樂昌，張載兩層結構的宇宙論哲學探微〔J〕，北京：中國哲學史，2008（4）。

57. 金春峰，宋明理學若干特性的再認識〔J〕，西安：陝西師範大學學報（哲學社會科學版），2008（4）。

四、學位論文部分

1. 肖孟夏，「體用一源，顯微無間」：程伊川理一本思想研究——以《程氏易傳》為中心〔D〕，復旦大學碩士論文，2014。

2. 王帆，張載哲學體系〔D〕，山東大學博士學位論文，2007。

3. 王英，氣與感——張載哲學研究〔D〕，復旦大學博士學位論文，2010。

4. 董藝，張載易學研究〔D〕，山東大學博士學位論文，2010。

5. 謝寒楓，程顥哲學研究〔D〕，中國社會科學院博士學位論文，2002。

6. 陳京偉，程伊川易學思想研究〔D〕，山東大學博士學位論文，2005。

7. 姜海軍，程頤易學思想研究〔D〕，北京大學博士學位論文，2009。

8. 楊倩描，王安石易學研究〔D〕，河北大學博士學位論文，2004。

9. 辛亞民，張載易學研究〔D〕，北京師範大學博士學位論文，2010。

10. 王緒琴，氣本與理本——張載與程頤易學哲學比較研究〔D〕，南開大學博士學位論文，2012。

11. 張鯤鵬，張載的三才之道研究〔D〕，陝西師範大學碩士論文，2012。

12. 劉樂恒，《程氏易傳》研究〔D〕，華東師範大學碩士學位論文，2006。

13. 王貴濤，二程易哲學思想研究〔D〕，山東師範大學碩士學位論文，2014。

14. 申元凱，《周易程氏傳》中程頤易學思想研究〔D〕，海南大學碩士學位論文，2013。

15. 馮薈璿,《伊川易傳》的理學思想〔D〕,河北大學碩士學位論文,2011。

16. 張金蘭,關洛學派關係研究〔D〕。陝西師範大學博士學位論文,2010。

17. 劉泉,張載《橫渠易說》研究〔D〕,陝西師範大學博士學位論文,2016。

18. 肖發榮,論朱熹對張載思想的繼承與發展〔D〕,陝西師範大學博士學位論文,2007。

後　記

　　本書在我的博士學位論文基礎上修改而成。首先，感謝我的導師林樂昌先生。林老師是我多年來仰慕的學者。工作認真，為人淳樸。特別注重引導學生確立認真細緻的為學態度。曾說：「哲學雖然不是科學，但是研究哲學一定要有科學精神，馬虎不得」。在培養我們紮實的文獻基礎技能方面，林老師不遺餘力。常常警告大家「有一份材料說一分話」。時常引用學界一些著名學者的學術經歷和經驗，鼓勵我們為學要下苦工夫。曾說：「最聰明的人也得下最笨的工夫」。博士論文的撰寫，從論文選題，到最後的摘要、目錄，林老師總是能給出最好的建議。蒙恩師推薦，本書得以由花木蘭文化事業有限公司出版發行，感謝出版社的楊老師，感謝出版社的編輯、校對老師，感謝您的辛勤付出。

　　是為記。

李學衛

2022 年 3 月